高等学校应用型本科创新人才培养计划系列教材

高等学校经管类专业课改系列教材

市场营销学项目化教程

主 编 孙 玲

副主编 逯娅娜 徐一楠

张 平 夏 丹

西安电子科技大学出版社

内 容 简 介

本书采取项目式的编写方式,按照市场营销的工作过程设置了四个项目,每个项目又设置了具体的任务。其中,项目一为市场分析,包括认识市场营销、分析市场营销环境、分析消费者市场和实施市场调查四个任务;项目二为市场营销战略,包括细分市场、选择目标市场和确定市场定位三个任务;项目三为市场营销策略,包括制定产品策略、制定定价策略、制定渠道策略和制定促销策略四个任务,每个任务又包含相应的子任务;项目四为市场营销管理,包括制订市场营销计划、构建市场营销组织和控制市场营销活动三个任务。本书注重理论与实践相结合,旨在培养具有创业精神和创新能力的应用型人才。

本书可作为高等院校应用型本科工商管理类专业的教材,也可供相关人员参考。

图书在版编目(CIP)数据

市场营销学项目化教程 / 孙玲主编. --西安:西安电子科技大学出版社,2024.1
ISBN 978 - 7 - 5606 - 7156 - 7

Ⅰ.①市… Ⅱ.①孙… Ⅲ.①市场营销学—教材 Ⅳ.①F713.50

中国国家版本馆 CIP 数据核字(2024)第 009222 号

策 划 刘小莉
责任编辑 刘小莉
出版发行 西安电子科技大学出版社(西安市太白南路 2 号)
电 话 (029)88202421 88201467 邮 编 710071
网 址 www.xduph.com 电子邮箱 xdupfxb001@163.com
经 销 新华书店
印刷单位 陕西日报印务有限公司
版 次 2024 年 1 月第 1 版 2024 年 1 月第 1 次印刷
开 本 787 毫米×1092 毫米 1/16 印张 12
字 数 281 千字
定 价 31.00 元
ISBN 978 - 7 - 5606 - 7156 - 7 / F

XDUP 7458001-1

前　言

市场营销学是一门以经济学、管理学、心理学等理论为基础的学科。在社会主义市场经济发展的过程中，市场营销理论及其实践为我国经济的发展做出了重大贡献。无论是在高等院校的人才培养和学科建设中，还是在现代企业的管理实践中，市场营销学都具有十分重要的地位和作用。

党的二十大报告明确提出"教育、科技、人才是全面建设社会主义现代化国家的基础性、战略性支撑"，将人才摆在了社会主义现代化建设的重要位置。加强人才协同培养，需要不断完善协同培养机制，探索实施更加符合国家急需和社会需求的人才培养方案。同时，要进一步加强产教融合、校企合作，推动专业学位与职业资格有机衔接，满足国家对应用型、技术技能型人才的需求。

本书以促进应用型本科教学改革和"市场营销学"课程建设为目的，遵循因材施教、理论与实践相结合的原则编写而成，将"市场营销学"的课程内容以项目式教学的方式呈现，每个项目中设置相应的任务。本书在强调理论知识的同时，更加注重学生实践能力的培养，旨在培养具有创业精神和创新能力的应用型人才。

本书的创新和特色如下：

(1) 突出以工作过程系统化为基础的项目化教学。本书内容的编排以工作过程系统化为指导思想，将学科体系下的教学内容进行解构和重构，按照市场营销的活动过程划分为市场分析、市场营销战略、市场营销策略以及市场营销管理四个项目，易于使学生建立起对课程体系的全面认知，方便其学习、理解和掌握课程内容。

(2) 注重学生技能的培养和态度的养成。每个项目中设置了相关的任务点，采取任务前置的方式，通过带着任务去学习，使学生加深对知识的理解和对技能的掌握。同时，书中穿插了与时事热点相关的案例和延伸阅读，重在辅助学生态度的养成。在设置相关案例和延伸阅读内容时，重点考虑道德、情感、哲思、审美和批判性思维等核心素养元素的融入，这也是课程思政元素的融入。

(3) 预习与复习双管齐下。本书在每个项目任务前明确学习目标并设置案例分析，让学生通过案例分析，较为全面地了解任务内容，理解较为简单的知识点，进而提升课堂教学效果。同时在每个项目任务后设置相关的任务实施以及课后自测等，让学生巩固所学的知识和技能。

本书由齐齐哈尔工程学院孙玲任主编，逯娅娜、徐一楠、张平、夏丹任副主编。其中，孙玲主要负责编写项目三，逯娅娜主要负责编写项目一，徐一楠主要负责编写项目二，张平和夏丹主要负责编写项目四。

本书在编写过程中广泛参阅了国内外市场营销学的研究成果和企业的成功案例，也借鉴了其他同行的研究成果，在此一并表示深深的敬意和诚挚的感谢！

鉴于市场营销学理论和实践仍处于不断的发展之中，也限于编者的学识水平，书中难免有不当及疏漏之处，诚恳地期待各位专家、同行及读者批评指正！

编　者

2023 年 6 月

目　录

项目一　市场分析

项目介绍

　　该项目主要包括四个任务，分别是认识市场营销、分析市场营销环境、分析消费者市场和实施市场调查，四个任务环环相扣。项目以真实企业为例，通过对该企业进行市场分析，让学生在实操的过程中掌握市场分析的要点和关键。

任务一　认识市场营销

任务描述

　　认识市场和市场营销，明确营销、推销的关系，具备法律意识，远离传销。

学习目标

(1) 了解与市场营销相关的概念；
(2) 掌握需求管理的内容；
(3) 了解市场营销学的产生与发展；
(4) 理解市场营销观念演变的内容；
(5) 掌握市场营销的研究对象和研究方法；
(6) 能够正确认识市场营销，明确营销、推销的关系；
(7) 具备法律意识，远离传销。

案例分析

土著小岛的鞋市场

　　在太平洋的一个小岛上，居住着 10 多万土著居民。这里风景秀丽，盛产菠萝、香蕉、椰子、芒果。部落酋长统治着这里的政治和经济。一家美国制鞋公司打算把自己的产品卖给这个小岛上的居民。该公司首先派出了自己的财务经理。几天以后，该经理发回电报说："这里的人根本不穿鞋，此地不是我们的市场。"

　　为了证实这一点，该公司又把自己最好的推销员派到了该岛上。一周之后，该推销员汇报说："这里的居民没有一个人有鞋，这里是巨大的潜在市场。"

该公司最后又把自己的市场营销副经理派去考察。两周以后，他汇报说："这里的居民不穿鞋，但他们的脚有许多伤病，可以从穿鞋中得到益处。我们还必须取得部落酋长的支持与合作。他们没有钱，但可用水果与我们交换。我测算了三年内的销售收入及成本，包括把水果卖给欧洲超级市场连锁集团的费用，回报率可达 30%。我建议公司开辟这个市场。"

思考：结合案例，分析什么是市场。从营销学的角度出发，市场应该包括哪些要素？

知识链接

优秀的企业满足需求；杰出的企业创造市场。

——营销学家菲利普·科特勒

市场营销学主要研究企业的营销活动及其规律性，即研究卖主的产品或服务如何转移到消费者和用户的全过程；探讨在生产领域、流通领域、消费领域内运用一整套开发原理、方法、策略，不断拓展市场的全部营销活动以及相应的科学管理。

一、市场的含义及相关概念

(一) 不同人眼中的"市场"

在日常生活中，人们习惯将市场看作是买卖的场所，如集市、商场、纺织品批发市场等。这是时空的市场概念。

经济学家从揭示经济实质的角度提出了市场的概念。他们认为市场是一个商品经济范畴，是商品内在矛盾的表现，是供求关系，是商品交换关系的总和，是通过交换反映出来的人与人之间的关系。因此，"哪里有社会分工和商品生产，哪里就有市场"。市场是为完成商品形态变化，在商品所有者之间进行商品交换的总体表现。这是抽象的市场概念。

管理学家则侧重从具体的交换活动及其运行规律去认识市场。在他们看来，市场是供需双方在共同认可的一定条件下所进行的商品或劳务的交换活动。

营销学家菲利普·科特勒则进一步指出："市场是由一切具有特定欲望和需求并且愿意和能够以交换来满足这些需求的潜在顾客所组成的。"因此，市场规模的大小，由具有需求、拥有他人所需的资源并且愿意以这些资源交换其所需的人数而定。

将上述市场概念做简单综合和引申，可以得到对市场较为完整的认识：

(1) 市场是建立在社会分工和商品生产基础上的交换关系。

(2) 现实市场的形成要有若干基本条件。这些条件包括：消费者一方的需要或欲望的存在，且消费者拥有其可支配的交换资源；存在由另一方提供的能够满足消费者需求的产品或服务；要有促成交换双方达成交易的各种条件，如双方接受的价格、时间、空间、信息和服务方式等。

(3) 市场的发展是一个由消费者决定，而由生产者推动的动态过程。

站在营销者角度，人们常常把卖方称为行业，而将买方称为市场。它们之间的关系如图 1-1 所示。

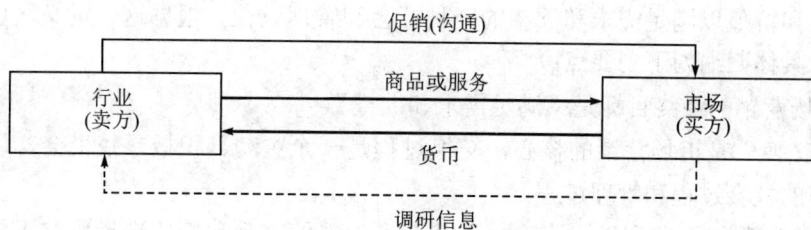

图 1-1　简单的市场营销系统

这里，买卖双方通过四种流动相连：卖方将商品或服务送达市场，并与市场沟通；买方把货币和调研信息送到行业。图 1-1 中，内环表示钱物交换，外环表示信息交换。

(二)　市场的构成要素

市场包含三个主要因素(如图 1-2 所示)，即有某种需要的人(即人口)、为满足这种需要的购买能力(即购买力)和购买欲望，这也是市场的 MAN 法则。用公式表示就是：

市场＝人口＋购买力＋购买欲望

图 1-2　市场的三要素

市场的这三个因素是相互制约、缺一不可的，只有三者结合起来才能构成现实的市场，才能决定市场的规模和容量。

二、市场营销的定义及相关概念

(一)　市场营销的定义

市场营销是由英文 Marketing 一词翻译过来的，产生于美国，原义是市场上的买卖活动。随着市场经济的发展，人们对市场营销的认识也在不断深化，但由于考虑问题的角度不同，便产生了对市场营销的不同理解，从而形成了不同的概念。尽管不同的解释各有所长，但在以下要点上是一致的：市场营销是以满足消费者的需求为中心的研究，市场营销是站在企业的角度对消费者的研究。

市场营销是一门发展中的新兴学科，在学科发展的不同阶段，营销学家们从不同角度对"市场营销"进行了界定。在这些定义中，最具代表性的是美国营销协会分别于 1960 年和 1985 年所下的两个经典定义；而最具权威性的却是营销管理学派的代表人物菲利普·科特勒对市场营销所下的定义，该定义被世界各国市场营销界广泛引用。

菲利普·科特勒对市场营销所下的定义如下：市场营销是个人和群体通过创造并同他

人交换产品和价值以满足需求和欲望的一种社会和管理过程。根据这一定义，可以将市场营销的概念具体归纳为下列要点：

(1) 市场营销的最终目标是"满足需求和欲望"。

(2) "交换"是市场营销的核心，交换过程是一个主动、积极寻找机会，以满足双方需求和欲望的社会过程和管理过程。

(3) 交换过程能否顺利进行，取决于营销者创造的产品和价值满足顾客需求的程度以及交换过程管理的水平。

(二) 市场营销与销售(或推销)、促销的关系

市场营销不同于销售(或推销)、促销。现代企业市场营销活动包括市场营销研究、市场需求预测、新产品开发、定价、分销、物流、广告、人员推销、销售促进、售后服务等，而销售(或推销)、促销仅仅是现代企业营销活动的一部分，且不是最重要的部分。

(三) 市场营销的相关概念

1. 需要、欲望和需求

需要和欲望是市场营销活动的起点。需要是指没有得到某些基本满足的感受状态，是人类与生俱来的，如人们对食品、衣服、住房、安全、归属、受人尊重等的需要。这些需要存在于人类自身生理和社会之中，市场营销者可用不同方式去满足它，但不能凭空创造。欲望是指想得到上述基本需要的具体满足品的愿望，是个人受不同文化及社会环境影响所表现出来的对基本需求的特定追求。市场营销者无法创造需要，但可以影响欲望，开发及销售特定的产品或服务来满足欲望。需求是指人们有能力购买并愿意购买某个具体产品的欲望。需求实际上也就是对某特定产品及服务的市场需求。市场营销者总是通过各种营销手段来影响所需求，并根据对需求的预测结果决定是否进入某一产品(服务)市场。

例如，某公司开会，销售经理给手下的三个业务员布置了一个任务：把一箱梳子卖给寺庙里的和尚。第一个人听完经理的话，大发雷霆，认为经理在刁难他，怒骂后递出了辞呈。第二个人听完后，去祈求山上的和尚，缠着和尚很多天，和尚因为同情他，才勉强买了一把。第三个人找到了寺庙里的主持，跟他商量，寺院有香客来敬香，庙里可以把梳子作为礼物回馈给香客。主持一听，感觉这是个不错的主意，于是就将这箱梳子都买了下来。

要把梳子卖给和尚，听起来很难，因为对于和尚来说，他们不需要梳子。但是对于营销人员来说，他们要能够透过当前的局势去分析背后长远的利益，要学会创造需求。

2. 产品

产品是能够满足人的需要和欲望的任何东西。产品的价值不在于拥有它，而在于它给我们带来的欲望的满足。产品实际上只是获得服务的载体。这种载体可以是物，也可以是"服务"，如人员、地点、活动、组织和观念。

3. 效用、费用和满足

效用是消费者对产品满足其需要的整体能力的评价。消费者通常根据这种对产品价值的主观评价和要支付的费用来做出购买决定。消费者支付费用，得到效用，需求被满足。

4. 交换、交易和关系

交换是指从他人处取得所需之物，而以某种东西作为回报的行为。人们可以通过各种方式满足需求或取得欲望之物，如自产自用、强取豪夺、乞讨和交换等。交换是一种过程，在这个过程中，如果双方达成一项协议，我们就称之为发生了交易。交易通常有两种方式：一是货币交易；二是非货币交易，包括以物易物、以服务易服务等。一项交易通常要涉及几个方面：至少两件有价值的物品；双方同意的交易条件、时间、地点；有法律制度来维护和迫使交易双方执行承诺。

5. 市场营销与市场营销者

在交换双方中，如果一方比另一方更主动、更积极地寻求交换，我们就将前者称为市场营销者，后者称为潜在顾客。换句话说，所谓市场营销者，是指希望从别人那里取得资源并愿意以某种有价值的东西作为交换的人。市场营销者可以是卖方，也可以是买方。当买卖双方都表现积极时，我们就把双方都称为市场营销者，并将这种情况称为相互市场营销。

生活中处处存在营销，时时存在营销。哪怕是上课的时候你也是在营销——推销自己！商场节日时经常会搞促销活动，如打折优惠、买满多少减免等，但更多的却是买满多少赠现金券，这是一种常见的商场购物的营销方式。当人们在购买商品或服务的同时，获得赠送的现金券，这意味着下次为了花掉这些现金券将发生新的购买行为，每次都来购买，就会形成一种促销的循环，增加商场的利益。超市常见的一种促销模式是捆绑销售，如买一送一，买一瓶酸奶赠送一瓶其他口味或者另一品牌的酸奶，以达到借销量好的产品带动另一产品收益的目的。

再如，聚餐时可以选择团购网站品类丰富的套餐，看电影时可以在网上提前预订便宜的电影票，"双十一"全国的购物潮，附近超市在节日时的打折促销，逛街时接到的各种促销传单，网上看到的免费体验活动(如外语培训机构的免费体验课)等，这些都是营销的具体体现。

营销不是销售，不是传统意义上的"卖东西"。营销不单是商业活动，更是一种策略，是个人和集体通过创造、提供、出售并通过与别人交换产品和价值，以获得所需所欲之物的社会过程和管理过程。

三、市场营销管理

市场营销管理是指企业为了实现其目标，创造、建立和保持与目标市场之间的互利交换关系，而对设计的营销方案进行分析、计划、执行与控制的过程。

市场营销管理的实质是需求管理。企业在开展市场营销的过程中，一般要设定一个在目标市场上预期实现的交易水平，但是，目标市场的实际需求水平可能低于、等于或高于这个预期的需求水平。因此，市场营销管理就是为促进企业目标实现而积极主动地适应需求和创造需求。

(1) 负需求(改变)。当绝大多数人对某个产品感到厌恶，甚至愿意出钱回避它时，市场营销管理的任务是改变市场营销。具体来说，就是分析人们为什么不喜欢这些产品，并针对目标顾客的需求重新设计产品、定价，做更积极的促销，或改变顾客对某些产品或服务的信念，诸如宣传老年人适当吃甜食可促进脑血液循环，乘坐飞机出事的概率比较小等。把负需求变为正需求，称为改变市场营销。

(2) 无需求(刺激)。如果目标市场对产品毫无兴趣或漠不关心,那么市场营销管理的任务就是去刺激市场营销。通常情况下,市场对下列产品无需求:人们一般认为无价值的废旧物资;人们一般认为有价值,但在特定环境下无价值的东西;新产品或消费者平时不熟悉的物品等。市场营销者的任务是刺激市场营销,即创造需求,通过有效的促销手段,把产品利益同人们的自然需求及兴趣结合起来。

(3) 潜在需求(开发)。潜在需求是指相当一部分消费者对某物有强烈的需求,而现有产品或服务又无法使之满足的一种需求状况。在此种情况下,市场营销管理的重点就是开发潜在市场。例如,老年人需要高植物蛋白、低胆固醇的保健食品,美观大方的服饰,安全、舒适、服务周到的交通工具等,但许多企业尚未重视老年市场的需求。企业市场营销的任务是准确地衡量潜在市场需求,开发有效的产品和服务,即开发市场营销。

(4) 下降需求(重振)。当市场对一个或几个产品的需求呈下降趋势时,市场营销管理应找出原因,重振市场。市场营销者要了解顾客需求下降的原因,或通过改变产品的特色,采用更有效的沟通方法再刺激需求(即创造性地再营销),或通过寻求新的目标市场,以扭转需求下降的格局。

(5) 不规则需求(协调)。不规则需求是指某些物品或服务的市场需求在不同季节,或不同日子,甚至一天内的不同时间上下波动很大的一种需求状况。在不规则需求情况下,市场营销管理的任务是对该市场进行协调。例如,公共交通工具,在运输高峰时不够用,在非高峰时则常闲置不用。又如,在旅游旺季时旅馆紧张和短缺,在旅游淡季时旅馆空闲。再如,在节假日或周末时商店拥挤,在平时商店顾客稀少。市场营销的任务就是通过灵活的定价、促销及其他激励因素来改变需求时间模式,这称为同步营销。

(6) 充分需求(维持)。假如某种物品或服务的目前需求水平和时间等于预期的需求水平和时间(这是企业最理想的一种需求状况),市场营销管理只要加以维持即可。因此,企业营销的任务是改进产品质量及不断估计消费者的满足程度,维持现时需求,这称为"维持营销"。

(7) 过量需求(降低)。在某种物品或服务的市场需求超过了企业所能供给或所愿供给的水平时,市场营销管理应及时降低市场营销。这时,企业营销管理的任务是减缓营销,可以通过提高价格、减少促销和服务等方式使需求减少。企业最好选择那些利润较少、要求提供服务不多的目标顾客作为减缓营销的对象。减缓营销的目的不是破坏需求,而只是暂缓需求水平。

(8) 有害需求(消灭)。有害需求指的是市场对某些有害物品或服务的需求。对此,市场营销管理的任务就是要消灭需求。这时,企业营销管理的任务是通过提价、减少可购买的机会,或通过立法禁止销售,这称为反市场营销。反市场营销的目的是采取相应措施来消灭某些有害的需求。

四、市场营销的哲学观念演变

市场营销的哲学观念是指企业进行经营决策,组织管理市场营销活动的基本指导思想,也就是企业的经营哲学。它是一种观念,一种态度,或一种企业思维方式。按发展历程来看,市场营销哲学观念的演变大致经历了三个阶段:传统观念阶段、市场营销观念阶段和社会营销观念阶段。具体来说这种演变表现为五种观念：生产观念、产品观念、推销观念、市场营销观念和社会市场营销观念。其中生产观念、产品观念和推销观念是以企业为中心的传统经营观念，市场营销观念是以消费者为中心的现代营销观念，而社会市场营销观念强调在市场营销中要兼顾企业利润、消费者需要和社会利益三方面的利益。

（一）　生产观念

生产观念盛行于 19 世纪末 20 世纪初。该观念认为，消费者喜欢那些可以随处买到和价格低廉的商品，企业应当组织和利用所有资源，集中一切力量提高生产效率和扩大分销范围，增加产量，降低成本。显然，生产观念是一种重生产、轻营销的指导思想，其典型表现就是"我们生产什么，就卖什么"。以生产观念指导营销活动的企业，称为生产导向企业。

20 世纪初，美国福特汽车公司制造的汽车供不应求，亨利·福特曾傲慢地宣称："不管顾客需要什么颜色的汽车，我只有一种黑色的。"福特公司 1914 年开始生产的 T 型车，就是在"生产导向"经营哲学的指导下创造出奇迹的，该公司一度使 T 型车的生产效率趋于完善，极大地降低了成本，使更多人可以买得起该型汽车。到 1921 年，福特 T 型车在美国汽车市场上的占有率达到 56%。

（二）　产品观念

产品观念是与生产观念并存的一种市场营销观念，都是重生产、轻营销。产品观念认为，消费者喜欢高质量、多功能和具有某些特色的产品。因此，企业管理的中心是致力于生产优质产品，并不断精益求精，日益完善。在这种观念的指导下，公司经理人常常迷恋自己的产品，以至于没有意识到产品可能并不迎合时尚，甚至市场正朝着不同的方向发展。他们在设计产品时只依赖工程技术人员而极少让消费者介入。

例如，下一代(Next)电脑在 1993 年投资花费了 2 亿美元，出厂一万台后便停产了。它的特征是高保真音响和带 CD-ROM，甚至包含桌面系统。然而，其对"谁是感兴趣的顾客"的定位却是不清楚的。产品观念把市场看作是生产过程的终点，而不是生产过程的起点；忽视了市场需求的多样性和动态性，过分重视产品而忽视顾客需求。当某些产品出现供过于求或不适销对路而产生积压时，其生产者却不知产品为什么销不出去，最终导致"市场营销近视症"。

（三）　推销观念

推销观念产生于资本主义经济由"卖方市场"向"买方市场"转变的过渡阶段，盛行于 20 世纪 30~40 年代。推销观念认为，消费者通常有一种购买惰性或抗衡心理，若听其自然，消费者就不会自觉地购买大量本企业的产品，因此企业管理的中心任务是积极推销和大力促销，以诱导消费者购买产品。其具体表现是"我卖什么，就设法让人们买什么"。执行推销观念的企业，称为推销导向企业。在推销观念的指导下，企业相信产品是"卖出去的"，而不是"被买去的"。他们致力于产品的推广和广告活动，以求说服甚至强制消费者购买。他们收罗了大批推销专家，做大量广告，对消费者进行无孔不入的促销信息"轰炸"。但是，推销观念与前两种观念一样，也是建立在以企业为中心的"以产定销"上的，而不是满足消费者真正需要的基础上。因此，生产观念、产品观念和推销观念这三种观念被称为市场营销的旧观念。

(四) 市场营销观念

市场营销观念是以消费者需要和欲望为导向的经营哲学，是消费者主权论的体现，形成于 20 世纪 50 年代。该观念认为，实现企业诸目标的关键在于正确确定目标市场的需要和欲望，一切以消费者为中心，并且比竞争对手更有效、更有力地传送目标市场所期望满足的东西。

市场营销观念的产生是市场营销哲学的一次质的飞跃和革命，它不仅改变了传统的旧观念的逻辑思维方式，而且在经营策略和方法上也有很大突破。它要求企业营销管理贯彻"顾客至上"的原则，将管理重心放在善于发现和了解目标顾客的需要，并千方百计去满足它，从而实现企业目标。因此，企业在决定其生产经营时，必须进行市场调研，根据市场需求及企业本身条件选择目标市场，组织生产经营，最大限度地提高顾客满意程度。

(五) 社会营销观念

社会营销观念是以社会长远利益为中心的市场营销观念，是对市场营销观念的补充和修正。从 20 世纪 70 年代起，随着全球资源短缺、人口爆炸、通货膨胀和忽视社会服务等问题日益严重，要求企业顾及消费者整体利益与长远利益的呼声越来越高。在西方市场营销学界提出了一系列新的理论及观念，如人类观念、理智消费观念、生态准则观念等。其共同点都是认为，企业生产经营不仅要考虑消费者需要，而且要考虑消费者和整个社会的长远利益。这类观念统称为社会营销观念。

社会营销观念的基本核心是：以实现消费者满意以及消费者和社会公众的长期福利作为企业的根本目的与责任。理想的营销决策应同时考虑到消费者的需求与愿望的满足，消费者和社会的长远利益以及企业的营销效益。

任务实施

以小组为单位，查找市场营销的相关案例，并结合案例说明什么是市场及市场营销；同时查找传销的例子，并说明传销的危害。

【课后自测】

一、单项选择题

1. 市场营销的核心是(　　)。

A. 生产　　　　　　　B. 分配　　　　　　　C. 交换　　　　　　　D. 促销

2. 市场营销学作为一门独立的经营管理学科，诞生于 20 世纪初的(　　)。

A. 欧洲　　　　　　　B. 日本　　　　　　　C. 美国　　　　　　　D. 中国

3. 为了适应社会对环境保护的要求，许多企业主动采取绿色包装以降低白色污染。这种做法反映了企业的(　　)。

A. 社会营销观念　　　B. 销售观念　　　　　C. 市场观念　　　　　D. 生产观念

4. 在美国，推销观念产生于( )。

A. 卖方市场
B. 买方市场
C. 买方市场向卖方市场过渡阶段
D. 卖方市场向买方市场过渡阶段

5. 市场营销者在制定市场营销政策时，要统筹兼顾三方面的利益，即企业利润、消费者需要的满足和社会利益，这种营销管理哲学是( )。

A. 推销观念
B. 社会市场营销观念
C. 生产观念
D. 市场营销观念

6. "酒香不怕巷子深""一招鲜、吃遍天"等说法，反映了企业的( )。

A. 生产观念
B. 产品观念
C. 推销观念
D. 市场营销观念

7. ( )是人们在生存和发展中感到不足，希望通过获得相应的东西以求得到满足的一种心理现象。

A. 欲望
B. 需要
C. 需求
D. 期望

8. 某沙发厂的电视广告情节是"一件沙发从高楼落地后完好无损"，这一广告反映了该沙发厂家的营销观念是( )。

A. 生产观念
B. 产品观念
C. 市场营销观念
D. 推销观念

9. 从市场营销学的角度来理解，市场是指( )。

A. 买卖双方进行商品交换的场所
B. 买卖之间商品交换关系的总和
C. 以商品交换为内容的经济联系形式
D. 购买者的集合

10. 许多冰箱生产厂家近年来高举"环保""健康"旗帜，纷纷推出无氟冰箱。他们所奉行的市场营销观念是( )。

A. 推销观念
B. 生产观念
C. 市场营销观念
D. 社会市场营销观念

二、多项选择题

1. 顾客购买总价值包括( )。

A. 产品价值
B. 服务价值
C. 人员价值
D. 形象价值

2. 社会市场营销观念的核心是正确处理( )之间的利益关系。

A. 企业
B. 供应商
C. 顾客
D. 社会

3. 构成市场的基本要素有( )。

A. 企业
B. 人口
C. 购买力
D. 购买欲望

4. 反映企业奉行的产品观念的语句是( )。

A. "发展生产应追求企业、社会和消费者三者的和谐统一"
B. "一招鲜、吃遍天"
C. "不管顾客需要什么样的汽车，我生产的汽车就是黑色的"
D. "酒香不怕巷子深"

5. 市场营销观念的显著特征是( )。

A. 突出产品销售
B. 突出产品质量
C. 突出以消费者为中心
D. 实行整体营销

三、通过本任务相关内容的学习，谈谈你对市场营销理解的转变。

任务二　分析市场营销环境

⊶ 任务描述

以学习小组为单位自选一个实习过的或者熟悉的企业，在学习相关内容的基础上，对该企业所处的营销环境进行分析，并指出哪些是宏观环境，哪些是微观环境，同时指出当企业面对不同的环境时，应该采取什么策略进行应对，并形成文稿。

···· 学习目标

(1) 了解市场营销环境的含义与构成；
(2) 理解市场营销微观环境的概念及构成要素；
(3) 理解市场营销宏观环境的概念及构成要素；
(4) 掌握市场营销微观与宏观环境因素对企业营销活动的影响；
(5) 掌握市场营销环境的分析方法与市场机会分析的方法；
(6) 理解企业应对营销环境影响的对策；
(7) 能够对企业的宏观和微观环境进行分析，并提出相应的对策；
(8) 学会适应环境。

案例分析

天猫双十一

每年的双十一大促十分火爆，而且每次活动结束平台也都会公布相关的交易额数据。双十一活动最早是从 2009 年开始的。那么，淘宝、天猫双十一历年交易额怎么样呢？

2019 年天猫双十一的总成交额为 2684 亿元，2020 天猫双十一全球狂欢季最终成交额达到 4982 亿元,并有超过 450 个品牌成交额过亿！2021 年天猫双十一成交额达到 5403 亿，2022 年天猫双十一的成交额没有公开发布。

思考：天猫双十一属于哪种营销环境？天猫双十一对企业会有什么影响？

知识链接

二十大报告指出，推动绿色发展，促进人与自然和谐共生。实际上，不仅是人，任何事物的存在和发展都离不开特定环境的影响，市场营销活动也是这样。从本质上看，市场营销活动就是营销者努力使企业可控制的因素同外界不可控制的因素相适应的过程。因此，认识与分析营销环境成为营销管理的基础和重要内容，而对环境的认识和分析过程也就是不断地发现机会和识别威胁，以选择达到企业营销目标最佳途径的过程。那么，什么是市场营销环境？它与普通环境相比有什么特点呢？

一、认识市场营销环境

(一) 市场营销环境的定义

按照美国著名营销学家菲利普·科特勒的解释，市场营销环境是影响企业市场和营销活动的不可控制的参与者和影响力，具体地说就是"影响企业的市场营销管理能力，使其能否卓有成效地发展和维持与其目标顾客交易及关系的外在参与者和影响力"。因此，市场营销环境是指与企业营销活动有潜在关系的所有外部力量和相关因素的集合，它是影响企业生存和发展的各种外部条件。

(二) 市场营销环境的特点

市场营销环境是一个多因素、多层次而且不断变化的综合体，其特点主要表现在以下几点：

1. 客观性

企业总是在特定的社会经济和其他外界环境条件下生存、发展的。不管承认不承认，企业只要从事市场营销活动，就不可能不面对这样或那样的环境条件，也不可能不受到各种各样环境因素的影响和制约，包括微观的和宏观的因素。因此，企业决策者必须清醒地认识到这一点，要及早做好充分的思想准备，随时应对企业面临的各种环境的挑战。

2. 差异性

市场营销环境的差异性不仅表现在不同的企业受不同环境的影响，而且同样一种环境因素的变化对不同企业的影响也不相同。例如，不同的国家、民族、地区之间在人口、经济、社会文化、政治、法律、自然地理等各方面存在着广泛的差异性。这些差异性对企业营销活动的影响显然是很不相同的。由于外界环境因素的差异性，企业必须采取不同的营销策略才能应付和适应这种情况。

3. 相关性

市场营销环境是一个系统，在这个系统中，各个影响因素是相互依存、相互作用和相互制约的。这是因为社会经济现象的出现，往往不是由某个单一的因素所能决定的，而是受到一系列相关因素影响的结果。例如，企业开发新产品时，不仅要受到经济因素的影响和制约，更要受到社会文化因素的影响和制约。再如，价格不但受市场供求关系的影响，而且还受到科技进步及财政政策的影响。因此，要充分注意各种因素之间的相互作用。

4. 动态性

营销环境是企业营销活动的基础和条件，这并不意味着营销环境是一成不变的、静止的。恰恰相反，营销环境总是处在一个不断变化的过程中，它是一个动态的概念。以我国所处的间接营销环境来说，今天的环境与十多年前的环境相比已经有了很大的变化。例如，我国消费者的消费倾向已从追求物质的数量化为主流向追求物质的质量及个性化转变，也就是说，消费者的消费心理正趋于成熟。这无疑会对企业的营销行为产生最直接的影响。

5. 不可控性

影响市场营销环境的因素是多方面的，也是复杂的，并表现出企业对这些因素的不可控性。例如，一个国家的政治法律制度、人口增长以及一些社会文化习俗等，企业不可能随意改变。而且，这种不可控性对不同企业表现不一，有的因素对某些企业来说是可控的，而对另一些企业则可能是不可控的；有些因素在今天是可控的，而到了明天则可能变为不可控的。另外，各个环境因素之间也经常存在着矛盾关系。例如，消费者对家用电器的兴趣与热情就可能与客观存在的电力供应的紧张状态相矛盾，那么这种情况就使企业不得不做进一步的权衡，在利用可以利用的资源前提下去开发新产品，而且企业的行为还必须与政府及各管理部门的要求相符合。

二、市场营销的宏观环境

市场营销的宏观环境是指对企业的营销战略规划以及未来的发展有重要影响力的力量，包括人口、经济、政治和法律、科技、自然地理以及社会文化等因素。与微观环境相比较，宏观环境对企业的影响是更大范围的、更重大的。

(一) 人口环境及其对企业营销的影响

人口是构成市场的第一位因素。因为市场是由那些想购买商品同时又具有购买力的人构成的。因此，人口的多少直接决定市场的潜在容量，人口越多，市场规模就越大。而人口的年龄结构、地理分布、婚姻状况、出生率、死亡率、人口密度、人口流动性及其文化教育等人口特性，会对市场格局产生深刻影响，并直接影响企业的市场营销活动和企业的经营管理。企业必须重视对人口环境的研究，密切注视人口特性及其发展动向，不失时机地抓住市场机会；当出现威胁时，应及时、果断地调整营销策略以适应人口环境的变化。

1. 人口数量与增长速度对企业营销的影响

众多的人口及人口的进一步增长，给企业带来了市场机会，也带来了威胁。首先，人口数量是决定市场规模和潜量的一个基本要素。人口越多，如果收入水平不变，则对食物、衣着、日用品的需要量也越多，那么市场也就越大。我国人口众多，无疑是一个巨大的市场。其次，人口的迅速增长促进了市场规模的扩大。因为人口增加，其消费需求也会迅速增加，那么市场的潜力也就会很大。例如，随着人口增加，人均耕地减少，粮食供应不足，人们的食物消费模式将发生变化，这就可能对我国的食品加工业产生重要影响；随着人口增长，能源供需矛盾将进一步扩大，因此研制节能产品和技术是企业必须认真考虑的问题；而人口增长将使住宅供需矛盾日益加剧，这就给建筑业及建材业的发展带来机会。但是，另一方面，人口的迅速增长，也会给企业营销带来不利的影响。例如，人口增长可能导致人均收入下降，限制经济发展，从而使市场吸引力降低。又如，由于房屋紧张引起房价上涨，从而会增大企业产品成本。另外，人口增长还会对交通运输产生压力，企业对此应予以关注。

2. 人口结构对企业营销的影响

人口结构主要包括人口的年龄结构、性别结构、家庭结构、社会结构以及民族结构。

(1) 年龄结构对企业营销的影响。

不同年龄的消费者对商品的需求不一样。目前我国已经出现人口的老龄化现象，反映到市场上，将使老年人的需求呈现高峰。这样，诸如保健用品、营养品、老年人生活必需品等市场将会兴旺。

(2) 性别结构对企业营销的影响。

人口的性别不同，其市场需求也有明显的差异。据调查，0～62 岁年龄组内，男性略大于女性，其中37～53 岁的年龄组内，男性约大于女性 10%左右，但到 73 岁以上，女性约大于男性 20%左右。这种结构反映到市场上就会出现男性用品市场和女性用品市场的差异。例如，我国市场上，女性通常会购买自己的用品、杂货、衣服，而男性常购买大件物品等。

(3) 家庭结构对企业营销的影响。

家庭是购买、消费的基本单位。家庭的数量直接影响到某些商品的数量。目前，世界上普遍呈现家庭规模缩小的趋势，越是经济发达的地区，家庭规模就越小。欧美国家的家庭规模基本上户均 3 人左右，亚非拉等发展中国家户均 5 人左右。在我国，"三位一体"的小家庭较为普遍，并逐步由城市向乡镇发展。家庭数量的剧增必然会引起对炊具、家具、家用电器和住房等需求的迅速增长。

(4) 社会结构对企业营销的影响。

我国很大一部分的人口在农村，因此，农村是个广阔的市场，有着巨大的潜力。这一社会结构的客观因素决定了企业在国内市场中应当以农民为主要营销对象，市场开拓的重点也应放在农村。尤其是一些中小企业，更应注意开发价廉物美的商品以满足农民的需要。

(5) 民族结构对企业营销的影响。

民族不同，其生活习性、文化传统也不相同，反映到市场上，就是各民族的市场需求存在着很大的差异。因此，企业营销者要注意民族市场的营销，重视开发适合各民族特性、受其欢迎的商品。

3. 人口的地理分布及区间流动对企业营销的影响

地理分布指人口在不同地区的密集程度。由于自然地理条件以及经济发展程度等多方面因素的影响，人口的分布绝不会是均匀的。从我国来看，城市的人口比较集中，尤其是大城市人口密度很大，而农村人口则相对分散。人口的这种地理分布表现在市场上，就是人口的集中程度不同，则市场大小不同；消费习惯不同，则市场需求特性不同。例如，南方人以大米为主食，北方人以面粉为主食，江浙沪沿海一带的人喜甜，而川湘鄂一带的人则喜辣。

随着经济的活跃和发展，人口的区域流动性也越来越大。在发达国家除了国家之间、地区之间、城市之间的人口流动外，还有一个突出的现象就是城市人口向农村流动。在我国，人口的流动主要表现为农村人口向城市或工矿地区流动，内地人口向沿海经济开放地区流动。另外，经商、观光旅游、学习等使人口流动加速。对于人口流入较多的地方而言，一方面由于劳动力增多，就业问题突出，从而加剧了行业竞争；另一方面，人口增多也使当地基本需求量增加，消费结构也会发生一定的变化，继而给当地企业带来较多的市场份额和营销机会。

(二) 经济环境及其对企业营销的影响

经济环境指企业营销活动所面临的外部社会条件，其运行状况及发展趋势会直接或间接地对企业营销活动产生影响。

1. 直接影响营销活动的经济环境因素

市场不仅是由人口构成的，这些人还必须具备一定的购买力。而一定的购买力水平则是市场形成并影响其规模大小的决定因素，也是影响企业营销活动的直接经济环境。具体来讲，这些因素主要包括：

(1) 消费者收入水平的变化。

消费者收入是指消费者个人从各种来源中所得的全部收入，包括消费者个人的工资、退休金、红利、租金、赠予等收入。消费者的购买力来自消费者的收入，但消费者并不是把全部收入都用来购买商品或劳务，购买力只是收入的一部分。因此，在研究消费收入时，要注意以下几点：

① 国民生产总值。它是衡量一个国家经济实力与购买力的重要指标。从国民生产总值的增长幅度，可以了解一个国家经济发展的状况和速度。一般来说，工业品的营销与这个指标有关，而消费品的营销则与此关系不大。国民生产总值增长越快，对工业品的需求和购买力就越大；反之，就越小。

② 人均国民收入。这是用国民收入总量除以总人口的比值。这个指标大体反映了一个国家人民生活水平的高低，也在一定程度上决定商品需求的构成。一般来说，人均收入增长，对消费品的需求和购买力就大，反之就小。

③ 个人可支配收入。这是在个人收入中扣除了税款和非税性负担后所得余额，它是个人收入中可以用于消费支出或储蓄的部分，它构成实际的购买力。

④ 个人可任意支配收入。这是在个人可支配收入中减去用于维持个人与家庭生存不可缺少的费用(如房租、水电、食物、燃料、衣着等项开支)后剩余的部分。这部分收入是消费需求变化中最活跃的因素，也是企业开展营销活动时所要考虑的主要对象。因为这部分收入主要用于满足人们基本生活需要之外的开支，一般用于购买高档耐用消费品、旅游、储蓄等，它是影响非生活必需品和劳务销售的主要因素。

⑤ 家庭收入。很多产品是以家庭为基本消费单位的，如冰箱、抽油烟机、空调等。因此，家庭收入的高低会影响很多产品的市场需求。一般来说，家庭收入高，对消费品需求大，购买力也大；反之，需求小，购买力也小。需要注意的是，企业营销人员在分析消费者收入时，还要区分"货币收入"和"实际收入"。只有"实际收入"才影响"实际购买力"。因为，实际收入和货币收入并不完全一致，由于通货膨胀、失业、税收等因素的影响，有时货币收入增加，而实际收入却可能下降。实际收入是扣除物价变动因素后实际购买力的反映。

(2) 消费者支出模式和消费结构的变化。

随着消费者收入的变化，消费者支出模式会发生相应变化，继而使一个国家或地区的消费结构也发生变化。西方一些经济学家常用恩格尔系数来反映这种变化。恩格尔系数表明，在一定的条件下，当家庭个人收入增加时，收入中用于食物开支部分的增长速度要小于用于教育、医疗、享受等方面的开支增长速度。食物开支占总消费量的比重越大，恩格尔系数越高，生活水平越低；反之，食物开支所占比重越小，恩格尔系数越低，生活水平越高。

(3) 消费者储蓄和信贷情况的变化。

消费者的购买力还要受储蓄和信贷的直接影响。消费者个人收入不可能全部花掉，总有一部分以各种形式储蓄起来，这是一种推迟了的、潜在的购买力。消费者储蓄一般有两种形式：一是银行存款，增加现有银行存款额；二是购买有价证券。当收入一定时，储蓄越多，现实消费量就越小，但潜在消费量越大；反之，储蓄越少，现实消费量就越大，但潜在消费量越小。企业营销人员应当全面了解消费者的储蓄情况，尤其是要了解消费者储蓄目的的差异。储蓄目的不同，往往影响到潜在需求量、消费模式、消费内容、消费发展方向的不同。这就要求企业营销人员在调查、了解储蓄动机与目的的基础上，制定不同的营销策略，为消费者提供有效的产品和劳务。

2. 间接影响营销活动的经济环境因素

除了上述因素直接影响企业的市场营销活动外，还有一些经济环境因素也会对企业的营销活动产生或多或少的影响。

(1) 经济发展水平。

企业的市场营销活动要受到一个国家或地区的整个经济发展水平的制约。经济发展阶段不同，居民的收入不同，顾客对产品的需求也不一样，从而会在一定程度上影响企业的营销。例如，以消费者市场来说，经济发展水平比较高的地区，在市场营销方面，强调产品款式、性能及特色，品质竞争多于价格竞争；而在经济发展水平低的地区，则较侧重于产品的功能及实用性，价格因素比产品品质更为重要。在生产者市场方面，经济发展水平高的地区着重投资较大而能节省劳动力的先进、精密、自动化程度高、性能好的生产设备；而在经济发展水平低的地区，其机器设备大多是一些投资少而耗劳动力多、简单易操作、较为落后的设备。因此，对于不同经济发展水平的地区，企业应采取不同的市场营销策略。

(2) 经济体制。

世界上存在着多种经济体制，有计划经济体制、市场经济体制、计划—市场经济体制及市场—计划经济体制等。不同的经济体制对企业营销活动的制约和影响不同。例如，在计划经济体制下，企业是行政机关的附属物，没有生产经营自主权，企业的产、供、销都由国家计划统一安排，企业生产什么、生产多少、如何销售，都不是企业自己的事情。在这种经济体制下，企业不能独立地开展生产经营活动，因而，也就谈不上开展市场营销活动。而在市场经济体制下，企业的一切活动都以市场为中心，市场是其价值实现的场所，因而企业必须特别重视营销活动，通过营销实现自己的利益目标。

(3) 地区与行业发展状况。

我国地区经济发展很不平衡，逐步形成了东部、中部、西部三大地带和东高西低的发展格局。同时，在各个地区的不同省市还呈现出多极化发展趋势。这种地区经济发展的不平衡，对企业的投资方向、目标市场以及营销战略的制定等都会带来巨大影响。

(4) 城市化程度。

城市化程度是指城市人口占全国总人口的百分比，它是一个国家或地区经济活动的重要特征之一。城市化是影响营销的环境因素之一。这是因为，城乡居民之间存在着某种程度的经济和文化上的差别，进而导致不同的消费行为。例如，目前我国大多数农村居民消费的自给自足程度仍然较高，而城市居民则主要通过货币交换来满足需求。此外，城市居民一般受教育较多，思想较开放，容易接受新生事物，而农村相对闭塞，农民的消费观念较为保守，故而一些新产品、新技术往往首先被城市所接受。企业在开展营销活动时，要充分注意到这些消费行为方面的城乡差别，相应地调整营销策略。

(三) 政治和法律环境及其对企业营销的影响

政治与法律是影响企业营销的重要的宏观环境因素。政治因素像一只有形之手，调节着企业营销活动的方向，法律则为企业规定商贸活动的行为准则。政治与法律相互联系，共同对企业的市场营销活动发挥影响和作用。

1. 政治环境因素对企业营销的影响

政治环境指企业市场营销活动的外部政治形势和状况以及国家方针政策的变化对市场营销活动带来的或可能带来的影响。

党的二十大报告指出，要着力提升产业链供应链韧性和安全水平。报告提出加快规划建设新型能源体系，体现了能源在经济高质量发展中的新定位、在社会主义现代化强国建设中的新作用，要增强忧患意识、居安思危，统筹电力保供和能源转型，推进煤电与新能源优化组合，加快构建新型电力系统，坚决保障能源电力安全供应，为确保能源安全、把能源饭碗牢牢端在自己手里提供有力支撑，为我国经济社会高质量发展提供新引擎，注入新动能。

(1) 政治局势。

政治局势指企业营销所处的国家或地区的政治稳定状况。一个国家的政局稳定与否会给企业营销活动带来重大的影响。如果政局稳定，生产发展，人民安居乐业，就会给企业造成良好的营销环境。相反，政局不稳，社会矛盾尖锐，秩序混乱，不仅会影响经济发展和人民的购买力，而且会对企业的营销心理产生重大影响。

(2) 方针政策。

各个国家在不同时期，会根据不同需要颁布一些经济政策，制定经济发展方针，这些方针、政策不仅会影响本国企业的营销活动，而且还会影响外国企业在本国市场的营销活动。

(3) 国际关系。

国际关系是指国家之间的政治、经济、文化、军事等关系。发展国际间的经济合作和贸易关系是人类社会发展的必然趋势。企业在其生产经营过程中，都可能或多或少地与其他国家发生往来，开展国际营销的企业更是如此。因此，国家间的关系也就必然会影响企业的营销活动。

2. 法律环境因素对企业营销的影响

法律是体现统治阶级意志的、由国家制定或认可的、并以国家强制力保证实施的行为规范的总和。对企业来说，法律是评判企业营销活动的准则，只有依法进行的各种营销活动，才能受到国家法律的有效保护。因此，企业开展市场营销活动，必须了解并遵守国家或政府颁布的有关经营、贸易、投资等方面的法律、法规。

(四) 自然地理环境及其对企业营销的影响

一个国家或地区的自然地理环境包括该地的自然资源、地形地貌和气候条件。这些因素都会不同程度地影响企业的营销活动，有时这种影响对企业的生存和发展起决定性的作用。企业要避免由自然地理环境带来的威胁，最大限度地利用环境变化可能带来的市场营销机会，就应不断地分析和认识自然地理环境变化的趋势，根据不同的环境情况来设计、生产和销售产品。

1. 物质自然环境对企业营销的影响

物质自然环境是指自然界提供给人类的各种形式的物质财富，如矿产资源、森林资源、土地资源、水力资源等。由于自然资源的分布具有地理的偶然性，分布很不均衡。因此，企业到某地投资或从事营销必须了解该地的自然资源情况。如果，该地对本企业产品需求大，但缺乏必要的生产资源，那么，企业就适宜向该地销售产品。但是，如果该地有丰富的生产资源，企业就可以在该地投资建厂，当地生产，就地销售。可见，一个地区的自然资源状况往往是吸引外地企业前来投资建厂的重要因素。

2. 地理环境对企业营销的影响

一个国家或地区的气候和地形地貌，是企业开展市场营销所必须考虑的地理环境因素，这些地理特征对市场营销有一系列影响。例如，气候(温度、湿度等)与地形地貌(山地、丘陵等)特点，都会影响产品和设备的性能和使用。在沿海地区运转良好的设备到了内陆沙漠地区就有可能发生性能的急剧变化。有些国家地域辽阔、南北跨度大，各种地形地貌复杂，气候多变，企业必须根据各地的自然地理条件生产与之相适应的产品，才能适应市场的需要。如果从经营成本上考虑，平原地区道路平坦，运输费用比较低，而山区丘陵地带道路崎岖，运费自然就高。可见，气候、地形地貌不仅直接影响企业的经营、运输、通信、分销等活动，而且还会影响一个地区的经济、文化和人口分布状况。因此，企业开展营销活动，必须要考虑当地的气候与地形地貌，使其营销策略能适应当地的地理环境。

(五) 科技环境及其对企业营销的影响

现代科学技术是社会生产力中最活跃的和决定性的因素，它作为重要的营销环境因素，不仅直接影响企业内部的生产和经营，而且还同时与其他环境因素相互依赖、相互作用，影响企业的营销活动。

1. 科技环境对企业营销的影响

科学技术的发展直接影响企业的经济活动。在现代，生产率水平的提高，主要依靠设备的技术开发(包括原有设备的革新、改装以及设计、研制效率更高的现代化设备)，创造新的生产工艺、新的生产流程。同时，技术开发也扩大和提高了劳动对象的利用广度和深度，不断创造新的原材料和能源。这些不可避免地影响到企业的管理程序和市场营销活动。科学技术既为市场营销提供了科学理论和方法，又为市场营销提供了物质手段。

科学技术的发展和应用影响企业的营销决策。科学技术的发展，使得每天都有新品种、新款式、新功能、新材料的商品在市场上推出。因此，科学技术进步所产生的效果，往往借助消费者和市场环境的变化而间接影响企业市场营销活动的组织。营销人员在进行决策时，必须考虑科技环境带来的影响。

科学技术的发明和应用，可以造就一些新的行业、新的市场，同时又使一些旧的行业与市场走向衰落。例如，太阳能、核能等技术的发明应用，使得传统的水力和火力发电受到冲击。

科学技术的发展，使得产品更新换代速度加快，产品的市场寿命缩短。今天，科学技术突飞猛进，新原理、新工艺、新材料等不断涌现，使得刚刚炙手可热的技术和产品转瞬间成了明日黄花。这种情况，要求企业不断地进行技术革新，赶上技术进步的浪潮。否则，企业的产品跟不上更新换代的步伐，跟不上技术发展和消费需求的变化，就会被市场无情地淘汰。

科学技术的进步，将会使人们的生活方式、消费模式和消费需求结构发生深刻的变化。科学技术是一种"创造性的毁灭力量"。它本身创造出新的东西，同时又淘汰旧的东西。一种新技术的应用，必然导致新的产业部门和新的市场出现，使消费对象的品种不断增加，范围不断扩大，消费结构发生变化。

科学技术的发展为提高营销效率提供了更新更好的物质条件。首先，科学技术的发展，为企业提高营销效率提供了物质条件。例如，新的交通运输工具的发明或旧的运输工具的技术改进，使运输的效率大大提高；信息、通信设备的改善，更便于企业组织营销，提高营销效率。

总之，科学技术的进步和发展，必将给社会经济、政治、军事以及社会生活等各个方面带来深刻的变化，这些变化也必将深刻地影响企业的营销活动，给企业造成有利或不利的影响，甚至关系到企业的生存和发展。因此，企业应特别重视科学技术这一重要的环境因素对企业营销活动的影响，以使企业能够抓住机会，避免风险，求得生存和发展。

2. 因特网对企业营销的影响

因特网作为跨时空传输的"超导体"媒体，能够克服营销过程中时空的限制，可以为市场中所有顾客提供及时的服务，同时通过因特网的交互性可以了解不同市场顾客的特定需求并针对性地提供服务，因此，因特网可以说是营销中满足消费者需求最具魅力的营销工具之一。因特网将同 4P(产品/服务、价格、分销、促销)和以顾客为中心的 4C(顾客、成本、方便、沟通)相结合，并对企业营销产生深刻影响。

(六) 社会文化环境及其对企业营销的影响

社会文化是指一个社会的民族特征、价值观念、生活方式、风俗习惯、伦理道德、教育水平、语言文字、社会结构等的总和。它主要由两部分组成：一是全体社会成员所共有的基本核心文化；二是随时间变化和外界因素影响而容易改变的社会次文化或亚文化。社会文化因素通过影响消费者的思想和行为来影响企业的市场营销活动。因此，企业在从事市场营销活动时，应重视对社会文化的调查研究，并做出适宜的营销决策。

1. 教育水平对企业营销的影响

教育水平是指消费者受教育的程度。一个国家或地区的教育水平与经济发展水平往往是一致的。不同的文化修养表现出不同的审美观，购买商品的选择原则和方式也不同。一般来讲，教育水平高的地区，消费者对商品的鉴别力强，容易接受广告宣传和接受新产品，购买的理性程度高。因此，教育水平高低影响着消费者心理、消费结构，影响着企业营销组织策略的选取，以及销售推广方式方法的差别。

2. 语言文字对企业营销的影响

语言文字的不同对企业的营销活动有巨大的影响。一些企业由于其产品命名与产品销售地区的语言等相悖，给企业带来巨大损失。

例如，美国一家汽车公司生产了一种牌子叫"Cricket"(奎克脱)的小型汽车，这种汽车在美国很畅销，但在英国却不受欢迎。其原因就在于语言文字上的差异。"Cricket"一词有蟋蟀、板球的意思，美国人喜欢打板球，所以一提到"Cricket"就想到是蟋蟀，汽车牌子叫"Cricket"，意思是个头小，跑得快，所以很受欢迎。但在英国，人们不喜欢玩板球，所以一说"Cricket"就认为是板球。人们不喜欢牌子叫板球的汽车。后来，美国公司把其在英国的产品改为"Avenger"，意思是复仇者。因为这个名称不是说明它小，而是说明它很有力量，结果很受欢迎，销量大增。

可见，语言文字的差异对企业的营销活动是有很重大的影响的。企业在开展市场营销时，应尽量了解市场国的文化背景，掌握其语言文字的差异，这样才能使营销活动顺利进行。

3. 价值观念对企业营销的影响

价值观念是人们对社会生活中各种事物的态度、评价和看法。不同的文化背景下，人们的价值观念差别是很大的，而消费者对商品的需求和购买行为深受其价值观念的影响。例如，在西方一些发达的资本主义国家，大多数人比较追求生活上的享受，超前消费是司空见惯的事情。一些人为了生活上的享受，采用分期付款、赊销等形式，甚至大举借债。在我国，勤俭节约是民族的传统美德，借钱买东西这种消费行为往往被看成是不会过日子，人们大多攒钱购买商品，而且大多局限在货币的支付能力范围内，量入为出。因此，对于不同的价值观念，企业营销人员应采取不同的策略。

4. 宗教信仰对企业营销的影响

不同的宗教信仰有不同的文化倾向和戒律，从而影响人们认识事物的方式、价值观念和行为准则，进而影响着人们的消费行为，带来特殊的市场需求，与企业的营销活动有密切的关系。特别是在一些信奉宗教的国家和地区，宗教信仰对市场营销的影响力更大。因此，企业应充分了解不同地区、不同民族、不同消费者的宗教信仰，提倡符合其要求的产品，制定适合其特点的营销策略。否则，会触犯宗教禁忌，失去市场机会。

5. 审美观对企业营销的影响

审美观通常指人们对事物的好坏、美丑、善恶的评价。不同的国家、民族、宗教、阶层和个人，往往因社会文化背景不同，其审美标准也不尽一致。有的以"胖"为美，有的以"瘦"为美，有的以"高"为美，有的则以"矮"为美，不一而足。

例如，缅甸的巴洞人以妇女长脖为美，而非洲的一些民族则以文身为美等。因审美观的不同而形成的消费差异更是多种多样。例如，在欧美，女性结婚时喜欢穿白色的婚礼服，因为她们认为白色象征着纯洁、美丽；在我国，女性结婚时喜欢穿红色的婚礼服，因为红色象征吉祥如意、幸福美满。又如，中国女性喜欢把装饰物品佩戴在耳朵、脖子、手指上，而印度女性却喜欢在鼻子上、脚踝上配以各种饰物。

因此，不同的审美观对消费的影响是不同的，企业应针对不同的审美观所引起的不同消费需求，开展自己的营销活动，特别要把握不同文化背景下的消费者审美观念及其变化趋势，制定良好的市场营销策略以适应市场需求的变化。

6. 风俗习惯对企业营销的影响

风俗习惯是人们根据自己的生活内容、生活方式和自然环境，在一定的社会物质生产条件下长期形成并世代相袭而成的一种风尚和由于重复、练习而巩固下来并变成需要的行动方式等的总称。它在饮食、服饰、居住、婚丧、信仰、节日、人际关系等方面，都表现出独特的心理特征、伦理道德、行为方式和生活习惯。不同的国家、不同的民族有不同的风俗习惯，它对消费者的消费嗜好、消费模式、消费行为等具有重要的影响。

二、市场营销的微观环境

市场营销的微观环境主要由企业的供应商、营销中间商、顾客、竞争对手、社会公众以及企业内部参与营销决策的各部门组成。

"供应商—公司—营销中介单位—顾客"这一链条构成了公司的核心营销系统。一个公司的成功，还受到另外两个群体的影响，即竞争对手和公众。

(一)　公司

公司的市场营销活动是由营销和销售部管理的，它由品牌经理、营销研究人员、广告及促销专家、销售经理及销售代表等组成。市场营销部负责制订现有各个产品、各个品牌及新产品、新品牌的研究开发的营销计划。

营销管理者在制订营销计划时，必须考虑到与公司其他部门的协调，如与最高管理当局、财务部门、研究开发部门、采购部门、生产部门和会计部门等的协调，因为正是这些部门构成了营销计划制订者的公司内部微观环境。

(二)　供应商

供应商是影响企业营销的微观环境的重要因素之一。供应商是指向企业及其竞争者提供生产产品和服务所需资源的企业或个人。供应商所提供的资源主要包括原材料、设备、能源、劳务、资金等。

供应商对企业营销活动的影响主要表现在以下几个方面：

(1) 供货的稳定性与及时性。原材料、零部件、能源及机器设备等货源的保证，是企业营销活动顺利进行的前提。例如，粮食加工厂需要谷物来进行粮食加工，还需要具备人力、设备、能源等其他生产要素，才能使企业的生产活动正常开展。供应量不足、供应短缺，都可能影响企业能否按期完成交货任务。

(2) 供货的价格变动。毫无疑问，供货的价格直接影响企业的成本。如果供应商提高原材料价格，生产企业亦将被迫提高其产品价格，由此可能影响到企业的销售量和利润。

(3) 供货的质量水平。供应货物的质量直接影响到企业产品的质量。

针对上述影响，企业在寻找和选择供应商时，应特别注意两点：第一，企业必须充分考虑供应商的资信状况。要选择那些能够提供品质优良、价格合理的资源，交货及时，有良好信用，在质量和效率方面都信得过的供应商，并且要与主要供应商建立长期稳定的合作关系，保证企业生产资源供应的稳定性。第二，企业必须使自己的供应商多样化。企业过分依赖一家或少数几家供货人，受到供应变化的影响和打击的可能性就大。为了减少对企业的影响和制约，企业就要尽可能多地联系供货人，向多个供应商采购，尽量注意避免过于依靠单一的供应商，以免与供应商的关系发生变化时，使企业陷入困境。

（三）　营销中介机构

营销中介机构是协助公司推广、销售和分配产品给最终买主的那些企业。它们包括中间商、实体分配公司、市场营销服务机构及金融机构等。

1. 中间商

中间商是协助公司寻找顾客或直接与顾客进行交易的商业企业。中间商主要有代理中间商和经销中间商。

代理中间商主要包括代理人、经纪人、制造商代表，他们的主要任务是专门介绍客户或与客户磋商交易合同，但并不拥有商品持有权。

经销中间商主要包括批发商、零售商和其他再售商，他们需要购买产品，拥有商品持有权，然后再销售商品。

中间商对企业产品从生产领域流向消费领域具有极其重要的影响。企业在与中间商建立合作关系后，要随时了解和掌握其经营活动，并可采取一些激励性合作措施，推动其业务活动的开展。而一旦中间商不能履行其职责或市场环境变化时，企业应及时解除与中间商的关系。

2. 实体分配公司

实体分配公司协助公司储存产品和把产品从原产地运往销售目的地。仓储公司是在货物运往下一个目的地前专门储存和保管商品的机构。每个公司都需确定应该有多少仓位自己建造，多少仓位向存储公司租用。运输公司包括从事铁路运输、汽车运输、航空运输、驳船运输以及其他搬运货物的公司，它们负责把货物从一地运往另一地。每个公司都需从成本、运送速度、安全性和交货方便性等方面进行综合考虑，以确定选用哪种成本最低而效益更高的运输方式。

3. 市场营销服务机构

市场营销服务机构指市场调研公司、广告公司、各种广告媒介及市场营销咨询公司，他们协助企业选择最恰当的市场，并帮助企业向选定的市场推销产品。有些大公司，如杜邦公司和老人牌麦片公司，它们都有自己的广告代理人和市场调研部门。但是，大多数公司都与专业公司以合同方式委托办理这些事务。一个企业决定委托专业公司办理这些事务时，就需谨慎地选择，因为每个公司都各有特色，所提供的服务内容不同，质量不同，要价也不同。企业还得定期检查它们的工作，倘若发现某个专业公司不能胜任，则需另找其他专业公司来代替。

4. 金融机构

金融机构包括银行、信贷公司、保险公司以及其他对货物购销提供融资或保险的各种公司。公司的营销活动会因贷款成本的上升或信贷来源的限制而受到严重的影响。

（四）　顾客

企业与供应商和中间商保持密切的关系，是为了有效地向目标市场提供商品与劳务。企业的目标市场可以是下列五种顾客市场中的一种或几种。

(1) 消费者市场：个人和家庭购买商品及劳务以供个人消费。

(2) 工业市场：组织机构购买产品与劳务，供生产其他产品及劳务所用，以达到盈利或其他的目的。

(3) 转售商市场：组织机构购买产品及劳务用以转售，从中赢利。

(4) 政府市场：政府机构购买产品及劳务以提供公共服务或把这些产品及劳务转让给其他有需要的人。

(5) 国际市场：买主在国外，这些买主包括外国消费者、生产厂、转售商及政府。

(五) 竞争者

竞争者是指与企业存在利益争夺关系的其他经济主体。企业的营销活动常常受到各种竞争者的包围和制约。在现代市场经济条件下，企业的营销活动几乎无法回避竞争。同一行业或不同行业之间都会存在竞争。企业生产什么产品，价格如何制定，采用什么分销渠道，运用何种促销手段，除了需要考虑企业自身的状况、消费者的需求等因素之外，一个重要的方面就是必须考虑竞争对手的情况。

企业在识别其竞争对手时，要注意从以下四个层次上找出其所有的竞争者。

1. 愿望竞争者

愿望竞争者是指提供不同产品、满足不同消费欲望的竞争者。这是第一层次上的竞争者。顾客的购买行为首先是要满足一种愿望或欲望，如娱乐、美容、旅游等。因此，企业面临的第一层次的竞争者，就是愿望竞争者。例如，消费者要选择一种万元消费品，其所面临的选择就可能有电脑、电视机、摄像机、出国旅游等，这时电脑、电视机、摄像机以及出国旅游之间就存在着竞争关系，成为愿望竞争者。

2. 平行竞争者

平行竞争者是第二层次的竞争者，当顾客的消费愿望确定之后，第二层次的竞争就是满足消费者同一需要的各种产品的竞争。例如，一家经营娱乐用品(录像机)的企业，当顾客的消费愿望已确定在娱乐方面的时候，其竞争对手就是经营组合音响或电子琴等的企业，因为它们经营的产品同样可以满足顾客的娱乐需求。

3. 产品形式竞争者

产品形式竞争者是第三层次的竞争者，指满足同一需要的产品的各种形式之间的竞争。例如，当顾客已经决定购买娱乐用品中的录像机时，一家经营普通型录像机的企业的竞争对手就是那些经营带卡拉 OK 或双声道的录像机的企业。

4. 品牌竞争者

品牌竞争者是第四层次上的竞争者，指满足同一需要的同种形式产品的各种品牌之间的竞争。例如，当顾客已经决定购买娱乐品中的电视机的时候，长虹面临的竞争者就是三星以及海尔、海信、王牌等厂商。

(六) 公众

公众就是对一个组织完成其目标的能力有着实际或潜在兴趣或影响的群体。公众可能有助于增强一个企业实现自己目标的能力，也可能妨碍这种能力。鉴于公众会对企业的命运产生巨大的影响，精明的企业就会采取具体的措施，去成功地处理与主要公众的关系，而不是不采取行动或等待。大多数企业都建立了公共关系部门，专门筹划与各类公众的建设性关系。每个企业的周围有七类公众：

(1) 金融界。金融界对企业的融资能力有重要的影响，主要包括银行、投资公司、证券经纪行、股东。

(2) 媒介公众。媒介公众指那些刊载或播送新闻、特写和社论的机构，主要包括报纸、杂志、电台、电视台。

(3) 政府机构。企业管理当局在制定营销计划时，必须认真研究与考虑政府政策与措施的发展变化。

(4) 公民行动团体。一个企业的营销活动可能会受到消费者组织、环境保护组织、少数民族团体等的质询。

(5) 地方公众。每个企业都需同当地的公众团体(如邻里居民和社区组织)保持联系。

(6) 一般公众。企业需要关注一般公众对企业产品及经营活动的态度。虽然一般公众并不是有组织地对企业采取行动，然而一般公众对企业的印象却影响着消费者对该企业及其产品的看法。

(7) 内部公众。企业内部的公众包括蓝领工人、白领工人、经理和董事会。当企业雇员对自己的企业感到满意的时候，他们的态度就会感染企业以外的公众。

三、市场营销环境分析的方法

由于市场营销环境具有动态多变性、差异性和不可控性等特征，企业要想在多变的市场环境中处于不败之地，就必须对营销环境进行调查分析，以明确其现状和发展变化的趋势，从中辨别出对企业发展有利的机会和不利的威胁，并且根据企业自身的条件制定并实施相应的对策。

(一) SWOT 分析法(企业内外环境对照法)

SWOT 是取"优势(Strength)""劣势(Weakness)""机会(Opportunity)""威胁(Threat)"英文单词的第一个字母构成的。

SWOT 分析就是对企业内部的优势与劣势和外部环境的机会与威胁进行综合分析，并结合企业的经营目标对备选战略方案做出系统评价，最终制定出一种正确的经营战略，如图 1-3 所示。

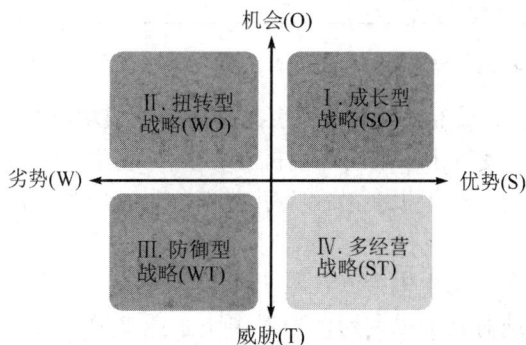

图 1-3 SWOT 分析法

1．成长型战略(SO)

对企业来说，成长型战略是最理想的状况，企业能够利用它的内在优势并把握良机。可采用的成长型战略包括开发市场、增加产值等。

2．扭转型战略(WO)

处于这种局面的企业，虽然面临良好的外部机会，却受到内部劣势的限制。采用扭转型战略可以设法清除内部不利的条件，或者在企业内发展弱势领域，或者从外部获得该领域所需要的能力(如技术或具有所需技能的人力资源)，以尽快形成利用环境机会的能力。

3．防御型战略(WT)

处于这种局面的企业，内部存在劣势，外部面临巨大威胁，企业要设法降低弱势和避免外来的威胁。例如，通过联合等形式取长补短。

4．多经营战略(ST)

企业利用自身的内部优势去避免或减轻环境中的威胁，其目的是将组织优势扩大到最大程度，将威胁降到最低。例如，企业可利用技术、财务、管理和营销的优势来克服来自新产品的威胁。

(二)　机会潜在吸引力与企业成功概率分析

不同的环境条件和机会，会给企业带来不同的潜在利润，因此，其潜在的吸引力也不同。同时，企业利用各种环境机会战胜竞争者取得成功的可能性也有大小。

由上述两个因素，企业可以做出"机会潜在吸引力-企业成功概率"分析矩阵，具体如图1-4所示。

	企业成功概率高	企业成功概率低
机会潜在吸引力高	II	I
机会潜在吸引力低	III	IV

图1-4　"机会潜在吸引力-企业成功概率"分析矩阵

第Ⅰ象限的环境机会，属于机会潜在吸引力高而企业成功概率低的环境条件，企业应设法改善自身的不利条件，使第Ⅰ象限的环境机会逐步移到第Ⅱ象限而成为有利的环境机会。

第Ⅱ象限的市场机会，属于机会潜在吸引力和企业成功概率皆高的状态，企业应尽全力发展。

第Ⅲ象限的环境机会，属于机会潜在吸引力低但企业成功概率高的环境条件。这对大企业来说往往不会积极地对其加以利用，但对中小企业来说，可以成为捕捉市场机会的良好时机。

第Ⅳ象限的环境机会，属于机会潜在吸引力和企业成功概率都低的环境条件。企业一方面应积极改善自身的条件，以准备随时利用稍纵即逝的市场机会，另一方面应静观市场变化趋势。

（三）威胁与机会分析

对于环境的分析，不仅要分析机会，也必须重视环境给市场营销活动带来的威胁。按照环境威胁的潜在严重程度和环境威胁出现的可能性，做出"威胁-机会"分析矩阵，如图1-5所示。

	出现概率高	出现概率低
潜在严重性高	Ⅱ	Ⅰ
潜在严重性低	Ⅲ	Ⅳ

图1-5 "威胁-机会"分析矩阵

第Ⅱ象限是属于环境威胁的潜在性和出现概率均高的状况，因此，对于第Ⅱ象限的威胁，企业应处于高度警惕状态，并制定相应的措施，尽量避免损失或者将损失降低到最低程度。对于第Ⅰ、Ⅲ象限的威胁，企业也不应该掉以轻心，要予以充分关注，制定好应变方案。对于第Ⅳ象限的威胁，企业一般应注意其变化，如果有向其他象限转移的趋势应制定对策。

一般来说，企业对环境威胁可选择以下几种对策：

(1) 反攻策略。

反攻策略即试图限制或扭转不利因素的发展，如通过法律诉讼等方式，促使政府通过某种法令或政策保护自身合法权益不受侵犯，改变环境的威胁。例如，有些企业通过联合起来的方式，促使政府推行贸易保护主义，以限制别国商品的进入，削弱他国商品的市场竞争力，从而保护本国企业的目标市场。

(2) 减轻策略。

减轻策略即通过改变营销策略，以减轻环境威胁的程度，主动地去适应环境变化。例如，由于原材料供不应求，导致其价格上涨，企业为了在竞争中立于不败之地，便主动改进设备和工艺，积极实施各种节约措施，降低原材料单位消耗和费用成本，使企业在原材料价格上涨的情况下能够使企业利润保持稳定。

(3) 转移策略。

转移策略即将产品转移到其他市场或转移到其他有利可图的行业中去，回避不利的环境因素，以寻求新的市场机会。例如，美国卷烟在国内市场受到限制，就大量向发展中国家转移。

任务实施

(1) 以学习小组为单位自选一个实习过的或者熟悉的企业，对该企业所处的营销环境进行分析，包括宏观环境和微观环境，并分析其对企业营销活动的影响。

(2) 根据营销环境对企业的影响，提出相应的对策。

实训要求：以小组为单位完成任务；能够分析出营销环境给企业带来的机会和威胁，并提出相应的建议；形成文稿，文档的排版及格式无低级错误。

【课后自测】

一、单项选择题

1. ( )是向企业及其竞争者提供生产经营所需资源的企业或个人。

A. 供应商　　　　　　B. 中间商　　　　　C. 广告商　　　　　D. 经销商

2. ( )是指直接影响企业营销的小范围的因素和力量。

A. 市场营销环境　　　　　　　　　B. 宏观市场营销环境

C. 微观市场营销环境　　　　　　　D. 环境

3. ( )是构成宏观市场营销环境的第一因素。

A. 人口　　　　　B. 经济　　　　　C. 自然　　　　　D. 政策法律

4. 影响消费需求变化的最活跃的因素是( )。

A. 个人可支配收入　　　　　　　　B. 可任意支配收入

C. 个人收入　　　　　　　　　　　D. 人均国内生产总值

5. 市场营销环境对企业营销在总体上的作用关系是带来机会，造成威胁。那么企业研究市场营销环境的目的是( )。

A. 寻求机会，避免威胁　　　　　　B. 抓住机遇，迎接挑战

C. 增加产量，提高质量　　　　　　D. 对外开放，招商引资

二、多项选择题

1. 市场营销环境( )。

A. 是企业不可控制的因素　　　　　B. 可能形成机会也可能造成威胁

C. 是可以了解和预测的　　　　　　D. 不以营销者的意志为转移的

2. 微观环境指与企业紧密相连，直接影响企业营销能力的各种参与者，包括( )。

A. 企业本身　　　　　　　　　　　B. 市场营销渠道企业

C. 顾客　　　　　　　　　　　　　D. 竞争者

三、判断题

1. 现代营销学认为，企业成败的关键在于企业能否适应不断变化的市场环境。( )

2. 长虹、海尔、康佳等品牌的电视机的生产者属于产品形式竞争者。( )

任务三 分析消费者市场

∞ 任务描述

以学习小组为单位自选一个实习过的或者熟悉的企业，在学习相关内容的基础上，对该企业的消费者市场进行分析，分析消费者的购买行为类型和购买决策过程，同时分析影响消费者购买行为的因素，给出相应的措施，并形成文稿。

···· 学习目标

(1) 了解消费者行为的特点与含义；

(2) 了解消费者市场及其构成；

(3) 理解购买决策的参与者；

(4) 掌握消费者购买行为的主要影响因素；

(5) 掌握消费者的购买决策过程；

(6) 能够对消费者的购买决策过程进行分析；

(7) 具备理性消费意识。

案例分析

00 后大学生的消费观

最早的一批"00 后"们已经进入了大学校园，他们出生在消费社会和网络时代，他们身上从一开始就显示出一种典型的消费观念——符号消费，即对品牌的追求，对高价值商品或服务的青睐。

一、生活费来源的多元化趋势

学生的生活费主要来源于父母的占比 72.93%；部分费用靠自己赚取的占到了 26.17%；全部靠自己赚取的占 0.9%。与以往相关调查数据对比，当代大学生通过兼职、实习、奖学金、贷款等获得生活费的比率有明显增加，学生生活费来源日趋多元化。这也说明"00 后"并没有废掉。这种现象是网络时代带来的红利，网络给大学生们提供了更多的消费获取渠道。

二、消费领域、方式、行为的多元化趋势

调查发现"00 后"大学生的生活用品、学习用品、饮食、服装等物质消费占比仍然很大，分别是 57.14%，25.26%，86.32%；在休闲娱乐、恋爱交友等其他方面的消费的比率亦达 40% 以上。可见"00 后"大学生消费的一个突出特点是精神消费与物质消费同样重要。

通过对消费倾向和消费行为影响因素的调查分析，可以看出"00 后"大学生对高品质商品和服务的需求显著增加，占比 42.26%，对品牌的追求比较明显。在消费行为的影响中，受品牌品质因素影响的占比达 47.97%，个人喜欢的占比 84.06%，突显了"00 后"个性消费和符号消费的特点。

　　思考：结合案例和个人的消费情况，分析影响消费者购买行为的主要因素有哪些？消费者的购买决策过程是怎样的？

知识链接

　　二十大报告指出要着力扩大国内需求，并提出把恢复和扩大消费摆在优先位置。消费载体是衡量一个地区消费活力的重要标志，也是拉动地区经济增长的重要载体。要把恢复和扩大消费摆在优先位置，就要着力改善消费条件，创新消费场景。

　　消费者市场也称最终产品市场，是指个人或家庭为生活消费而购买、租赁产品或服务的市场。它是市场营销学研究的主要对象，是所有商品的最终市场。无论是产业市场还是中间商市场，其最终的服务对象都是消费品市场，因此全面动态地了解消费者需求，掌握消费者市场的特征及其发展趋势是企业生存与发展的重要前提。

一、消费者市场的特点

（一）普遍性与多样性

　　普遍性是指人人都是消费者。由于消费者市场人数众多，具有购买次数频繁、购买数量少的特征。因此消费者的购买行为与企业购买行为明显不同。与消费者购买行为相比，企业购买行为具有购买次数少，每次购买量大的特征。

　　多样性是指由于消费者市场人多面广，消费者受到年龄、职业、受教育程度、经济收入、性格及所处的市场环境不同的影响，其购买行为千差万别。

（二）层次性与发展性

　　消费需求的层次性是指消费者对同一类产品，在质量、价格、款式、规格、性能等方面需求的差异性在消费品市场以多层次性特征表现出来。例如，按产品价格高低，可以把产品分为高、中、低三个档次。这种特征有利于企业细分市场，提供更有针对性的产品。

　　消费需求的发展性是指随着时代变迁、科技进步以及经济收入的提高，消费者的需求会经历一种由低到高，由粗到精的发展过程。特别是由于科学技术的迅猛发展，新产品层出不穷，产品生命周期日益缩短，人们更换产品的速度加快，进一步促进了消费需求的发展性。

（三）情感性

　　消费需求的情感性是指消费者购物带有明显的感情色彩。由于消费者缺乏专业知识，大部分是外行，往往是根据个人的喜好和情感购物。例如，在情人节，恋爱中的男女要送玫瑰花、巧克力来表达自己的爱恋之情，因此每年的情人节，都是玫瑰花和巧克力最畅销、价格上涨最快的日子。

(四)　可诱导性

消费需求的可诱导性是指消费需求受消费者收入、嗜好、商品价格、税收和储蓄利率、心理预期、经济发展趋势的影响，购买具有很大的伸缩性，容易受外界因素的诱导。一般来讲，消费者对商品的不同偏好程度决定了他们的购买意愿。消费者的嗜好取决于个人生理和心理需求，也取决于社会消费时尚。企业可以通过示范效应和广告效应来影响消费时尚。示范效应是某一消费团体的消费方式对其他团体的影响；广告效应是广告对形成消费时尚的影响。由于示范效应和广告效应的重要性，许多企业不惜重金利用这两种效应来诱导消费者。例如，百事可乐不惜重金聘请国际著名足球明星做广告来诱导喜爱这些足球明星的消费者购买百事可乐饮料。

(五)　互补性和替代性

消费需求的互补性是指消费者为了满足自己个人的某种需求，需要同时购买两种或两种以上的商品。消费者购买的这些产品一般来讲都是互补品，如购买打印机就必须购买墨盒，因为打印机和墨盒是互补品。互补品中的一种商品价格下跌，会引起另一种商品需求的增加，反之则减少。某些公司就曾采取低价打印机、高价墨盒的市场价格策略。

消费需求的替代性是指商品功能近似，可以互相替代满足消费者的同一种需求。例如，消费者既可买羽绒服御寒，也可以买棉大衣、裘皮大衣御寒。羽绒服、棉大衣、裘皮大衣是替代品。有替代关系的商品，当一种商品价格下跌时，另一种商品的需求就会减少。最近几年由于羽绒服价格大幅度下降，人们对棉大衣的需求急剧减少。

(六)　地区性

消费需求的地区性是指同一地区的消费者在生活习惯、收入水平、消费需求等方面具有很大的相似性，因而在消费行为上表现出地区性特点。例如，羽绒服在北方地区冬季销量很好，在海南岛则无人问津。中国的饮食北咸南甜，山西人喜吃醋，四川人、湖南人、湖北人喜吃辣。

(七)　季节性

消费需求的季节性是指由于气候条件、风俗习惯不同而引起的季节性消费。这些商品的供应与消费有显著的淡、旺季之分，如夏天蔬菜价格便宜，冬天贵。另外在中国一些传统节日中会引起某种商品旺销，如元宵节的汤圆、端午节的粽子、中秋节的月饼等。

(八)　流动性

消费需求的流动性是指消费品具有在地区间流动的特性。在消费品流动过程中有两种现象，一种是滴流，即商品的流行趋势从上层社会流动到下层社会；一种是朔流，即商品的流行趋势从下层社会流动到上层社会。例如，牛仔服装最初是美国西部牛仔穿的一种从事体力劳动的服装，现在世界各个阶层的人都在穿这种服装，这种服装已成为世界通用的休闲服装。

二、消费品的分类

消费品是供最终消费者用于家庭或个人使用的产品或服务。现在，通常采用两种分类方法对种类繁多的消费品进行分类。

(一) 按消费品的消耗特点和产品形态来分类

按消费品的消耗特点和产品形态，可以把消费品划分为易耗消费品、耐用消费品和服务三种类型。

1. 易耗消费品

易耗消费品也叫非耐用消费品，是指只能使用一次或几次的容易消耗的有形物品，如食物、水果、洗涤用品等。

2. 耐用消费品

耐用消费品是指可以多次使用，单价较高的有形物品，如服装、家用电器等。

3. 服务

服务是"用于出售或者是同产品连在一起进行出售的活动、利益或满足感。"服务是一种无形产品，如美容、技术咨询等。

(二) 按消费者购买习惯来分类

按消费者购买习惯分类，可以把消费品分为便利品、选购品和特殊品三种类型。

1. 便利品

便利品是指消费者购买频繁，不愿花时间和精力去比较品牌、价格，想随时随地购买到的产品或服务。它分为日用品、冲动购买品和应急物品三种。

日用品是价值低的，经常使用和购买的产品和服务，如食盐、方便面、洗涤用品、干洗等。消费者购买日用品的特点是就近购买自己熟悉的品牌产品。因此经营日用品的企业要在居民区广设网点，如夫妻店、超市等，利用各种促销措施，使消费者熟悉产品品牌，并保证质量，注重产品款式和包装设计，吸引消费者购买。

冲动购买品是指消费者在视觉、嗅觉、听觉等感觉器官受到刺激的情况下而临时决定购买的产品或服务，如玩具、水果等。经营冲动购买品的商家要在人口稠密、流动量大的地方广设网点，利用表演示范、广告条幅等刺激感觉器官的促销手段展示产品或服务，以吸引消费者购买。

应急物品是指消费者在紧急需要的情况下所购买的产品或服务，如急诊、下雨天买雨伞等。应急物品也应多设网点，以便于让消费者熟知及购买。

2. 选购品

选购品是指消费者对产品或服务的价格、质量、款式、耐用性等进行比较之后才购买的产品，即需要挑挑拣拣才购买的产品或服务，如家用电器、服装、美容美发等。选购品又可分为同质品和异质品。同质品是指质量相似、价格差异大的选购品。这类产品促销的重点是在保证产品质量的前提下采取低价策略。异质品是指产品特色比价格重要的选购品，如服装、电脑等。经营异质品的商家必须备有大量的花色品种，有素质较高的推销员，以满足消费者的不同爱好，为顾客提供咨询服务。

为了便于消费者购买选购品，政府应为其提供便利条件，使经营不同品牌的同类选购品的商家云集在一起，因此在一些城市里有服装城、家电城、装饰材料大市场等。

3. 特殊品

特殊品是指有独特效益或特殊品牌标记的产品。这类产品大都是著名企业经营的名牌产品，产品知名度高。对这类产品，消费者在购买中只认品牌购买，如名牌服装、汽车等价格比较贵重的产品。由于消费者认定品牌购买，排除了竞争，因此往往在一个城市设置一两家专卖店进行经营即可。

经营选购品的企业要使自己的产品成为特殊品，就要在保证优质产品的前提下，打造自己的企业品牌，提高品牌知名度。

三、影响消费者购买行为的因素

消费者购买行为只是消费者在寻找、购买、使用、评估和处理满足其需要的产品或服务过程中所表现出来的反应或者行动。研究消费者需求及其购买行为是企业制定市场营销战略的出发点。

研究影响消费者购买行为的有哪些因素，对企业开展有效的市场营销活动至关重要。影响消费者购买行为的因素主要有文化因素、社会因素、个人因素和心理因素。

（一）　文化因素对消费者购买行为的影响

文化、亚文化和社会阶层等文化因素对消费者购买行为具有最广泛和最深近的影响。

1. 文化对消费者购买行为的影响

文化是人类在社会实践过程中所获得的物质、精神的生产能力和创造物质、精神财富的总和。文化是一种历史现象，具有历史的继承性、阶段性、民族性、地区性、多样性等特征。文化背景不同，人们的需求就不同，因此文化是影响消费者购买行为的最基本的因素。

文化差异会引起消费者购买行为的不同，这主要表现在婚丧嫁娶、服饰、饮食、建筑风格、传统节日、礼仪等方面，如东方文化强调集体精神、孝道等。

2. 亚文化对消费者购买行为的影响

亚文化亦称副文化，是因社会或自然因素而形成的，在某些方面有别于整体文化的地区性文化或群体文化。社会越复杂，亚文化越多。总体来讲，主要有民族亚文化群体、宗教亚文化群体、种族亚文化群体、地理亚文化群体等。

例如，德国大众汽车公司的桑塔纳，是取"旋风"之美誉而得名的。该公司决定以桑塔纳作为新型轿车的名字，希望它能像旋风一样风靡全球，结果好名字带来了好销路。

3. 社会阶层对消费者购买行为的影响

社会阶层也称社会分层，是指根据财富、权利、知识、职业或声望等标准将社会成员区分为高低不同的等级序列。它最早是由德国社会学家"组织理论之父"马克斯·韦伯提出的。

同一社会阶层的人往往具有相同的价值观、生活方式、思维方式和审美观，这些都会影响消费者的购买行为。

(二) 社会因素对消费者购买行为的影响

参照群体、家庭、社会角色和地位等社会因素是影响消费者购买行为的重要因素。

1. 参照群体对消费者购买行为的影响

参照群体也称相关群体，是对个人的信念、态度和价值观产生影响，并作为其评价事物尺度的群体。它既可以是实际存在的，也可以是想象存在的。

参照群体又可分为直接参照群体和间接参照群体。直接参照群体也称成员群体，是某人所属的群体或与其有直接关系的群体。成员群体又分为首要群体和次要群体两种。首要群体也称基本群体、初级群体，是人们经常面对面直接交往的群体，如家庭、邻里、同学、同事等。次要群体是人们不经常面对面直接交往的社会组织，如机关、企业、学校、消费者协会等。

间接参照群体是指某人的非成员群体，即此人虽不属于这个群体，但又受其影响的一群人。它可分为向往群体和厌恶群体。向往群体也称渴望群体，是指消费者渴望成为其群体中的一员，模仿其群体成员的消费模式与购买行为，如影视明星、体育明星。厌恶群体也称隔离群体，是指消费者厌恶、回避远离的群体。消费者希望在各方面与其保持距离，甚至反其道而行之。

参照群体对消费者购买行为的影响，主要体现在：

(1) 参照群体为消费者展示出新的行为模式和生活方式。

(2) 参照群体影响消费者对某些事物的看法和对某些产品的态度。

(3) 参照群体促使人们行为趋于某种一致化，从而影响消费者对某些产品和品牌的选择。

2. 家庭对消费者购买行为的影响

家庭是由婚姻、血缘或收养而产生的亲属间的共同生活组织，家庭是社会组织中的基本单位，是消费者最基本的参照群体，对消费者的购买行为有重要影响。

人的一生一般要经历两个家庭，一是父母的家庭，二是自己组成的家庭。消费者购买决策受父母家庭影响比较间接，受自己现有家庭影响比较直接。根据家庭权威中心点不同家庭购买决策类型分为4种：

(1) 独裁型，指家庭购买决策权掌握在丈夫、妻子或子女手中，如购买家庭日常用品往往由妻子决定。

(2) 协商型，指家庭购买决策由家庭成员协商决定，如购买住房、汽车等昂贵消费品时往往是全家协商后决定的。

(3) 民主集中制型，指在参考全家人意见的基础上，由某个家庭成员做出最后购买决策。一个人独自做主，全家参与意见，如购买家用电器。

(4) 自治型，即家庭成员各自对自己所需产品做出购买决策，如服装的购买等。

家庭购买决策权主要掌握在夫妻手中，夫妻决策权的大小取决于购买商品的种类、双方工资收入、生活习惯、家庭内部劳动分工等各种因素。由于我国独生子女家庭多，子女在家庭购买决策中所起的作用也不容忽视。

3. 社会角色对消费者购买行为的影响

社会角色是与人的社会地位相联系并按规范执行的行为模式。社会角色是人的各种社会属性和社会关系的反映，是社会地位的外在表现。社会生活中任何一个人都要扮演不同的社会角色，如一个人在家庭中是妻子、母亲，在社会上是公司职员等。社会角色的不同在某种程度上影响消费者购买行为。例如，女儿在母亲节购买康乃馨送给母亲，恋爱男女在情人节购买玫瑰花和巧克力送给自己的爱人。

4. 社会地位对消费者购买行为的影响

社会地位是人们在各种社会关系网中所处的位置，是对决定人们身份和地位的各种要素综合考察的结果。这些要素包括个人的政治倾向、经济状况、家庭背景、文化程度、生活方式、价值取向、审美观及其所担任的角色和所拥有的权利等。消费者的购买行为会随着社会地位的变化而发生显著的变更。

(三) 个人因素对消费者购买行为的影响

消费者年龄、性别、所处的家庭生命周期、个性、职业、经济状况、生活方式以及自我观念等个人因素是影响消费者购买行为的主要因素。以下就其中较为典型的因素进行讨论。

1. 家庭生命周期对消费者购买行为的影响

家庭生命周期是指以家长为代表的家庭生活的全过程。按年龄、婚姻、子女等状况，家庭生命周期可分为七个阶段：

(1) 未婚期阶段，指单身的青年人。其消费支出以服装、娱乐为主。这个阶段的消费者追逐时尚，是新产品促销的重要目标市场。

(2) 新婚期阶段，指年轻没有子女的年轻夫妻。这是人生的一个消费高峰期，购买产品的种类较多，是住房、家用电器、家具、服装等单价较高耐用消费品的主要购买者。在我国，购买上述消费品的经济来源，有很大一部分是父母多年的储蓄。

(3) "满巢" I 阶段，指年轻夫妻，家中有一个 6 周岁以下的孩子。在这个时期孩子的启蒙教育、营养开支较大。

(4) "满巢" II 阶段，指年轻夫妻，有 6 岁以上的孩子，家庭经济状况较好，孩子的教育支出逐渐增多。他们常购买大规格包装的产品，有自己喜爱的品牌产品。

(5) "满巢" III 阶段，指中年夫妻，有经济未独立的子女。这是一个家庭经济状况最好的阶段。以前没有房子的家庭已经购买了房子，小房子换成大房子，因此他们是商品房的重点销售对象，也是二手房的主要来源；他们结婚时购买的家用电器、家具等消费品已经过时，需要更新，因此他们又是家用电器、家具等消费品的主要购买者；这时家庭中夫妻二人负担也比较重，上有父母需赡养，下有子女需供养；子女的教育支出开支较大，尤其是孩子上大学的费用占家庭总收入很大一部分。

(6) "空巢"，指 60 周岁左右的夫妻，这个时期，子女经济独立，大部分已组成自己的新家庭；夫妻二人经济条件较好，是旅游产品、保健品的主要购买者。在中国独生子女家庭中，儿女虽然已成家，但大部分离父母家较近的年轻夫妻在经济上依赖父母，小孩子需要父母给予照顾。

(7) 未亡人时期，指单身独居的老人。其消费支出主要是医疗保健品、健身器材。单身老人再婚问题、护理问题是值得社会关注的重点工作之一。

2. 个性对消费者购买行为的影响

个性，也称作人格，是指个人稳定的心理品质，包括人格倾向性和人格心理特征。人格倾向性包括人的需要、动机、兴趣和信念等，决定人对现实生活的态度、趋向和选择。人格心理特征包括人的能力、气质和性格，决定人行为方式上的个人特征。由于个人遗传素质尤其是社会活动各不相同，每个人在人格倾向性和人格心理特征方面各不相同，形成不同的人格，这种个性的差别导致购买行为的不同。例如，在选择服装方面，性格外向的人喜欢色彩明亮、款式新颖的服装，性格内向的人喜欢简洁、色彩深沉的服装。性格外向的人活泼多言，容易受推销人员、广告等外界因素的影响，性格内向的人沉默寡言，在购物时往往犹豫不决。因此营销人员要针对消费者的个性特点，展开促销。

3. 生活方式对消费者购买行为的影响

生活方式是在一定社会制度下，社会群体及个人在物质和文化生活中，各种活动形式和行为特征的总和，包括劳动方式、消费方式、社会交往方式及道德价值观念等。其具有社会性、民族性、时代性、类似性、多样性、差异性等特点。生活水平、生活质量是生活方式在质和量两个方面的反映。生活方式类型不同，人们的消费重点也有所区别。例如，"娱乐型"人，生活丰富多彩，紧跟时尚；"生活型"人，购物以满足家庭舒适生活为主，"事业型"人喜欢购买书籍。

4. 自我观念对消费者购买行为的影响

自我观念即自我概念，是指个人关于自己的观念体系，即消费者想使自己成为一种什么样的人。它包括三个方面：一是认知，是对自己的品质、能力、外表、社会意义等方面的认识；二是情感，包括自尊、自爱和自卑等；三是评价意志，是指自我评价。自我概念可分为现实的我、理想的我、动力的我和幻想的我。

由于自我观念不同，人们的购买行为有很大的差异性。例如，在服饰选择方面，如果消费者想把自己塑造成风度翩翩的"绅士"，其购买就会偏重名牌西装、领带、皮鞋等；如果想把自己塑造成自然潇洒悠闲自在的人，其购物就会以休闲服饰为主。

(四) 心理因素对消费者购买行为的影响

消费者的动机、知觉、学习和态度是影响消费者购买行为的主要心理因素。

1. 马斯洛需求层次理论

动机是指人发动和维持其行动的一种内部状态，是一种升华到一定强度的需要，它能够及时引导人们去探求满足需要的目标。美国心理学家、人本主义心理学创始人马斯洛 (Abraham H. Maslow，1908—1970)在 1954 年发表的《动机与人格》一书中，提出了人类"需求层次理论" (The hierarchy of needs theory)，也称为马斯洛动机。他认为人类的需求是以层次的形式出现的，由低级需求开始逐级向上发展到高级需求。他将个人需求分为以下五个层次：

(1) 生理需求。

生理需求是指为了满足生存而对必不可少的基本生活物质条件的需求，如衣、食、住、行等。它是人体最基本的需要。

(2) 安全需求。

安全需求是指满足人身安全和健康的需要。随着生活水平的提高，我国民众对这方面的需求日益增多，如医疗保健品、社会保险、防盗物品等。

(3) 社交需求。

社交需求是指参与社会交往，取得社会承认和归属感的需要，如爱情、友谊、婚姻等。人是群居动物，他们的生活离不开社会。人们在社会交往中互相了解，产生爱慕、信赖的感情。

(4) 尊敬需求。

尊敬需求是指在社交活动中受人尊敬、取得一定社会地位、荣誉和权力的需要。正如项羽所说的要"衣锦还乡"。人们购买高档名贵服装等高档消费品，获取高学历就是这种需求的表现。

(5) 自我实现需求。

自我实现需求是指发挥个人最大潜力，实现理想的需求。自我实现是需求的最高层次，自我实现的人是理想的人，建立人与人之间无条件的关怀和真诚关系，是自我实现的关键。满足自我实现需求的产品有书籍、教育、知识等。

2. 知觉

知觉是人对客观事物各个部分或属性的整体反应。它同感觉一样，是由客观事物直接作用于分析器官而引起的，但比感觉更完整、复杂。人们常常根据实践活动的需要和心理倾向主动地收集信息，辨认物体及其属性。人们对同一刺激物会产生不同的知觉，原因在于知觉具有选择性的特征。

知觉的选择性是人对同时作用于感觉器官的各种刺激有选择地做出反应的倾向。它使人的注意力指向少数重要的刺激或刺激的重要方面，从而能更有效地认识外界事物。它包括选择性注意、选择性曲解和选择性记忆。

(1) 选择性注意。

选择性注意是人在注意时，从当前环境中的许多刺激对象或活动中选择一种或几种刺激，使自己产生高度的兴奋、感知和清晰的意识。引起选择性注意的原因有两种。一是客观因素，如刺激强度大、新奇、对比鲜明、反复出现、不断变化等；二是主观因素，如需要、动机、精神状态、知识经验、任务、世界观、价值观等。例如，消费者在家电商场买电视，会只注意收集与电视的品牌和价格等有关的信息，而对冰箱等其他家用电器视而不见。

(2) 选择性曲解。

选择性曲解是指人们有选择地将某些信息加以歪曲，使其符合自己的想象。由于选择性曲解的作用，人们容易忽视自己喜爱品牌的缺点和其他品牌的优点。

(3) 选择性记忆。

选择性记忆是指人们由于观点、兴趣、生活经验的不同，对所经历过的事物有选择地识记、保持、再现或再认。例如，"脑白金"广告一经播出，消费者对其广告词记忆深刻，"送礼就送脑白金"，但是没有记住脑白金保健品的功效，把"脑白金"曲解为一种送给老年人的礼品，这种效果的出现正是知觉选择性在消费者购买行为中的反映。

3. 学习

学习是指由于后天经验引起的个人知识、结构和行为的改变。人类的行为大都来源于学习，人们的学习过程就是驱使力(即动机)、刺激物、提示物、反应和强化的结果。例如，在中国人们靠右侧通行，司机见红灯就停，绿灯就行就是一种后天学习的结果。

4. 态度

态度是人们对人或事物持有的一种稳定性的行为反应倾向。它分三种成分：

(1) 认知成分。

认知成分是指个人对有关事物的信念。消费者对产品的认知决定其对产品或服务的品牌信念。消费者的品牌信念一旦形成，就会对品牌产品产生偏好，因此把握住消费者的品牌偏好进行产品市场定位，是企业获取竞争优势的有效手段之一。

(2) 情感成分。

情感成分是消费者对产品或服务的情感反应，它是消费者对品牌的评估，是决定消费者购买行为的因素，如喜欢或厌恶等情绪反应。

(3) 行为成分。

行为成分是指消费者是否购买消费品的行为倾向。

在现实生活中，我们可以根据态度的三种成分，通过促销手段改变消费者的品牌信念，使消费者形成新的品牌偏好，通过舆论领袖的示范效用，改变消费者对产品属性理想标准的认识，形成一套全新的产品理想标准，使消费者喜欢本企业产品。

四、消费者购买行为类型及营销对策

消费者在购买活动中常常扮演发起者、影响者、决定者、购买者、使用者的参与角色。阿萨尔根据消费者参与程度和产品品牌差异程度，将消费者购买行为分为 4 种类型，如表1-1 所示。

表 1-1　消费者购买行为类型

品牌差异程度	参 与 程 度	
	高	低
大	复杂性购买行为	多样性购买行为
小	协调性购买行为	习惯性购买行为

(一) 习惯性购买行为

习惯性购买行为是指消费者对价格低廉、经常购买、品牌差异小的产品花最少的时间，就近购买的一种购买行为。它是最简单的购买行为，如购买食盐、鸡精、牙膏之类的便利品。

针对习惯性购买行为，企业应采取的营销策略有：

(1) 产品改良，突出品牌效应，即增加产品新的用途与功能，保质保量，创立名牌。

(2) 价格优惠。

(3) 在居民区和人口流动性大的地区广设销售网点，使消费者可以随时随地购买。

(4) 加大促销力度。利用促销吸引新顾客，回报老顾客；在广告宣传上力争简洁明快，突出视觉符号与视觉形象。例如，生产绿茶的企业可以针对消费者想要实现绿色减肥和补充微量元素的心理特征，在广告宣传上突出绿茶的减肥功效，促销绿茶。

(二)　多样性购买行为

多样性购买行为是指消费者对产品品牌差异大、功效近似的产品，不愿多花时间进行选择，而随意购买的一种购买行为。

针对多样化购买行为，企业应采取的营销策略有：

(1) 采取多品牌策略，突出各种品牌的优势。多品牌决策是指企业在相同产品类别中同时为一种产品设计两种或两种以上互相竞争的品牌决策。此策略为宝洁公司首创，宝洁公司的洗发用品品牌众多，如飘柔、海飞丝、潘婷等。飘柔的突出优势是柔顺头发，海飞丝的突出优势是去头屑，潘婷的突出优势是护理、营养头发。宝洁公司凭借强大的企业实力，多方位的广告宣传，使其品牌深入到消费者心中，创造了骄人业绩。

(2) 价格拉开档次。

(3) 占据有利的货架位置，扩大本企业产品的货架面积，保证供应。

(4) 加大广告投入，树立品牌形象，使消费者形成习惯性购买行为。

(三)　协调性购买行为

协调性购买行为是指消费者对品牌差异小，不经常购买的单价高、购买风险大的产品，需要花费大量时间和精力去选购，购后又容易出现不满意等失衡心理状态，需要商家及时化解的购买行为，如购买家用电器、旅游度假等。消费者购买此类产品时往往是"货比三家"，谨防上当受骗。

针对协调性购买行为，企业应采取的营销策略包括：

(1) 价格公道、真诚服务、创名牌，树立企业良好形象。

(2) 选择最佳的销售地点，即与竞争对手同处一地，便于消费者选购。

(3) 采用人员推销策略，及时向消费者介绍产品的优势，化解消费者心中的疑虑，消除消费者的失落感。

(四)　复杂性购买行为

复杂性购买行为是指消费者对价格昂贵、品牌差异大、功能复杂的产品，由于缺乏必要的产品知识，需要慎重选择，仔细对比，以求降低风险的购买行为。消费者在购买此类产品的过程中，经历了收集信息、产品评价、慎重决策、用后评价等阶段，其购买过程就是一个学习过程，在广泛了解产品功能、特点的基础上，才能做出购买决策，如购买计算机、汽车、商品房等。

针对复杂性购买行为，企业应采取的营销策略有：

(1) 制作产品说明书，帮助消费者及时全面了解本企业产品知识、产品优势及同类其他产品的状况，增强消费者对本企业产品的信心。

(2) 实行灵活的定价策略。

(3) 加大广告力度，创名牌产品。

(4) 运用人员推销，聘请训练有素，专业知识丰富的推销员推销产品，简化购买过程。

(5) 实行售后跟踪服务策略，加大企业与消费者之间的亲和力。

【思考】下列购买行为属于哪种类型？

(1) 购买一辆奔驰汽车；

(2) 走进一家糖果店买了一袋新出的糖果；

(3) 去轮胎经销商那里买轮胎；

(4) 课间休息时从自动售货机处买一盒软饮料。

五、消费者购买决策过程及营销任务

复杂型购买决策一般分为引起需要(认知需要)、收集信息、产品评估(评价选择)、购买决策和购后行为五个阶段，如图 1-6 所示。

认知需要 → 收集信息 → 评价选择 → 购买决策 → 购后行为

图 1-6　消费者购买决策过程

例如，作为普通上班族的你，看见周围的朋友和同事都不必挤公交车，天天开心地开着私家车去上班，你也心动了，开始关注并请教各种人士对私家车的评价，慢慢了解车的排量、动力、价格、油耗、安全度和舒适度方面的信息。经过一段时间的研究，你已经对各种车型非常熟悉，并初步确定了要购买的车的轮廓(价格、油耗……)，最后决定购买了某品牌的轿车，经过一段时间的使用，你觉得真值。这就是一个消费者的购买决策过程。

(一) 认知需要

认知需要是消费者要确认自己需要什么来满足自己的需求。消费者的需要一般由两种刺激引起：一是内部刺激，如饥饿感；二是外部刺激，如广告宣传等。

认知需要阶段的营销任务：

(1) 了解引起与本企业产品有关的现实需求和潜在需求的驱使力，即是什么原因引起消费者购买本企业产品。例如，了解消费者为什么购买蜂产品，就可以开发出多种蜂产品满足消费者需求，如蜂蜜、蜂王浆等。

(2) 设计引起需求的诱因，促使消费者增强刺激，唤起需要，引发购买行为。例如，"脑白金"一到节日前夕就加大广告播放的频率，让消费者牢牢记住了"送礼就送脑白金"。

(二) 收集信息

为了满足需要，消费者要收集信息。消费者的信息来源主要有个人来源、经验来源、公共来源和商业来源四个方面。个人来源是指来自亲朋好友的信息；经验来源是从使用产品中获得的信息；公共来源是从网络、电视等大众传播媒体、社会组织中获取的信息；商业来源是指从企业营销中获取的信息，如从广告、推销员、展览会等获得的信息。个人来源和经验来源信息对消费者购买行为影响最直接，公共来源和商业来源的影响比较间接，但诱导性强。例如，人们从媒体中获取禽流感的信息之后，很多人不敢吃鸡肉、鸡蛋，后来人们又从媒体中获知鸡肉经过高温烹饪，会杀死鸡肉中的禽流感病毒，才又开始吃鸡肉、鸡蛋。

收集信息阶段的营销任务是：了解不同信息来源对消费者购买行为的影响程度；注意不同文化背景下收集信息的差异性；有针对性地设计恰当的信息传播策略。

(三) 评价选择

消费者在获取足够的信息之后，要对备选的产品进行评估。对产品评估主要涉及以下问题：

1. 产品属性

产品属性是指产品能够满足消费者需求的特征。它涉及产品功能、价格、质量、款式等。在价格稳定的情况下，消费者对提供产品属性多的产品感兴趣。由于使用者不同，对产品属性的要求也不同，如消费者对汽车轮胎的安全性要求低于航空公司对飞机轮胎安全性的要求。正是由于安全性能高，因此飞机轮胎价格昂贵。

2. 属性权重

属性权重是消费者对产品有关属性给予的不同权数。例如，购买电冰箱时，如果消费者注重它的耗电量，就会选择耗电量低的电冰箱。现在电冰箱厂家针对消费者这一购买特征纷纷在冰箱外观上标出每天的耗电量来吸引消费者购买。

3. 品牌信念

品牌信念是消费者对某种品牌产品的看法。它带有个人主观因素，受选择性注意、选择性曲解、选择性记忆的影响，导致消费者的品牌信念与产品的真实属性往往并不一致。

4. 效用要求

效用要求是消费者对某种品牌产品的各种属性的效用功能标准的要求。如果满足消费者的效用需求，消费者就愿意购买。

产品评估阶段的营销任务：

(1) 增加产品功能，改变消费者对产品属性的认识。同样是蔬菜，由于人们强调绿色环保，需要无污染的绿色蔬菜，增进身体健康质量，因此愿意付出高价购买绿色蔬菜。

(2) 重新进行心理定位，树立新的品牌信念。

(四) 购买决策

购买决策是指通过产品评估，使消费者对备选的某种品牌产品形成偏爱，形成购买意向，引起实际购买行为。消费者的购买决策主要有产品种类决策、产品属性决策、品牌决策、购买时间及地点决策等。

消费者的购买意向是否转化为购买行动受他人态度和意外因素的影响，也受可觉察风险的影响。可觉察风险大小取决于产品价格、质量、功能及个人的自信心。

购买决策阶段的营销任务为：消除或减少引起可觉察风险的因素；向消费者提供真实可靠的产品信息，增强其购买自信心。

(五) 购后行为

购后行为是指消费者在购买产品以后产生的某种程度的满意或不满意所带来的一系列

行为表现。消费者对产品的期望值越高，不满意的可能性越大，因此企业在采取促销措施时，如果盲目地提高消费者的期望值，虽然在短期内会扩大产品的销售量，但会引起消费者的心理失衡，导致退货、投诉增加，从长期来看有损企业形象，影响消费者以后的购买行为。

购后行为阶段的营销任务是：广告宣传等促销手段要实事求是，最好是有所保留，以提高消费者的满意度；采取有效措施减少或消除消费者的购后失调感，及时处理消费者的意见，给消费者提供多种解除不满情绪的渠道；建立与消费者的长期沟通机制，在有条件的情况下进行回访。

研究和了解消费者市场的特征及其购买决策过程是企业市场营销成功的基石，是制定正确的目标市场策略的有效保证。

任务实施

(1) 以学习小组为单位自选一个实习过的或者熟悉的企业，对该企业的消费者市场进行分析，分析消费者的购买行为类型和购买决策过程，同时分析影响消费者购买行为的因素；

(2) 根据分析结果给出相应的措施，并形成文稿。

【课后自测】

一、单项选择题

1. 消费者购买行为的类型有(　　)。

A. 复杂的购买行为　　　　　　　　　　B. 缺少失调感的购买行为

C. 寻求多样化的购买行为　　　　　　　D. 习惯性的购买行为

2. 消费者的信息来源有(　　)。

A. 个人来源　　　　B. 商业来源　　　　C. 公共来源　　　　D. 经验来源

3. 在某一大家庭购买汽车的决策中，参与购买的不同角色有(　　)。

A. 发起者　　　　B. 影响者　　　　C. 使用者　　　　D. 决策者

二、判断题

1. 消费者市场是现代营销学研究的主要对象。(　　)

2. 消费者对于房子、汽车等商品的购买属于复杂的购买行为。(　　)

三、简答题

1. 消费者购买决策过程是怎样的？

2. 影响消费者决策的因素有哪些？

任务四　实施市场调查

任务描述

　　以学习小组为单位自选一个校内食堂或者超市，在学习相关内容的基础上，调研校内的食堂或超市，主要调研学生对食堂或校内超市的满意度，制作调研问卷，并根据调研结果撰写调研报告。

学习目标

(1) 掌握市场调研的概念；
(2) 理解市场调研的主要方法；
(3) 了解市场调研的方式；
(4) 掌握市场营销调研问卷的设计；
(5) 能够制定调研问卷并进行简单的调研；
(6) 具备调研意识。

案例分析

"中国将出兵朝鲜"

　　美国对华政策研究室接到一个秘密情报。欧洲有个"德林软件公司"，集中大量人力和财力研究出了一项对美国来说非常有用的课题，"如果美国出兵朝鲜，中国的态度将如何？"研究成果出来以后，该研究室打算把它卖给美国。据说这个成果只有一句话，却索价 500 万美元(当时折合一架最好的战斗机)。用 500 万美元买一句话，美国人认为简直是发疯，因此一笑置之。

　　美国国会开会结果：中华人民共和国刚刚成立，百废待兴，自顾不暇，不会也不敢出兵朝鲜。

　　停战后，美国国会开始辩论"究竟出兵朝鲜是否有必要"的时候，才有人想起德林公司的研究成果。美国才以 300 万美元买下德林公司的研究成果。其实最终的研究成果只有 7 个字："中国将出兵朝鲜。"另附了几百页的论证材料。美军侵朝司令麦克阿瑟谈起这件事时大为感慨地说："我们最大的失策是：舍得几百亿美元和数十万军人的生命，却吝惜一架战斗机的代价。"

　　思考：结合案例分析，什么是市场调研？为什么要进行市场调研？

◪ 知识链接

一、市场调研的含义与内容

(一) 市场调研的含义

市场调研就是运用科学的方法，客观的态度，明确研究市场营销有关问题所需的信息，系统地收集、整理和分析有关市场营销方面的信息，提出解决相关市场营销问题的建议，并将调查信息传递给相应的管理层，为市场预测和营销决策提供客观依据的一系列活动。

(二) 市场调研的内容

市场调研的内容主要涉及影响营销策略的宏观因素和微观因素，如需求、产品、价格、促销、分销、竞争、外部环境等。根据不同的调研目的，调研内容的侧重点也会有很大不同。总体来讲，市场调研的内容大致包括以下几个方面：

1. 市场需求调研

市场的需求是企业营销的中心和出发点，企业要想在激烈的竞争中获得优势，就必须详细了解并满足目标客户的需求。因此，对市场需求的调研是市场调研的主要内容之一。市场需求调研包括：市场需求量的调研，市场需求产品品种的调研，市场需求季节性变化情况调研，现有客户需求情况调研(数量、品种)。

2. 产品调研

随着环保要求的提高，不同的市场对产品的需求也不一样，产品在地区之间的需求也出现差异化。因此，产品调研也成为市场调研中不可忽略的问题。产品调研的内容包括产品品质需求调研，产品品种需求调研，产品质量调研等。

3. 价格调研

价格会直接影响产品的销售额和企业的收益情况。价格调研对于企业制定合理的价格策略有着至关重要的作用。价格调研的内容包括：产品市场需求、变化趋势的调研；国际产品市场走势调研；市场价格承受心理调研；主要竞争对手价格调研；国家税费政策对价格影响的调研。

4. 促销调研

促销调研主要侧重于消费者对促销活动的反应，了解消费者最容易接受和最喜爱的促销形式。其具体内容包括：调研各种促销形式是否突出了产品特征，是否起到了吸引客户、争取潜在客户的作用。

5. 分销渠道调研

分销渠道选择合理，产品的储存和运输安排恰当，对于提高销售效率、缩短运输周期和降低运输成本有着重要的作用。因此，分销渠道的调研也是产品市场调研的一项重要内容。分销渠道调研的内容主要包括：批发商、连锁零售商的经营状况、销售能力的调研；

配送中心规划的调研；物流优化组织的调研；如何降低运输成本的调研等。

6. 营销环境调研

营销环境调研的内容包括：政治法律环境，经济发展环境，国际产品市场环境，产品技术环境，替代产品发展和竞争环境。

二、市场调研的类型

(一) 探索性调研

探测性调研又称初步调查，是指当市场情况不十分明了时，为了发现问题，找出问题的症结，明确进一步深入调查的具体内容和重点而进行的非正式调查。探索性调研的资料来源主要是现存资料，同时也可以通过向有关人士请教或者参考以往类似案例的方式来收集资料。

(二) 描述性调研

描述性调研是指在收集、整理市场资料的基础上，描述某一总体或现象的基本特征的调查。

描述性调查主要解决"是什么"的问题，它的作用在于说明事物的表现，一般不涉及事物的本质及影响事物变化的内在原因。

例如，美国《青少年博览》杂志为了了解其读者的特点，特针对12～15岁的少女使用香水、口红等情况进行了一次描述性调查。调查数据显示：12～15岁的少女中有86.4%的人使用香水，有84.9%的人使用口红；而在使用香水的女孩中，有27%的人使用自己喜爱的品牌，有6%的人使用别人推荐的品牌。调查结果表明，美国12～15岁的大多数少女使用化妆品，且开始使用化妆品的年龄较小，对品牌的忠实程度高。

(三) 因果性调研

因果性调研又称相关性调查，是指为了了解市场上出现的有关现象之间因果关系而进行的调查，即为了弄清"为什么"的问题而进行的调查。

其目的是从调查中寻找产生症结的原因，识别变量间的因果关系。因果性调研的特征是：调查涉及事物的本质，探求事物发生变化的原因，是在描述性调查的基础上继续回答"为什么"的问题。一般情况下，采用实验法进行因果性调研。

(四) 预测性调研

预测性调研是指在收集研究对象过去和现在资料的基础上，预测市场趋势的调查。它主要解决将来会怎么样的问题，以便为经营管理决策和市场营销决策提供依据。

【思考】下列表述属于哪种调研类型？

(1) 食堂的销售额同比下降了，为什么？

(2) 据调查，有85%的同学对食堂就餐服务基本满意。

(3) 什么(如味美价廉、多样可选等)更能吸引学生在校内就餐。

三、市场调研的过程和方法

(一) 市场调研的过程

根据市场调研活动中各项工作的自然顺序和逻辑关系，市场调研的过程一般包括以下五个步骤，如图 1-7 所示。

确定问题和调研目标 → 制订调研计划 → 收集信息 → 分析信息 → 得出结论

图 1-7　市场调研的过程

1. 确定问题和调研目标

企业营销调研的第一个步骤是确定所要调研的问题及调研工作所要达到的目标。在任何一个问题上都存在着许多可以进行调研的内容。例如，当某企业需要了解某种护肤化妆品的市场份额时，可以提出如下问题：消费者喜欢什么样的护肤化妆品，消费者使用护肤化妆品的目的是什么，消费者愿意到什么地方去购买化妆品？调研的侧重点可以多种多样，这就要求企业营销管理人员必须善于稳妥地把握，对问题的规定要适当，既不要太宽，也不要太窄。在调研问题明确之后，管理人员和调研人员应共同确定调研目标。

2. 制订调研计划

一旦调研专题与调研目标确定之后，市场营销调研人员就应当制订一份专门的市场营销调研计划。营销调研计划应由专业人员设计，营销管理人员必须具有充分的营销调研知识，以便能够审批该计划和分析调研结果。表 1-2 列出了在设计一个调研计划时需要决定的事项及相关内容。

表 1-2　调研计划的事项及相关内容

事　项	内　容
资料来源	第二手资料、第一手资料
调研方法	观察法、座谈法、调查法、实验法
调研工具	调查法
抽样计划	抽样群体、抽样方法
接触方法	电话、邮寄、面谈
费用计算	

3. 收集信息

根据企业需要调查的问题和要求，必须寻找到科学准确的调研资料。这是一个花费最高也最容易出错的阶段。营销信息的收集是运用常规的调查方法，进行系统、科学的信息积累的过程，即利用与营销活动相关的各种现成资料，如社会发展、市场行情等方面的文字资料、统计资料、图片资料等进行营销信息的收集。

4. 分析信息

对所收集的各种信息进行整理分析，包括将资料分类编号，进行统计分析和编辑整理，对实地调查得来的资料要检查误差，发现记录不完整和数据前后矛盾的地方，应审核情报资料的根据是否充分，推理是否严谨，阐述是否全面，结论是否正确。

5. 得出结论

对营销调研结果做出准确的解释和结论是营销调研的最后一个步骤。市场营销调研人员或调研部门应向营销管理部门提交调查结果，这个调查结果应是与管理者正在进行的营销决策有关的一些主要结果。它应是简明、扼要的说明与论证，而不只是一系列高深的统计数据模型。

营销调研最终要形成书面报告，并把调研结果送交有关人员和部门。

(二)　市场调研的方法

市场调研的方法主要有定性调研法和定量调研法两种。

1. 定性调研法

定性调研法是指通过与被调查者的交流和沟通，收集被调查者的态度、感觉、动机、反应及问题发展方向等信息的一种调查方法。定性调研法主要有以下几种。

(1)　小组座谈法。

小组座谈法又称小组访谈法或焦点访谈法(Group/Focus group discussion)，常采用小型座谈会的形式，挑选一组(8～12 个)具有代表性的消费者或客户，并在主持人的组织下就某个专题进行讨论。

该调研方法的关键点在于主持人。它通常被视为一种最重要的定性研究方法，也常用于探索性研究中。

小组座谈法的应用场景包括：了解消费者对某类产品的认识、偏好及行为；了解消费者对老产品的新想法；获取人们对新产品概念的印象；研究广告创意；获取消费者对具体市场营销计划的初步反应。

(2)　深度访谈法。

深度访谈法(In-depth interview)又叫"无结构访谈"或"自由访谈"，是一种无结构的、直接的、一对一的访问调查方式，主要用于获取对问题理解的探索性研究。

深度访谈法的应用范围包括：试图详细探究被访者内心深处想法(购私家车)；详细地了解某些复杂行为(跳槽行为)；保密、敏感问题(个人收入、婚姻状况)；访问特殊人群，如专业人员、高层领导；特殊商品调查。

(3)　德尔菲法。

德尔菲法(Delphi method)，是在 20 世纪 60 年代由美国兰德公司首创和使用的一种特殊调查方法，同时也是一种专家调查法，即采用函询的方式，依靠调查机构反复征求每个专家的意见，经过客观分析和多次征询反复，使各种不同意见逐步趋向一致。

其优点是：① 匿名性，可使心理因素干扰降到最低程度；② 反馈性，能集思广益，具有全面可靠性；③ 可对调查结果进行定量处理。

其局限性在于一方面主要靠专家主观判断，缺乏客观标准；另一方面反馈次数多，历时长，专家易中途退出。

2. 定量调研法

定量调研法是对一定数量的有代表性的样本，进行封闭式访问，然后对调查数据进行计算机录入、整理和分析，并撰写报告的方法。定量调研法主要包括以下三种：

(1) 访问法。

具体而言，访问法又包括以下几种：

① 直接面谈(入户访问或拦截式，适用于小规模)；

② 电话访问(成本低、耗时短、效率高)；

③ 邮寄访问(我国少用，国外常用，随送小礼物)；

④ 留置访问(交通不十分便利的地区性市场调查)；

⑤ 网络访问(组织简单、费用低廉、不受时空地域限制)。

(2) 观察法。

观察法是由调查员直接或通过仪器在现场观察调查对象的行为并加以记录而获取信息的一种方法。

帕科·昂得希尔是著名的商业密探，他所在的公司叫思维罗尔市场调查公司。他通常的做法是坐在商店的对面，悄悄观察来往的行人。而此时，他的属下在商店里正在努力工作，"跟踪"在商品架前徘徊的顾客。他们的目的是找出商店生意好坏的原因，了解顾客走进商店以后如何行动，以及为什么许多顾客在对商品进行长时间挑选后还是失望地离开。他们的工作给很多商店提出了许多实际的改进措施。

一家主要是青少年光顾的音像商店，昂得希尔通过调查发现这家商店把磁带放置得过高，孩子们往往拿不到，于是他指出应该把商品降低位置，结果销售量大大增加。

再如，一家叫伍尔沃思的公司发现商店后半部分的销售额远远低于其他部分，昂得希尔通过观察、拍摄现场揭开了这个谜：在销售高峰期，现金出纳机前顾客排着长长的队伍，一直延伸到商店的另一端，妨碍了顾客从商店的前面走到后面。针对这一情况，商店专门安排了结账区，结果使商店后半部分的销售额迅速增长。

(3) 实验法。

实验法是指在控制的条件下对所研究现象的一个或多个因素进行操作，以测定这些因素之间的关系。它来源于自然科学的实验求证，是市场营销学迈向科学化的标志。实验法是因果关系调研中经常使用的一种行之有效的方法。实验法的五大要素分别是实验者、实验对象、实验环境、实验激发和实验检验，如图 1-8 所示。该方法适用于产品价格调查、产品性能调查、市场饱和度调查、产品广告效果调查等场景。

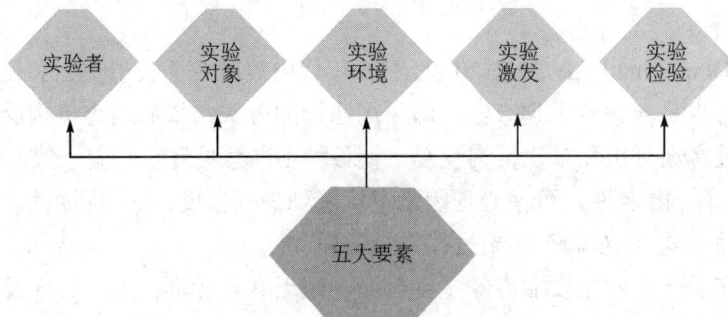

图 1-8　实验法的五大要素

美国某公司准备改进咖啡杯的设计,为此进行了市场实验。首先,它们进行了咖啡杯选型调查,设计了多种咖啡杯子,让 500 个家庭主妇进行观摩评选,研究主妇们用干手拿杯子时哪种形状好,用湿手拿杯子时哪一种不易滑落。调查结果显示,选用四方长腰果型杯子的人较多。然后他们又对产品名称、图案等也同样进行调查。接着他们利用各种颜色会使人产生不同感觉的特点,通过调查实验,选择了颜色最合适的咖啡杯。其方法是首先邀请 30 多人,让他们每人喝 4 杯咖啡,咖啡杯的颜色分别是咖啡色、青色、黄色和红色 4 种。试饮的结果是:在使用咖啡色杯子的人中,认为"太浓了"的占 2/3;使用青色杯子的人都异口同声地说:"太淡了";使用黄色杯子的人都说"不浓,正好";而使用红色杯子的10 人中,竟有 9 人说"太浓了"。

根据这一调查,该公司咖啡店的杯子一律改用红色。该店借助于颜色,既可以节约咖啡原料,又能使绝大多数顾客感到满意。结果这种咖啡杯投入市场后,与市场上的同类公司的产品展开激烈竞争,最后以销售量比对方多两倍的优势取得了胜利。

任务实施

(1) 以学习小组为单位自选一个校内食堂或者超市,制定调研方案;
(2) 制定调研问卷,并通过问卷星的方式生成调研二维码;
(3) 对校内的食堂或超市进行实地调研,至少收集问卷 100 份;
(4) 对调研结果进行整理和分析;
(5) 针对调研结果提出优化建议;
(6) 形成调研报告。

【课后自测】

一、多项选择题

1. 定性的市场调研的方法有( )。
A. 小组座谈法　　　　B. 深度访谈法　　　　C. 访问法　　　　D. 观察法

2. 市场调研的类型有( )。
A. 探测性调研　　　　B. 描述性调研　　　　C. 因果性调研　　　　D. 预测性调研

二、判断题

1. 预测性调研侧重于回答"将来会怎么样?"的问题。( )
2. 实验法是因果关系调研中经常使用的一种行之有效的方法。( )
3. 定量的市场营销方法是指使用历史数据或因素变量来预测需求的数学模型。( )

三、简答题

1. 市场营销调研的步骤有哪些?
2. 市场调研的方法有哪些?

项目二　市场营销战略

项目介绍

　　该项目主要包括三个任务，分别是细分市场、选择目标市场和确定市场定位。通过相关内容的学习，掌握对企业进行 STP 分析的基本方法。该项目以真实企业为例，通过对该企业进行 STP 分析，让学生在实操的过程中掌握制定市场营销战略的要点和关键。

任务一　细　分　市　场

任务描述

　　以学习小组为单位自选一个实习过的或者熟悉的企业，在学习相关内容的基础上，对该企业某产品的市场细分标准进行分析，指出该企业采取的市场细分的具体变量。

学习目标

(1) 理解市场细分的概念；

(2) 理解市场细分的依据；

(3) 掌握市场细分的方法、原则和作用；

(4) 能够选择适合的方法对市场进行细分；

(5) 具备创新意识。

案例分析

麦当劳市场细分研究

　　一、根据地理要素细分市场

　　麦当劳刚进入中国市场时大量传播美国文化和生活理念，并以美国式产品牛肉汉堡来征服中国人。但是中国人爱吃鸡，与其他洋快餐相比，鸡肉产品也更加符合中国人的口味，更加容易被中国人接受。针对这一情况，麦当劳改变了原来的策略，推出了鸡肉产品。在全世界只卖牛肉的麦当劳也开始卖鸡肉了。这一改变正是针对地理要素而做出的。

　　二、根据人口要素细分市场

　　麦当劳对人口要素的细分主要是从年龄及生命周期阶段对人口进行细分，将不到开车年龄的划定为少年市场，将20～40岁之间的界定为青年市场，还划定了老年市场。人口市场划定后，还分析了不同市场的特征与定位。例如：麦当劳以孩子为中心，把孩子作为主要的消费者，十分注重培养他们对消费的忠诚度。在餐厅用餐的小朋友，经常会意外获得印有麦当劳标志的气球等小礼物。这是相当成功的人口细分，抓住了该市场的特征与定位。

三、根据心理要素细分市场

根据人们的生活方式进行划分，快餐业通常有两个潜在的细分市场，即方便型和休闲型，麦当劳在这两个方面都做得很好。针对方便型市场，麦当劳提出59秒快速服务，即从顾客开始点餐到拿到食品离开柜台标准时间为59秒，不得超过一分钟。针对休闲型市场，麦当劳对餐厅的布置非常讲究，尽量做到让顾客觉得舒适自由。麦当劳努力使顾客把麦当劳作为一个具有文化的休闲好去处，以吸引休闲型市场的消费者群体。

思考：什么是市场细分？它的依据是什么？它的标准有哪些？如何进行市场细分？

知识链接

市场营销学理论认为，市场细分做得好，企业就可以运用最佳的营销策略，更好地满足市场需求，从而实现较好的营销效果。

一、市场细分的含义及作用

(一)　市场细分的概念

市场细分就是指根据消费者的不同需求，把整体市场划分为不同的消费者群的市场分割过程。

每个细分市场都是由需要与欲望相同的消费者群组成的。一个消费者群就是一个细分市场(子市场)，如图2-1所示。市场细分不是产品分类，而是消费者分类。

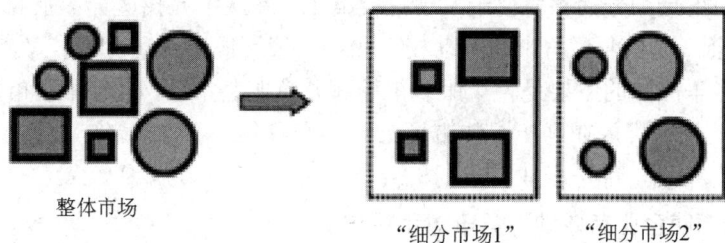

整体市场　　　　"细分市场1"　　"细分市场2"

图2-1　整体市场与细分市场

【思考】　天然气市场和手机市场都需要进行市场细分吗？如何细分？

(二)　同质市场与异质市场

同质市场：消费者对某一产品的要求基本相同或极为相似，如火柴、白糖等市场。

异质市场：消费者对某一产品的要求不尽相同。绝大多数的产品市场都是异质市场。

(三) 市场细分的理由

1. 消费者需求的差异性

随着社会经济的发展和科技的进步,消费者对同类产品的需求也越来越趋于多样化。以买车为例,不同的消费者对车辆的型号、油耗、性能、价格、颜色等都有不同的需求。

2. 公司资源的有限性

由于公司资源的有限性,一个公司几乎不可能满足所有消费者的需求,与其竭尽全力地去满足更多消费者的需求,不如根据公司的实际情况去对整体市场进行细分,并选择适合的目标消费者进行满足。

3. 充分发挥企业的优势

对于企业来说,想要在整体市场上称王称霸是需要强大实力的。所谓术业有专攻,若是企业选对了细分市场,也可以在专业领域内有一番作为。

(四) 市场细分的作用

1. 市场细分是制定市场营销战略的关键环节

市场营销战略包括选定目标市场和决定适当的营销组合两个基本观念。在市场营销战略的实际应用上,有两种途径。一是从市场细分到营销组合,即先将一个异质市场细分为若干个"子市场",然后从若干子市场中选定目标市场,采取与企业内部条件和外部环境相适应的目标市场策略,并针对目标市场设计有效的市场营销组合。二是从营销组合到市场细分,即在已建立了营销组合后,对产品组合、分销、促销及价格等做出多种安排,将产品投入市场试销;再依据市场反馈的信息,研究消费者对不同营销组合的反应有何差异,进行市场细分,选定目标市场;再按照目标市场的需求特点,调整营销组合。

2. 市场细分有利于企业发掘和开拓新的市场机会

市场营销机会是已出现于市场但尚未加以满足的需求。这种需求往往是潜在的,一般不易被发现。运用市场细分的手段便于发现这类需求,并从中寻找适合本企业开发的需求,从而抓住市场机会,使企业赢得市场主动权。例如,我国服装市场竞争较激烈,通过市场细分可以看出,竞争激烈的主要是青年服装市场和儿童服装市场,老年服装市场却很冷清。于是有些服装企业把目标放在老年服装市场上,生产出各式各样的老年服装,结果大获成功。这些"空档"市场,都是企业的市场机会。

3. 市场细分能使企业有效地与竞争对手相抗衡

在企业之间的竞争日益激烈的情况下,通过市场细分,有利于发现目标消费者群的需求特性,从而调整产品结构,增加产品特色,提高企业的市场竞争能力,有效地与竞争对手相抗衡。例如,日本有两家最大的糖果公司,以前生产的巧克力都是满足儿童消费市场的。其中森永公司为增强其竞争能力,经过市场调查与充分论证,研制出一种"高王冠"的大块巧克力,定价 70 日元,并推向了成人市场。明治公司也不甘示弱,通过市场细分,选择了 3 个子市场,即初中学生市场、高中学生市场和成人市场。该公司生产出两种大块巧克力,一种每块定价 40 日元,用于满足十二三岁的初中学生;一种每块定价 60 日元,用于满足十七八岁的高中学生；两块合包在一起，定价 100 日元，适宜于满足成人市场。明治公司的市场细分策略，比森永公司高出一筹。

4. 市场细分有利于企业扬长避短，发挥优势

每一个企业的营销能力对于整体市场来说，都是有限的。所以，企业必须将整体市场细分，确定自己的目标市场，把自己的优势集中到目标市场上。否则，企业就会丧失优势，从而在激烈的市场竞争中遭受失败。特别是一些小企业，更应该注意利用市场细分原理，选择自己的市场。

【思考】服务市场的细分是不是越细越好？

二、市场细分的标准

(一) 地理细分

所谓地理细分，就是企业按照消费者所在的地理位置以及其他地理变量(包括城市农村、地形气候、交通运输等)来细分消费者市场。例如，康师傅公司在不同地区推出了不同口味的方便面。

地理变数之所以作为市场细分的依据，是因为处在不同地理环境下的消费者对于同一类产品往往有不同的需求与偏好，他们对企业采取的营销策略与措施会有不同的反应。比如，在我国南方沿海一些省份，某些海产品被视为上等佳肴，而内地的许多消费者则觉得味道平常。又如，由于居住环境的差异，城市居民与农村消费者在室内装饰用品的需求上大相径庭。

地理变量易于识别，是细分市场应予考虑的重要因素，但处于同一地理位置的消费者的需求仍会有很大差异。比如，在我国的一些大城市，如北京、上海，流动人口逾百万，这些流动人口本身就构成一个很大的市场，很显然，这一市场有许多不同于常住人口市场的需求特点。所以，简单地以某一地理特征区分市场，不一定能真实地反映消费者的需求共性与差异，企业在选择目标市场时，还需结合其他细分变量予以综合考虑。

(二) 人口细分

人口因素主要包括性别、年龄、收入、职业与教育、家庭人口及生命周期等。

1. 人口细分之一：性别

由于生理上的差别，男性与女性在产品需求与偏好上有很大不同，如在服饰、发型、生活必需品等方面均有差别。例如，美国的一些汽车制造商，过去一直迎合男性的要求来设计汽车；现在，随着越来越多的女性参加工作和拥有自己的汽车，这些汽车制造商正研究市场机会，设计具有吸引女性消费者特点的汽车。

2. 人口细分之二：年龄

根据年龄可以把消费者市场分为儿童市场、青年人市场、中年人市场和老年人市场。儿童市场，也称"向阳市场"；中青年人市场，也称"活力市场"；老年人市场，也称"银色市场"。

不同年龄的消费者有不同的需求特点。例如，青年人与老年人对服饰的需求差异较大，青年人需要鲜艳、时髦的服装，老年人需要端庄素雅的服饰。

3. 人口细分之三：收入

(1) 富豪型：消费不问价钱，全凭自己喜好，崇尚名牌，约占 1% 的人群，如私营业主、外资老板、体育或娱乐明星等。

(2) 富裕型：收入丰厚，购物时既问价钱，也希望显示自己的经济实力和身份，约占 10% 的人群，如公司高管、CEO 等。

(3) 小康型：日子舒适，既赶潮流，更讲实惠，约占 20% 的人群，如中层管理人员、部门经理、海归派等。

(4) 温饱型：消费以实惠为主要标准，追求物美价廉的商品，约占 60% 的人群，如工薪阶层。

(5) 贫困型：对品牌、款式不挑剔，只看重价格低廉。

4. 人口细分之四：职业与教育

按消费者职业或所受教育的不同以及由此引起的需求差别可以细分市场。比如，农民购买自行车偏好载重自行车，而学生、教师则是喜欢轻型的、样式美观的自行车；又如，由于消费者所受教育水平的差异导致其审美观具有很大的差异，不同消费者对居室装修用品的品种、颜色等会有不同的偏好。

5. 人口细分之五：家庭人口及生命周期

一个家庭，按年龄、婚姻和子女状况，可划分为以下七个阶段。

(1) 单身阶段：年轻，单身，几乎没有经济负担，娱乐导向型购买。

(2) 新婚阶段：年轻夫妻，无子女，经济条件较好，对耐用品和大件商品的欲望、要求强烈。

(3) 满巢阶段Ⅰ：年轻夫妻，有 7 岁以下子女，家庭用品购买的高峰期，倾向于购买较多的儿童用品。

(4) 满巢阶段Ⅱ：年轻夫妻，有 7 岁以上未成年子女，注重档次较高的商品及子女的教育投资。

(5) 满巢阶段Ⅲ：年长的夫妇与尚未独立的成年子女同住，注重储蓄，购买冷静、理智。

(6) 空巢阶段：年长夫妇，子女离家自立，较多购买老年人用品，如医疗保健品。

(7) 孤独阶段：单身老人独居，收入锐减，特别注重情感、关注等需要及安全保障。

(三) 心理细分

根据购买者所处的社会阶层、生活方式、个性特点等心理因素细分市场就叫心理细分。

1. 按社会阶层

社会阶层是指在某一社会中具有相对同质性和持久性的群体。处于同一阶层的成员具有类似的价值观、兴趣爱好和行为方式，不同阶层的成员则在上述方面存在较大的差异。很显然，识别不同社会阶层的消费者所具有的不同特点，对于很多产品的市场细分将提供重要的依据。

2. 按生活方式

通俗地讲，生活方式是指一个人怎样生活。人们追求的生活方式各不相同，如有的追求新潮时髦，有的追求恬静、简朴，有的追求刺激、冒险，有的追求稳定、安恰。西方的一些服装生产企业，为"简朴的妇女""时髦的妇女"和"有男子气的妇女"分别设计不同服装，均是依据生活方式细分市场。

3. 按个性

个性是指一个人比较稳定的心理倾向与心理特征，它会导致一个人对其所处环境做出相对一致和持续不断的反应。俗语说"人心不同，各如其面"，每个人的个性都会有所不同。通常，个性会通过自信、自主、支配、顺从、保守、适应等性格特征表现出来。因此，个性可以按这些性格特征进行分类，从而为企业细分市场提供依据。

(四) 行为细分

行为因素包括购买动机(理由)、利益追求、使用者状况、使用数量、品牌忠诚程度、购买的准备阶段和消费者的态度等。许多人认为，行为变数能更直接地反映消费者的需求差异，因而成为市场细分的最佳起点。按行为变量细分市场主要包括以下几种。

1. 按购买时机

根据消费者提出需要、购买和使用产品的不同时机，可以将他们划分成不同的群体。例如，城市公共汽车运输公司可根据上班高峰时期和非高峰时期乘客的需求特点划分不同的细分市场并制定不同的营销策略；生产果珍之类清凉解暑饮料的企业，可以根据消费者在一年四季对果珍饮料口味的不同，将果珍市场消费者划分为不同的子市场。

2. 按利益追求

消费者购买某种产品总是为了解决某类问题，满足某种需要。然而，产品提供的利益往往并不是单一的，而是多方面的。消费者对这些利益的追求会有侧重。例如，同是购买手表，有的追求经济实惠、价格低廉，有的追求耐用可靠和使用维修的方便，还有的则偏向于显示出社会地位等。

3. 按使用者状况

根据顾客是否使用和使用程度细分市场，通常可分为经常购买者、首次购买者、潜在购买者和非购买者。大公司往往注重将潜在使用者变为实际使用者，较小的公司则注重于保持现有使用者，并设法吸引使用竞争产品的顾客转而使用本公司产品。

4. 按使用数量

根据消费者使用某一产品的数量大小细分市场，通常可分为大量使用者、中度使用者和轻度使用者。大量使用者的人数可能并不很多，但他们的消费量在全部消费量中占很大的比重。

5. 按品牌忠诚程度

企业还可根据消费者对产品的忠诚程度细分市场。有些消费者经常变换品牌，另外一些消费者则在较长时期内专注于某一或少数几个品牌。通过了解消费者品牌忠诚情况和品牌忠诚者与品牌转换者的各种行为与心理特征，不仅可为企业细分市场提供一个基础，同时也有助于企业了解为什么有些消费者忠诚本企业产品，而另外一些消费者则忠诚于竞争企业的产品，从而为企业选择目标市场提供启示。

6. 按购买的准备阶段

消费者对各种产品的了解程度往往因人而异。有的消费者可能对某一产品确有需要，但并不知道该产品的存在；还有的消费者虽已知道产品的存在，但对产品的价值、稳定性等还存在疑虑；另外一些消费者则可能正在考虑购买。针对处于不同购买阶段的消费群体，企业可进行市场细分并采用不同的营销策略。

7. 按消费者的态度

企业还可根据市场上顾客对产品的热心程度来细分市场。不同消费者对同一产品的态度可能有很大差异，有的持肯定态度，有的持否定态度，还有的则处于既不肯定也不否定的无所谓态度。要针对持不同态度的消费群体进行市场细分，并应当在广告、促销等方面有所不同。

三、市场细分的原则

市场细分的标准很多，企业既可以根据单一因素对市场进行细分，同时也可以根据多种因素对市场进行细分。适用的细分标准越多，相应的细分市场就越多；反之亦然。在营销实践中，并非所有的细分市场都有意义，如何寻找合适的细分标准对市场进行有效细分十分重要。一般来说，在进行市场细分时，应把握以下几个原则。

(一) 可衡量性

细分的市场必须是可以衡量的，即其市场特征是可以识别和衡量的，亦即细分出来的市场不仅范围明确，而且对其容量、潜力、购买力大小也能大致做出判断。也就是说，细分的市场有各自的消费群体构成，他们具有共同的特征和类似的购买行为。要达到可衡量性的要求，一方面要求对细分标准的选择要合理，另一方面也要求市场细分的方法要科学。

(二) 可盈利性

企业所选定的细分市场要具有一定的规模，并足以使企业获利，因为企业的经营目标就是为顾客提供最大效用价值的同时获取利润。而一个细分市场的大小取决于该市场的人数、购买力和购买频率。如果细分市场规模过小，市场容量有限，而相对应的营销成本又很高，那么获利就会很少甚至亏损，显然，这样的市场细分是没有价值的。因此，在划分市场范围时，企业必须考虑细分市场上顾客的数量以及购买能力和购买频率，一个细分市场应该是值得为其设计一套营销方案的尽可能大的同质消费群体。

(三) 可进入性

细分的市场应该是企业通过营销努力可以有效地到达并为之服务的市场。一方面，有关产品的信息可能通过一定的媒体顺利传递给该市场的消费者；另一方面，企业在一定时期内有可能将产品通过一定的分销渠道送抵市场。否则，该细分市场就不具备可进入性。例如，在现阶段，我国金融市场通常有比较严格的准入制度，一般企业进入就比较困难。又如，在缺电的偏远山区农村，如果生产家电产品的企业将其作为一个细分市场，其可进入性就会很差。还有一些细分市场，其本身特征也直接决定了市场的可进入性的高低，如聋哑人的市场等。

(四)　相对稳定性

细分后的市场要在一定时期内保持其相对稳定，以使企业较长期而有效地占领市场，这有利于企业制定较长时期的营销战略，减少企业营销风险，使企业取得稳定持续的发展。由于人们的需求和欲望并非一成不变，市场细分理论也注重动态发展的观点，在进行具体的市场细分的过程中，要考虑细分后市场的稳定性。每个细分后的市场，应该要有一个相对稳定的顾客群体和期限，能够有效地形成一个较长时期的市场购买力。具体的市场细分标准和期限的要求可根据市场的变化和商品的特征而定，否则，市场细分本身就无任何意义。

四、市场细分的步骤

(一)　选定企业的业务范围

当企业确定市场细分的基础之后，必须确定进入什么行业，生产什么产品；企业产品的市场范围主要以顾客的需求为主，同时结合企业自身的实力来确定市场范围。例如，某房地产公司打算在某城市郊区建造一幢经济适用型住宅，销售的对象是本地中低收入家庭的顾客，若只考虑产品特征，则认为住宅的购买者应该是中低收入的家庭，但是从市场需求角度来看，高收入家庭为了追求乡间的清静，也可能是这种住宅的购买者。

因此，在确定企业业务时，要有扬弃和主次，范围不能过宽，也不能过于狭窄，什么都想做，其结果是什么都难以做好。

(二)　对市场影响因素进行分析、归类

在企业业务范围确定之后，就要对顾客的基本需求进行调查，从地理、行业、规模等方面对市场细分的标准进行归类，列出影响顾客需求的各种变动因素。比如，公司可以通过调查，了解潜在消费者对上述住宅的基本需求。这些需求可能包括遮阳避雨、安全、方便、设计合理、陈设完备、工程质量高等。在选定产品的市场范围时，应当对消费者进行深入调查，并将消费者分成若干个专题小组，以便了解他们的动机、态度和行为，目的是为了更好地适应他们的需求。

(三)　对整体市场初步细分，分析潜在顾客需求上的共性和差异性

根据选定标准将消费者初步分为若干"小群体"，并进一步分析每个消费者小群体消费需求的具体内容和特征。对于列举出来的基本要求，不同顾客强调的侧重点可能会存在差异。例如，不同的顾客对住宅的价格、室内陈设、房屋质量等的要求，其差别是非常大的。

(四)　筛选

依据市场细分标准，在分析确定各细分市场特点的基础上，剔除企业无条件或没必要拓展的细分市场，筛选出最能发挥企业优势的细分市场。例如，购房的共同需求虽然很重要，如安全、遮阳避雨等，但它们不能作为市场细分的基础。

(五)　初步为各细分市场定位

尽量突出各细分市场的特征，然后，根据主要的不同特征，给每个细分市场命名。例

如，该房地产公司可以把顾客分为好动者、老成者、新婚者、度假者等多个子市场，并据此采取不同的营销策略。

(六) 检查分析细分市场是否科学合理

对照标准，进一步分析市场细分的科学合理性，在对市场细分过程进一步完善的基础上，对各个细分市场进行合并或分解，以利于选择目标市场。

(七) 选定目标市场

对每个细分市场进行状态评估，估计每一细分市场的大小及市场群的潜力，从中选择有利于企业发展的细分市场，将经济效益和发展前景好的细分市场确定为目标市场。

▤ 任务实施

以学习小组为单位自选一个实习过的或者熟悉的企业，对该企业某产品的市场细分标准进行分析，指出该企业采取的具体市场细分的变量。

【课 后 自 测】

一、单项选择题

1. (　　)差异的存在是市场细分的客观依据。

A. 产品　　　　　　B. 价格　　　　　　C. 需求偏好　　　　　D. 细分

2. 某跨国集团将其目标市场划分为亚洲、欧洲、美洲、非洲等，其划分的依据属于(　　)。

A. 地理细分　　　　B. 人口细分　　　　C. 心理细分　　　　D. 行为细分

二、多项选择题

1. 市场细分的标准主要有(　　)。

A. 地理细分　　　　B. 人口细分　　　　C. 心理细分　　　　D. 行为细分

2. 下列消费者市场细分标准中属于心理标准的是(　　)。

A. 社会阶层　　　　B. 年龄　　　　　　C. 生活方式　　　　D. 个性

三、案例分析题

统一"鲜橙多"，通过深度市场细分的方法，选择了追求健康、美丽、个性的年轻时尚女性作为目标市场，首先选择的是 500 ml、300 ml 等外观精致适合随身携带的 PET 瓶，而卖点则直接指向消费者的心理需求："统一鲜橙多，多喝多漂亮"。

可口可乐专门针对儿童市场推出了果汁饮料"酷儿"。"酷儿"卡通形象的打造再次验证了可口可乐公司对品牌运作的专业性，相信没有哪一个儿童能抗拒"扮酷"的魔力，年轻的父母也对小"酷儿"的可爱形象大加赞赏。

案例思考：以上案例采用了哪些市场细分的标准和具体变量？

任务二　选择目标市场

任务描述

以学习小组为单位自选一个实习过的或者熟悉的企业，在学习相关内容的基础上，基于任务一的市场细分变量的分析结果，对企业某产品的目标市场进行分析，指出该企业的目标市场是哪部分人群，并分析目标消费人群的消费心理和行为。

学习目标

(1) 掌握目标市场选择的策略；
(2) 理解目标市场战略；
(3) 能够正确地识别目标市场选择的策略；
(4) 能够找准自己的定位。

案例分析

可口可乐的目标市场分析

可口可乐公司作为世界上最大的软饮料公司，其目标市场是庞大的。它的目标是让每一个人都能喝上可口可乐，每一个人都能爱上可口可乐。但是在中国这个庞大的消费市场，因为国情的不同和传统观念的影响，可口可乐公司不得不做出相应的调整来适应中国这个机遇和威胁并存的"大蛋糕"。

要想在庞大的市场上站住脚，首先要找到自己的消费人群，进而找到自己的目标市场，并对这个目标市场进行细分，以满足不同消费者的需求差异性。

对于可口可乐公司来说，目标市场的细分市场吸引力评估主要包括市场规模、进入市场难度、公司竞争地位、市场行业利润率等。从市场规模来说，可口可乐适合任何的消费人群，所以拥有较大的市场规模；从进入市场难度来说，在19世纪，碳酸饮料行业几乎没有人开发，因此在时间上可口可乐公司抢占了先机，也因此几乎没有竞争者；从市场行业利润率来分析，可口可乐虽然不像化妆品行业一样拥有暴利，但其便宜的价格保证了薄利多销方案的切实可行。

在初期，可口可乐公司采用市场集中化策略，只以可口可乐为主要产品；在后期，公司有所发展之后，采用的则是产品专业化策略。

可口可乐采用的是无差异市场营销策略，该策略的优点是成本低，同时可节省大部分的促销费用。这种策略对于像可口可乐公司一般需求广泛、市场同质性高且能大量生产和大量销售的产品是很适合的。

思考：什么是目标市场？可口可乐采取的是哪种目标市场选择的模式和目标市场战略？这种策略的好处是什么？

知识链接

如果你现在有一颗子弹，是瞄准一只鸟将其击落，还是对着一群鸟放一枪，惊飞所有的鸟呢？瞄准目标，有的放矢！所以，作为一个企业，不管生意规模有多大，资金有多雄厚，也不可能满足所有人的所有需求。

目标市场选择是指在市场细分的基础上，根据自身优势，从细分市场中选择一个或者若干个子市场作为自己的目标市场，并针对目标市场的特点展开营销活动，以期在满足顾客需求的同时，实现企业经营目标。

一、目标市场选择的模式

一般来说，目标市场选择的模式有以下五种类型，如图 2-2 所示。

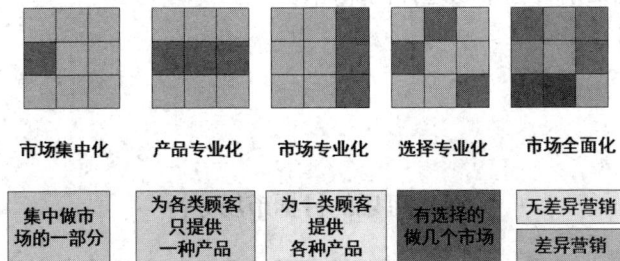

图 2-2　目标市场选择的五种模式

（一）市场集中化

市场集中化指企业选择一个细分市场，集中力量为之服务。较小的企业通常以这种形式填补市场的某一部分空白。集中营销使企业深刻了解该细分市场的需求特点，采用有针对性的产品、价格、渠道和促销策略，从而获得强有力的市场地位和良好的声誉，但同时也隐含较大的经营风险。

其优点是作为最简单的一种目标市场模式，可实行集中营销；而其缺点则是风险比一般情况更大。

（二）产品专业化

产品专业化是指企业集中生产一种产品，并向所有顾客销售这种产品。例如，某服装厂商向青年、中年和老年消费者销售高档服装，这家企业为不同的顾客提供不同种类的高档服装产品和服务，而不生产消费者需要的其他档次的服装。这样，企业在高档服装产品方面可以树立很高的声誉，但一旦出现其他品牌的替代品或消费者流行的偏好转移，企业将面临巨大的威胁。

　　其优点是企业专注于某一类商品的生产，有利于形成优势，在该领域树立形象；其缺点是当该领域被一种全新的技术与产品代替时，产品销量会大幅度下降。

（三）　市场专业化

　　市场专业化是指企业专门服务于某一特定顾客群，尽力满足他们的各种需求。例如，企业专门为老年消费者提供各种档次的服装。企业专门为这个顾客群服务，能建立良好的声誉。但一旦这个顾客群的需求潜量和特点发生突然变化，企业要承担较大风险。

　　其优点是该模式下经营产品的类型众多，能有效分担风险。其缺点是顾客集中于某一类，当这类顾客需求量下降时，企业有收益下降的风险。

（四）　选择专业化

　　选择专业化是指企业选择几个细分市场，每一个细分市场对企业的目标和资源利用都有一定的吸引力，但各细分市场彼此之间很少或根本没有任何联系。这种策略能分散企业的经营风险，因为即使其中某个细分市场失去了吸引力，企业还能在其他细分市场盈利。

（五）　市场全面化

　　市场全面化是指企业力图用各种产品满足各种顾客群体的需求，即以所有的细分市场作为目标市场。例如，上例中的服装厂商为不同年龄层次的顾客提供各种档次的服装。一般只有实力强大的企业才能采用这种策略。再如，IBM 公司在计算机市场、可口可乐公司在饮料市场开发众多的产品，满足各种消费需求。

二、目标市场战略

（一）　无差异性营销战略

　　无差异性营销战略指企业把整体市场看作一个大目标市场，不进行细分，用一种产品、统一的市场营销组合对待整体市场。

　　这种战略最大的优点是成本的经济性。其最大的缺点是顾客的满意度低且适用范围有限。

（二）　差异性营销战略

　　差异性营销战略指把整个市场划分为若干需求与愿望大致相同的细分市场后，根据企业的资源及营销实力，针对各个细分市场制定不同的市场营销组合。

　　其最大优点是可以有针对性地满足不同特征顾客的需求，提高企业品牌的竞争力，降低营销风险。其最大缺点是市场营销费用会大幅度增加。

（三）　集中性营销战略

　　集中性营销战略指将整个市场分割为若干细分市场后，只选择其中一个或少数细分市场作为目标市场，开发相应的市场营销组合，实行集中营销。

此法的优点是目标集中，可以节省营销费用和增加盈利；此外，营销的专业化更能够满足特定的消费者的需求。其缺点是无法满足更多顾客的需求，如果目标市场需求突然发生变化或被其他产品替代，则存在较高风险。这种把鸡蛋放在一个篮子里的方式更适合资源薄弱的小企业。

三、影响目标市场选择的因素

(一)　企业的实力

企业的实力主要指企业的人力、物力、财力及管理能力等。如果企业实力雄厚，在资金技术、管理和人力资源较强的情况下，可以考虑实行无差异性营销战略；如果实力有限，则最好实行集中性营销战略。

(二)　产品的同质性

产品的同质性是指产品在性能、特点等方面的相似度的大小。相似度大，则同质性高；反之，则同质性低。同质性产品主要表现在一些未经加工的初级产品或生活必需品上，如水力、电力、石油、大米、食盐等。虽然产品在品质上或多或少存在差异，但用户一般不加区分或难以区别。这些产品的竞争主要体现在价格和服务上，适合于实行无差异性营销战略。对于服装、化妆品、汽车等产品，产品差异性较大，同质性较低，则应实行差异性营销或集中性营销战略。

(三)　市场同质性

市场同质性指各细分市场上顾客需求、购买地等方面的相似程度。如果市场上顾客在一定时期内的需求和偏好比较接近，并且对市场营销刺激的反应相类似，则市场同质性高，比较适合于实行无差异性营销战略；反之，如果市场需求和偏好的差异较大，则市场同质性低，宜采用差异性营销或集中性营销战略。

(四)　产品所处的生命周期阶段

处在试销期或介绍期的产品，同类竞争品不多，竞争不激烈，最好实行无差异性营销战略；产品进入畅销期或成长期后，竞争者增多，为了树立竞争优势，可以采取差异性营销战略；当产品进入饱和期或成熟期后，市场竞争激烈，消费者需求日益多样化，可以采用差异性营销战略以确立和维持竞争优势，同时开拓新市场，满足新需求；产品步入滞销期或衰退期后，实行集中性营销战略，有助于维持市场地位，延长产品生命周期。

(五)　竞争者的目标市场策略

企业选择目标市场战略时，一定要充分考虑竞争特别是主要竞争对手的营销战略。一般来说，企业的目标市场策略应与竞争者有所区别。如果强大的竞争对手实行的是无差异性营销战略，则企业应实行差异性市场营销或集中性营销战略；如果竞争对手实行的是差异性营销战略，则企业应采用集中性营销战略或更细致的差异性营销战略。

任务实施

以学习小组为单位自选一个实习过的或者熟悉的企业，基于任务一的市场细分因素的分析结果，对企业的某产品的目标市场进行分析，指出该企业的目标市场是哪部分人群，并分析目标消费人群的消费心理和行为。

【课后自测】

一、单项选择题

1. 企业只推出单一产品，运用单一的市场营销组合，力求在一定程度上适合尽可能多的顾客的需求，这种战略是(　　)。

A. 无差异性营销战略　　　　　　　　B. 密集市场营销战略

C. 差异性营销战略　　　　　　　　　D. 集中性营销战略

2. 某公司对市场进行细分之后，决定占领其中几个细分市场，并希望在每个细分市场中获得较高销售额，该公司采用的目标市场战略为(　　)。

A. 无差异性战略　　　B. 集中性战略　　　C. 一对一战略　　　D. 差异性战略

3. 企业生产经营不同产品满足同一顾客群的需求的策略为(　　)。

A. 产品市场选择型　　B. 产品市场集中型　　C. 产品专业化　　　D. 市场专业化

5. 无差异性目标市场战略主要适用于(　　)的情况。

A. 企业实力较弱　　　　　　　　　　B. 产品性质相似

C. 市场竞争者多　　　　　　　　　　D. 消费需求复杂

6. 目标市场是指(　　)。

A. 限定于一个单一的细分市场

B. 企业向各类顾客同时供应一种规格或样式的产品

C. 为同一个顾客群提供数种不同样式的同类产品

D. 企业准备为之提供产品和服务的顾客群

二、多项选择题

1. 目标市场管理的主要步骤有(　　)。

A. 市场细分　　　B. 市场定位　　　　C. 目标市场选择　　　D. 销售促进

2. 影响目标市场选择的因素主要有(　　)。

A. 企业资源　　　B. 市场特点　　　　C. 产品特点　　　　D. 产品供求情况

3. 差异性营销战略的主要优点包括(　　)。

A. 经营成本低　　B. 能满足多样化需求　C. 经营范围广　　　D. 无经营风险

三、简答题

1. 目标市场选择的模式有哪些？

2. 目标市场战略有哪些？

任务三　确定市场定位

任务描述

　　以学习小组为单位自选一个实习过的或者熟悉的企业，在学习相关内容的基础上，基于任务一和任务二的市场细分变量的分析和目标市场分析的结果，对企业的某产品的市场定位进行分析，指出该企业的市场定位策略及方法，并形成文稿。

学习目标

　　(1) 了解定位的概念和意义；
　　(2) 理解市场定位的原因；
　　(3) 掌握市场定位的步骤和策略；
　　(4) 掌握市场定位的方法；
　　(5) 能够为企业选择适合的市场定位战略；
　　(6) 培养学生自我定位的意识。

案例分析

星巴克和哈根达斯

　　100 多年前，星巴克是美国一本家喻户晓的小说里主人公的名字。1971 年，3 个美国人开始把它变成一家咖啡店的招牌。

　　1987 年，霍华德·舒尔茨和他的律师，也就是比尔·盖茨的父亲以 380 万美元买下星巴克公司，开始了真正意义上的"星巴克之旅"。

　　1921 年，在美国纽约的一个家庭，如今风靡世界的哈根达斯开始了这个品牌的"婴儿期"。

　　1961 年，哈根达斯冰淇淋的创始人鲁本·马特斯正式将自己生产的冰淇淋命名为"Haagen-Dazs"，一个出自北欧语系的品牌名称从此开始了她的"哈根达斯一刻"。

　　如今，星巴克咖啡已经成为世界连锁咖啡的第一品牌，哈根达斯冰淇淋也成为全球最具人气的顶级冰淇淋品牌。星巴克咖啡已经在全球 38 个国家开设了 13 000 家店，哈根达斯冰淇淋也在全球 55 个国家拥有 700 多家专卖店和几万个零售点。虽然传统意义上"根红苗正"的咖啡与冰淇淋并非起源于美国，但星巴克咖啡与哈根达斯冰淇淋目前已经俨然是这些品类最"正宗"的代名词。

　　哈根达斯 1996 年在上海南京路上开设第一家专卖店。1999 年 1 月 11 日，北京国贸中心一层开设了一家星巴克咖啡店。虽然星巴克与哈根达斯都是将目标人群锁定在像北京、上海这样的大型城市，以及这些城市里的中高端人群。但在中国市场的发展速度，还是出乎他们自己的预计，目前要准确说出他们在中国的店铺数量，唯一的办法就是让时间短暂停止，因为他们一刻也没有放慢他们在中国市场的快速扩张，每月、每季度的数据都在发生着显著的变化。

思考：什么是市场定位？如何进行市场定位？

知识链接

说到"浪漫之都"你会想到哪里？全球最大的中文搜索引擎是什么？被称为"国际烤肉之都"的城市是哪里？当看到这些问题的时候，你可能马上会想到答案。这说明这些城市或者企业的定位很成功，个性鲜明，并得到了消费者的认可。那么，什么是市场定位呢？

一、市场定位的含义

(一) 市场定位的概念

市场定位是指企业根据目标市场上同类产品竞争状况，针对顾客对这类产品的某些特征或属性的重视程度，为本企业产品塑造强有力的、与众不同的鲜明个性，并将其形象生动地传递给顾客，从而使该产品在市场上确定适当的位置。

定位的基点是竞争，与其他企业严格区分开来，并使顾客明显感觉和认知这种差别，从而在顾客心目中留下特殊印象。

市场定位的实质就是塑造产品的特色和个性。

(二) 市场定位的作用

1. 强化产品针对性

如今人们消费时越来越注重个性化。因此，企业要确定具体的服务对象。对服务对象定位的前提是对市场进行细分。

通过合理、严密的市场细分，企业可以对各细分市场中的消费需求和市场竞争状况加以对比，这样既可以根据对比结果了解和掌握各细分市场中服务对象的需求满意度，同时可以看出自身所具有的优势和劣势，这有利于企业采取正确的营销策略。

2. 增强企业产品在市场上的竞争力

任何企业都有自己的长处和短处、优势和劣势，在市场上盲目出击，极有可能导致营销失败。确定企业相对于竞争者的市场位置，企业要准确分析自己的产品与竞争对手的产品在成本及品质上的优势，以优势对劣势，打击竞争产品，占领市场，进而增强企业的产品在市场上的竞争力。

3. 开拓新市场

越来越多的企业家已经认识到一种产品在市场上几十年不变仍然能保持垄断地位的日子已经一去不复返了。现在产品的市场寿命越来越短，产品两年一升级四年一换代的现象屡见不鲜。真正的市场定位是在市场细分的基础上做出的。

企业通过市场细分，可以掌握消费者的不同需求情况，从而发现未被满足或未被充分满足的需求市场。企业应根据市场细分和企业自身优势正确确定自己的市场，开发新产品，开拓新市场。

4. 确定事业领域

由于人的欲望是无止境的，需求是多样的，因此，任何企业包括规模最大的企业也不可能满足购买者的全部需要，而只能满足其一部分。也就是说，企业必须充分认识自身的优势和劣势，为自己确定一个正确恰当的市场定位，即确定企业的事业领域。

二、市场定位的原因

(一) 客户心智资源有限

心智阶梯是指为方便购买，消费者会在心智中形成一个优先选择的品牌序列——产品阶梯，当产生相关需求时，消费者将依序优先选购。

一般情况下，消费者总是优先选购阶梯上层的品牌。这时，可以认为品牌在消费者心智中占有某个品类或特性的定位。

(二) 客户心智备受骚扰

越来越多的同质化产品的出现已经让客户迷失了方向，他们没有时间而且也不愿意搞清楚产品间的差距。要获胜，就要击中消费者的心，在其心中占据阵地。

三、市场定位的步骤和策略

(一) 市场定位的步骤

1. 分析目标市场的现状，确认潜在的竞争优势

这一步骤的中心任务是要回答以下三个问题：一是竞争对手的产品定位如何；二是目标市场上顾客欲望满足的程度以及确定还需要什么；三是针对竞争者的市场定位和潜在顾客真正需要的利益企业应该及能够做什么。要回答这三个问题，企业市场营销人员必须通过一切调研手段，系统地设计、搜索、分析并报告有关上述问题的资料和研究结果。

通过回答上述三个问题，企业就可以从中把握和确定自己的潜在竞争优势在哪里。

2. 准确选择竞争优势，对目标市场初步定位

竞争优势表明企业能够胜过竞争对手的能力。这种能力既可以是现有的，也可以是潜在的。选择竞争优势实际上就是一个企业与竞争者各方面实力相比较的过程。比较的指标应是一个完整的体系，只有这样，才能准确地选择相对竞争优势。通常的方法是分析、比较企业与竞争者在经营管理、技术开发、采购、生产、市场营销、财务和产品等七个方面究竟哪些是强项，哪些是弱项，借此选出最适合本企业的优势项目，以初步确定企业在目标市场上所处的位置。

3. 显示独特的竞争优势和重新定位

这一步骤的主要任务是企业要通过一系列的宣传促销活动，将其独特的竞争优势准确地传播给潜在顾客，并在顾客心目中留下深刻印象。为此，企业首先应使目标顾客了解、知道、熟悉、认同、喜欢和偏爱本企业的市场定位，在顾客心目中建立与该定位相一致的形象。其次，企业通过各种努力强化目标顾客形象，保持目标顾客的了解，稳定目标顾客的态度和加深目标顾客的感情来巩固与市场相一致的形象。最后，企业应注意目标顾客对其市场定位理解出现的偏差，或由于企业市场定位宣传上的失误而造成的目标顾客对企业形象的模糊、混乱和误会，及时纠正与市场定位不一致的形象。

(二) 市场定位的策略

1. 避强定位

避强定位策略是指企业力图避免与实力最强的或较强的其他企业直接发生竞争，而将自己的产品定位于另一市场区域内，使自己的产品在某些特征或属性方面与最强或较强的对手有比较显著的区别。这是一种避开较强竞争对手的市场定位策略。

避强定位策略能使企业较快地在市场上站稳脚跟，并能在消费者或用户中树立形象，风险小。其缺点是避强往往意味着企业必须放弃某个最佳的市场位置，很可能使企业处于最差的市场位置。

2. 迎头定位

迎头定位策略是指企业根据自身的实力，为占据较佳的市场位置，不惜与市场上占支配地位的、实力最强或较强的竞争对手发生正面竞争，而使自己的产品进入与对手相同的市场位置。这是一种"明知山有虎，偏向虎山行"的市场定位策略。这样的企业必须具备的条件有：能比竞争对手生产出更好的产品；该市场容量足够大；比竞争对手有更多的资源和实力。

这种策略的优点是竞争过程往往相当惹人注目，甚至产生所谓轰动效应，企业及其产品可以较快地为消费者或用户所了解，易于达到树立市场形象的目的。其缺点也很明显，那就是具有较大的风险性。

3. 特色定位

特色定位是指企业通过分析市场中现有产品的定位状况，发掘新的具有鲜明特色的产品，并在市场上找到自己合适的位置，来为企业定位。迪斯尼乐园可以宣称自己是世界上最大的主题游乐场。大也是一种产品特色定位，它间接地暗示了一种利益，即从中可享受到最多的娱乐。

4. 重新定位

公司在选定了市场定位目标后，如定位不准确或虽然开始定位得当，但市场情况发生变化时，如遇到竞争者定位与本公司接近，侵占了本公司部分市场，或由于某种原因消费者或用户的偏好发生变化，转移到竞争者方面时，就应考虑重新定位。重新定位是以退为进的策略，目的是实施更有效的定位。重新定位的两种情况具体如下：

(1) 经过一段时间的市场实践之后，发现原有的市场定位不准确，产品打不开销路，市场反应差，有必要调整定位；

(2) 企业产品在市场推出后，获得意想不到的成功，有消费者提出更高的要求，说明企业对市场估计不足，分析不透彻，有必要调整定位。

四、市场定位的方法

(一) 产品特点定位

可依据产品特色在消费者心目中建立产品的特色形象定位。例如，宝洁公司的清洁剂系列。汰渍(强去污：强有力，能洗净任何污渍；快乐(颜色保护)：杰出的清洁和不褪色；奥克雪(漂白)：使你的白衣更白，颜色衣物更亮；波尔德(柔软)：清洁、柔软和不带静电；伊拉能(除斑)：除玷污的斑迹做得比你希望的更好；象牙雪(中性和温柔)：用于尿布和小孩的衣服。

(二) 根据产品的用途定位

可依据产品的用途在消费者心目中建立产品的特色形象定位。例如，王老吉，预防上火的饮料定位。"怕上火，喝王老吉"这一简洁明了的广告语，既彰显了红色王老吉的产品特性，也有效地解决了王老吉原有的品牌错位。王老吉是饮料不是药，强调预防上火，开创了功能性饮料新品类。

(三) 根据顾客利益定位

可依据产品向消费者提供的利益定位。汽车的利益包括经济、耐用、质量、服务、高贵、优越。例如，沃尔沃汽车，安全与耐用；奔驰汽车，高贵、王者、显赫、至尊；奥托汽车，经济便宜。

(四) 根据使用者定位

以中国可乐市场三巨头的定位策略为例。可口可乐和百事可乐将目标市场主要设定在一线城市的 E 时代年轻人，紧抓他们喜好新奇、流行及崇拜偶像的个性特点，分别传播"要爽由自己""渴望无限"的主题定位，以时下当红的足球、歌唱巨星为品牌形象代言人，配合大量的广告投放与其他促销活动，深入目标市场。

非常可乐的目标市场主要是二级、三级城市和农村的年龄较长的消费者及家庭市场。其以"中国人自己的可乐""有喜事自然非常可乐"的定位，错开了与可口可乐和百事可乐的正面对阵，有效地设立了它的竞争优势。

(五) 根据文化定位

将某种文化注入产品之中，可以形成文化上的品牌差异。

(六) 根据感情定位

企业运用产品直接或间接地冲击消费者的感情体验而进行定位。

▶ 任务实施

基于任务二的目标市场人群的分析结果，对企业的某产品的市场定位进行分析，指出该企业的市场定位，并分析该企业市场定位采取的策略和方法。要求市场定位分析准确，并形成汇报文稿。

【课后自测】

一、单项选择题

1. "七喜"饮料一问世就向消费者宣称："我不是可乐，我可能比可乐更好"，突出宣传不含咖啡因的特点，其采取的市场定位策略是(　　)。

A. 按产品的特点　　　　B. 按产品的用途　　　　C. 按使用者　　　　　D. 按感情

2. (　　)定位方式市场风险少，成功率较高，常为企业所采用。

A. 避强定位　　　　　　B. 迎头定位　　　　　　C. 重新定位　　　　　D. 特色定位

3. 某连锁超市用"天天低价"的口号来吸引一些精打细算的顾客，该超市的市场定位属于(　　)。

A. 产品特色定位　　　　B. 顾客利益定位　　　　C. 使用者定位　　　　D. 竞争定位

二、多项选择题

1. 企业市场定位的策略有(　　)。

A. 迎头定位　　　　　　B. 避强定位　　　　　　C. 重新定位　　　　　D. 特色定位

2. 市场定位的作用有(　　)。

A. 强化产品针对性　　　　　　　　　　B. 增强产品竞争力

C. 开拓新市场　　　　　　　　　　　　D. 确定事业领域

三、简答题

1. 作为麦当劳的竞争对手，肯德基的市场定位策略是什么？

2. 中、小型企业的产品定位策略是什么？

项目三　市场营销策略

项目介绍

该项目主要包括四个任务，分别是制定产品策略、制定定价策略、制定渠道策略和制定促销策略，即营销 4P。通过这四个任务的学习，掌握对企业进行营销 4P 分析的理论和方法。本项目以真实企业为例，通过对该企业进行 4P 分析，让学生在实操的过程中掌握制定市场营销策略的要点和关键。

任务一　制定产品策略

任务描述

以学习小组为单位自选一个实习过的或者熟悉的企业，在学习相关内容的基础上，对该企业的产品策略进行分析，包括该企业的产品组合、产品生命周期所处阶段、新产品开发策略、包装策略及品牌策略，并根据分析结果给出相应的建议。

学习目标

(1) 理解产品的整体概念，研究产品整体概念的意义；

(2) 理解产品组合的概念和性质，掌握产品组合的策略；

(3) 理解产品生命周期的概念，掌握产品生命周期各阶段的特点及其营销对策；

(4) 了解新产品的种类和发展趋势，理解新产品开发的原则，掌握新产品开发的步骤；

(5) 理解包装的作用和设计原则，掌握包装策略的类型；

(6) 理解品牌的含义、作用和命名设计，掌握品牌策略；

(7) 能够制定合理的产品组合、包装策略，能够运用新产品开发策略及品牌策略指导市场营销活动；

(8) 具备团队意识、创新意识和法律意识。

案例分析

宝洁公司多品牌策略

品牌延伸曾一度被认为是充满风险的事情，有的学者甚至不惜用"陷阱"二字去形容其风险之大。然而，纵观世界一流企业的经营业绩，不难发现，这其中既有像索尼公司那样一贯奉行"多品一牌"这种"独生子女"策略的辉煌，更有像宝洁公司这样大胆贯彻"一品多牌"策略，在国际市场竞争中纵横驰骋，尽显"多子多福"的风流。

宝洁公司是一家美国的企业。它的经营特点主要体现在两方面：一是种类多，从香皂、牙膏、漱口水、洗发精、护发家、柔软剂、洗涤剂，到咖啡、橙汁、烘焙油、蛋糕粉、土豆片，到卫生纸、化妆纸、卫生棉、感冒药、胃药，横跨了清洁用品、食品、纸制品、药品等多种行业；二是许多产品大都是一种产品多个牌子，以洗衣粉为例，他们推出的牌子就有汰渍、洗好、欧喜朵、波特、世纪等近十种品牌。

在中国市场上，香皂用的是舒肤佳，牙膏用的是佳洁士，卫生巾用的是护舒宝，仅洗发精就有"飘柔""潘婷""海飞丝"三种品牌。要问世界上哪个公司的牌子最多，恐怕是非宝洁莫属。

思考：宝洁公司是如何实施多品牌策略的？

子任务一　认识产品整体概念

✂ 案例分析

麦当劳整体 7F 概念

(1) 新鲜(Fresh)：生菜鲜绿，鱼肉洁白，优良冷冻和通风。
(2) 饱(Filling)：快餐物美价廉，让人吃饱，同时搭配营养。
(3) 快(Fast)：节省时间，高速。
(4) 油炸(Fried)：美国人喜欢油炸，但不愿意家里有油味。
(5) 家庭(Family)：忙碌的人不常在家，符合要求，干净清洁。
(6) 浪漫(Fantasy)：家庭外的一种享受，有不同风格。
(7) 福特主义(Fordism)：统一标准，降低成本。

思考：麦当劳产品的整体概念层次是什么？你认为麦当劳全球成功的原因是什么？

ʊ 知识链接

在日常生活中，我们购物的时候，看中的不仅仅是商品本身，更是商品能够给我们带来的利益。通常人们理解的产品就是看得见的实物，具有某种特殊的用途，这是比较狭义的定义。产品其实不只是我们看到的实物，而是还包括人在购买产品的过程中得到的某种需求满足和欲望满足。它包括了实物产品，同时也包括了非物质形态的利益。

一、产品整体概念的含义

产品整体概念包含核心产品、有形产品、附加产品、期望产品和潜在产品五个层次，如图 3-1 所示。市场营销学认为，广义的产品是指人们通过购买而获得的能够满足某种需求和欲望的物品的总和，它既包括具有物质形态的产品实体，又包括非物质形态的利益，这就是"产品的整体概念"。

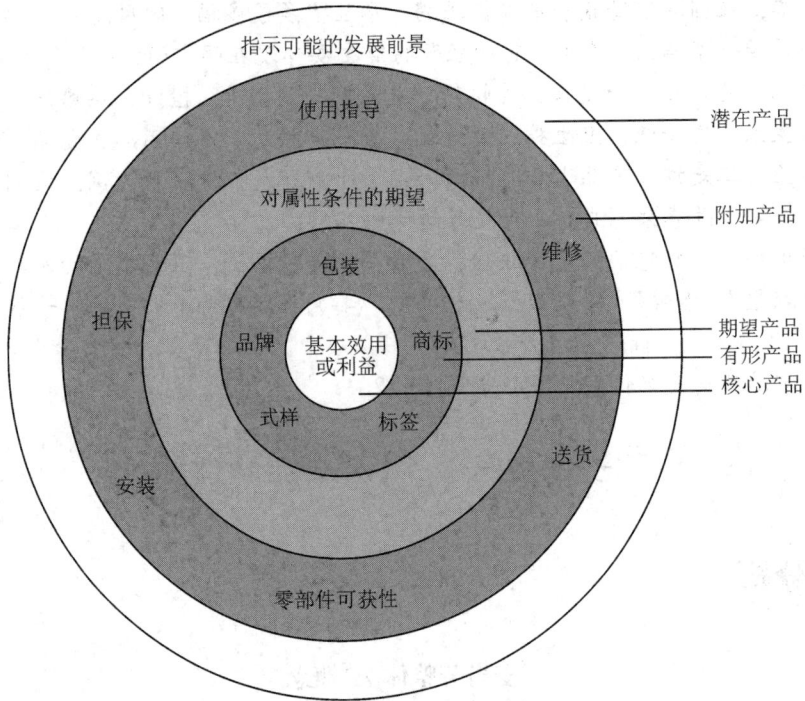

图 3-1　产品整体概念示意

（一）　核心产品

核心产品是指消费者购买某种产品时所追求的利益，是顾客真正要买的东西，因而在产品整体概念中也是最基本、最主要的部分。消费者购买某种产品，并不是为了占有或获得产品本身，而是为了获得能满足某种需要的效用或利益。

（二）　有形产品

有形产品是核心产品借以实现的形式，即向市场提供的实体和服务的形象。如果有形产品是实体，则它在市场上通常表现为产品的质量水平、外观特色、式样、品牌名称和包装等。产品的基本效用必须通过某些具体的形式才能得以实现。市场营销者应首先着眼于顾客购买产品时所追求的利益，以求更完美地满足顾客需要，从这一点出发再去寻求利益得以实现的形式，进行产品设计。

（三）　期望产品

期望产品是指购买者购买某种产品通常所希望和默认的一组产品属性和条件。一般情况下，顾客在购买某种产品时，往往会根据以往的消费经验和企业的营销宣传，对所欲购买的产品形成一种期望，如旅店的客人期望的是干净的床、香皂、毛巾、热水、电话和相对安静的环境等。顾客所得到的，是购买产品所应该得到的，也是企业在提供产品时应该提供给顾客的，对于顾客来讲，在得到这些产品基本属性时，并没有太多的套路和形成偏好，但是如果顾客没有得到这些，就会非常不满意，因为顾客没有得到他应该得到的东西，即顾客所期望的一整套产品属性和条件。

(四) 附加产品

附加产品是顾客购买有形产品时所获得的全部附加服务和利益，包括提供信贷、免费送货、质量保证、安装、售后服务等。附加产品的概念来源于对市场需要的深入认识。因为购买者的目的是满足某种需要，因而他们希望得到与满足该项需要有关的一切。美国学者西奥多·莱维特曾经指出："新的竞争不是发生在各个公司的工厂生产什么产品，而是发生在其产品能提供何种附加利益(如包装、服务、广告、顾客咨询、融资、送货、仓储及具有其他价值的形式)。"

(五) 潜在产品

潜在产品是指一个产品最终可能实现的全部附加部分和新增加的功能。许多企业通过对现有产品的附加与扩展，不断提供潜在产品，所给予顾客的就不仅仅是满意，而且还有喜悦。所以潜在产品指出了产品可能的演变，也使顾客对于产品的期望越来越高。潜在产品要求企业不断寻求满足顾客的新方法，不断将潜在产品变成现实的产品，这样才能使顾客得到更多的意外惊喜，更好地满足顾客的需要。

例如，牛奶的产品整体概念：核心产品——营养健壮；有形产品——牛奶/包装/卖者/工具；期望产品——干净/好味道/送货；附加产品——定期安排家庭奶场旅游；潜在产品——提供牛奶饮食之法。

二、研究产品整体概念的意义

产品整体概念，是市场经营思想的重大发展，对企业经营有着重大意义。

(1) 指明了产品是有形特征和无形特征构成的综合体，表明了产品的有形特征和无形特征。为此，一方面企业在产品设计、开发过程中，应有针对性地提供不同功能，以满足消费者的不同需要，同时还要保证产品的可靠性和经济性。另一方面，对于产品的无形特征也应充分重视，因为，它也是产品竞争能力的重要因素。产品的无形特征和有形特征的关系是相辅相成的，无形特征包含在有形特征之中，并以有形特征为后盾；而有形特征又需要通过无形特征来强化。

(2) 产品整体概念是一个动态的概念。随着市场消费需求水平和层次的提高，市场竞争焦点不断转移，对企业产品提出更高要求。为适应这样的市场态势，产品整体概念的外延处在不断再外延的趋势之中。当产品整体概念的外延再外延一个层次时，市场竞争又将在一个新领域展开。

(3) 对产品整体概念的理解必须以市场需求为中心。产品整体概念的四个层次，清晰地体现了一切以市场要求为中心的现代营销观念。衡量一个产品的价值，是由顾客决定的，而不是由生产者决定的。

(4) 产品的差异性和特色是市场竞争的重要内容，而产品整体概念四个层次中的任何一个要素都可能形成与众不同的特点。企业在产品的效用、包装、款式、安装、指导、维修、品牌、形象等每一个方面都应该按照市场需要进行创新设计。

(5) 把握产品的核心产品内容可以衍生出一系列有形产品。一般地说，有形产品是核心产品的载体，是核心产品的转化形式。这两者的关系给我们这样的启示：把握产品的核心产品层次，产品的款式、包装、特色等完全可以突破原有的框架，由此开发出一系列新产品。以旅游为例，如果说旅游产品的核心层次是满足旅游者身心需要，那么，旅游形式产品不能仅仅理解为组织旅游者去名山大川游玩。其实，旅游产品已经延伸到商务旅游、购物旅游、现代工业旅游、现代农业旅游、都市旅游、学外语旅游等。

子任务二　　分析产品组合

案例分析

宝洁公司的产品组合策略

宝洁公司在全球大约 70 个国家和地区开展业务，其所经营的 65 个领先品牌每天为全球 50 亿的消费者服务。

通过其旗下品牌的分析可以看出，宝洁公司包含了至少 7 个以上消费品大类，产品组合具有一定的广度。但这些快消品集中于日化类，以洗护产品为主要业务线。所以宝洁的产品组合在纵向上也达到了一定深度。以洗发水为例，其五个品牌覆盖了不同年龄段、不同消费水平的人群，主打的卖点相互补充，避免了内部竞争。这种高/低档产品组合策略能够迅速为企业寻求新的市场机会，还降低了使用单一产品组合策略的风险，因此也被宝洁的其他业务线延用。

宝洁产品除去食品，多数面向的都是女性消费者，可以说宝洁是一个女性化的品牌。这就使各个业务线有了内在的关联性。从洗护开始，延伸到清洁品、化妆品、香水、孕婴等，宝洁在洗护日化业务层面扩充产品组合，减小了市场需求变动性的影响，分散了市场风险。

思考：什么是产品组合？为什么要做产品组合？

知识链接

在科学技术飞速发展的今天，企业为了满足目标市场的需要，为了扩大市场范围和增加利润，往往需要经营既专业又多样的产品。那么，经营什么品种及怎样搭配就成为摆在企业经营决策中的难题。而解决这个问题的前提是学会认识、分析和选择企业的产品组合。

一、产品组合的概念

产品组合，也称产品的各色品种集合(Product Assortment)，是指一个企业在一定时期内生产经营的各种不同产品、产品项目的组合，如图 3-2 所示。

$$
\left\{
\begin{array}{l}
\text{A产品线}\text{——产品项目A1、A2、A3、A4} \\
\text{B产品线}\text{——产品项目B1、B2} \\
\text{X产品线}\text{——产品项目X1、X2、X3}
\end{array}
\right.
$$

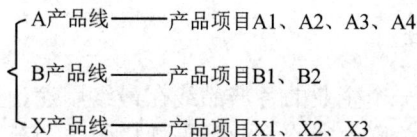

图 3-2　产品线与产品项目的关系

产品好比人一样，都有其由成长到衰退的过程。因此，企业不能仅仅经营单一的产品，很多企业经营的产品往往种类繁多。当然，并不是经营的产品越多越好，一个企业应该生产和经营哪些产品才是有利的，这些产品之间应该有些什么配合关系，这就是产品组合问题。

二、产品组合的性质

产品组合包括四个因素：产品系列的宽度、长度、深度和关联性。这四个因素的不同，构成了不同的产品组合。

产品组合的四个因素和促进销售、增加利润都有着密切的关系。一般来说，拓宽、增加产品线有利于发挥企业的潜力、开拓新的市场；延长或加深产品线可以适应更多的特殊需要；加强产品线之间的一致性，可以增强企业的市场地位，发挥和提高企业在有关专业上的能力。

（一）产品组合的宽度

产品组合的宽度指企业的产品线总数。产品线也称产品大类、产品系列，是指一组密切相关的产品项目。这里的密切相关可以是使用相同的生产技术，产品有类似的功能，有同类的顾客群，或同属于一个价格幅度。对于一个家电生产企业来说，可以有电视机生产线、电冰箱生产线。产品组合的宽度说明了企业经营范围的大小，是否跨行业经营，以及实行多角化经营的程度。增加产品组合的宽度，可以充分发挥企业的特长，使企业的资源得到充分利用，提高经营效益。此外，多角化经营还可以降低风险。

（二）产品组合的长度

产品组合的长度是指一个企业的产品项目总数。产品项目指列入企业产品线中的，具有不同规格、型号、式样或价格的最基本产品单位。通常，每一产品线中包括多个产品项目，企业各产品线的产品项目总数就是企业产品组合的长度。

（三）产品组合的深度

产品组合的深度是指产品线中每一产品有多少品种。例如，企业的产品线有三种，N牙膏产品线是其中一种，而N牙膏产品线下的产品项目有四种，A牙膏是其中一种，且A牙膏有四种规格和三种配方，A牙膏的产品组合深度就是12。产品组合的长度和深度反映了企业满足各个不同细分市场的程度。增加产品项目，增加产品的规格、型号、式样、花色，可以迎合不同细分市场消费者的不同需要和爱好，吸引更多顾客。

(四) 产品组合的关联性

产品组合的关联性是指一个企业的各产品线在最终用途、生产条件、分销渠道等方面的关联程度。较高的产品的关联性能给企业带来规模效益和范围效益，提高企业在某一地区、行业的声誉。

以宝洁公司的洗护产品组合为例，如表 3-1 所示。

表 3-1　宝洁公司的产品组合

类别	产品组合的宽度				
	清洁剂	牙膏	条状肥皂	纸尿布	纸巾
产品线长度	象牙雪 1930	格利	象牙	帮宝适	媚人
	德来夫特	佳洁士	柯克斯	露肤	粉扑
	汰渍		洗污		旗帜
	快乐		佳美		绝顶
	奥克雪多		爵士		
	德希		保洁净		
	波尔德		海岸		
	圭尼		玉兰油		
	伊拉				

从表格中可以看到：宝洁公司产品组合的宽度为 5 条产品线；产品组合的总长度为 25 个品牌，平均每条产品线 5 个品牌。另外，因为佳洁士品牌有 3 个规格，每个规格有两种口味，因此佳洁士品牌产品组合的深度是 6。对其产品组合的相关性的分析结论为：强。

三、产品组合策略

企业在调整产品组合时，可以针对具体情况选用不同的产品组合策略。

(一) 扩大产品组合策略

扩大产品组合策略是指开拓产品组合的宽度和加强产品组合的深度。开拓产品组合的宽度是指增添一条或几条产品线，扩展产品经营范围；加强产品组合的深度是指在原有的产品线内增加新的产品项目。

具体方式有：在维持原产品品质和价格的前提下，增加同一产品的规格、型号和款式；增加不同品质和不同价格的同一种产品；增加与原产品相类似的产品；增加与原产品毫不相关的产品。

那么，选择扩大组合策略的动机有哪些？

具体而言，扩大组合策略的动机主要有：充分利用剩余的生产能力；争取成为领先的产品线完整的公司；获取增量利润；设法填补市场空隙，防止竞争者侵入。

(二) 缩减产品组合策略

缩减产品组合策略是指削减产品线或产品项目，特别是要取消那些获利小的产品，以便集中力量经营获利大的产品线和产品项目。

缩减产品组合的方式有：减少产品线数量，实现专业化生产经营；保留原产品线，削减产品项目，停止生产某类产品，外购同类产品继续销售。

缩减产品组合策略的优点有：集中资源和技术力量改进保留产品的品质，提高产品商标的知名度；使生产经营专业化，提高生产效率，降低生产成本；有利于企业向市场的纵深发展，寻求合适的目标市场；减少资金占用，加速资金周转。

（三）　延伸产品组合策略

1. 高档产品策略

高档产品策略即在同一产品线内增加生产高档次、高价格的产品项目，以提高企业现有产品的声望。

企业可以在下列情况下考虑实施高档产品策略：高档产品的市场销售形势看好，利润率高；高档产品市场上竞争者实力较弱，可以取而代之；企业的实力增加，希望发展高中低档各类产品。

实施高档产品策略有一定的风险。例如，在中低档产品线中推出高档产品，容易造成购买者混淆，难以树立高档产品的独特形象。

2. 低档产品策略

低档产品策略即在同一产品线内增加生产中低档次、价格低廉的产品项目，以利用高档名牌产品的声誉，吸引因经济条件所限而购买不起高档产品，但又羡慕和向往高档名牌的顾客。

低档产品策略适用于企业的下列情况：企业高档产品成长发展较慢，为了维持销售，占领和开拓市场，将产品线扩展，增加产品项目，增加中低档产品；企业的高档产品遇到了强硬的竞争对手，进入中低档产品市场可以获得回旋余地；企业进入高档产品市场，建立高品质名牌形象，扩大声誉的目的已经达到，生产中低档产品可以丰富产品品种，增加花色，扩大市场；填补市场空缺，抵制竞争者进入中低档产品市场同企业抗衡。

低档产品策略对企业也同样存在风险。因为，在高档产品线中推出低档产品，容易影响和损害企业及原有品牌产品的形象，降低原有产品的档次，还可能刺激本来生产低档产品的企业进入高档产品市场，促使竞争加剧。

子任务三　确定产品的生命周期

案例分析

柯达胶卷的生命周期

柯达公司是世界上最大的影像产品及相关服务的生产和供应商，由发明家乔治·伊斯曼与1880年创立，其总部位于美国纽约州罗切斯特市。柯达公司在影像拍摄、分享、输出和显示领域一直处于世界领先地位，多年来都助人们留住了许多美好的回忆。

导入期

初期的柯达胶卷并不十分注重广告方面的宣传，因为此时，柯达胶卷仍是胶卷市场的领先者，它以后最大的竞争对手富士是1934年才创建的。

成长期

成长期，也称增长期，是指产品开始被市场接受并大量上市阶段。1901年至1966年属于柯达胶卷的成长期。20世纪初，柯达的产品已经打入南美洲和亚洲。1930年，柯达占世界摄影器材市场75%的份额，利润占这一市场的90%。1935年，柯达开发出彩色胶片克罗姆，这也是柯达最成功的产品之一。

成熟期

成熟期，指产品已占有一定市场份额，销量大，但增长率已不如成长期。1967年至1985年属于柯达胶卷的成熟期。从1963年至1970年，柯达的傻瓜相机销售量超出5000万架。1975年，柯达开发出了世界上第一台数码相机。截止1975年，柯达垄断了美国90%的胶卷市场以及85%的相机市场份额。

衰退期

衰退期，也称滞销期，指产品已经老化，无法适应市场的需要，逐步被更新产品替代。1986年至2009年属于柯达胶卷的衰退期。1986年，柯达输掉了与宝利来的专利官司，因此退出了即时拍相机行业。2000年前后，数码相机开始替代胶卷相机进入大众摄影领域并逐渐普及。2004年，柯达宣布停止在美国、加拿大和西欧生产传统胶片。2012年，柯达在纽约提出破产保护申请。

思考：什么是产品的生命周期？研究产品生命周期的意义是什么？

⌨ 知识链接

任何产品在市场上的销售量和获利能力都是随着时间的推移而不断变化的。这种变化规律正像产品的经营者和其他生物体、有机体一样，有一个从生产、发展到衰亡的过程。

一、产品生命周期的概念

产品生命周期简称PLC，是指产品从准备进入市场开始到被淘汰退出市场为止的全部运动过程，是由需求与技术的生产周期所决定的。企业开展市场营销活动的出发点是市场需求，任何产品都只是作为满足特定需要或解决问题的特定方式而存在，不断会有领先产品出现，取代市场上的现有产品。产品生命周期分为导入期、成长期、成熟期和衰退期四个阶段，如图3-3所示。

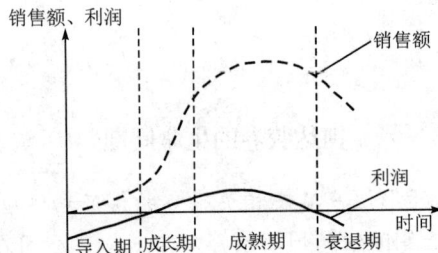

图3-3　产品生命周期示意图

【思考】手表、机械手表与"上海"牌机械表，请问谁的生命更长？

产品(市场)生命周期和产品的使用寿命是两个完全不同的概念。前者指的是产品的经济寿命，即产品在市场上销售的时间，它以产品在市场上的销售额和企业利润额的变化为依据进行分析判断，反映的是产品的销售情况和获利能力随时间的演变规律。而后者指的是产品的自然寿命，即产品物质形态的变化、产品实体的消耗磨损。有的产品使用寿命很短，但生命周期却很长，如肥皂、爆竹等；而有的产品生命周期很短，使用寿命却很长，如时尚服装等。

二、生命周期各阶段的特点及其营销对策

在产品生命周期的不同阶段，产品的销售额、成本、利润、市场竞争态势及消费者行为等都具有不同的特点。企业应该根据这些特点，制定相应的营销对策。

(一)　导入期的特点及企业的营销对策

导入期是新产品进入市场的最初阶段，其主要特点是：

(1) 生产成本高。新产品刚开始生产时，数量不大，技术尚不稳定、不成熟，废品、次品率也较高，因而制造成本较高。

(2) 营销费用大。新产品刚引进市场时，其性能、质量、使用价值、特征等还未被人们所了解。为了迅速打开销路，提高知名度，需进行大量的广告宣传及其他促销活动，促销费用很大。

(3) 销售数量少，销售增长率低。因新产品还未赢得消费者的信赖，未被市场广泛接受，购买者较少，销售量小。

(4) 竞争不激烈。因新产品刚引进市场，销路不畅，企业无利可图甚至亏损，生产者较少，竞争尚未真正开始。

在导入期，企业主要的经营目标是迅速将新产品打入市场，在尽可能短的时间内扩大产品的销售量，可采取的具体对策有：

(1) 积极开展卓有成效的广告宣传，采用特殊的促销方式，如示范表演、现场操作、实物展销、免费赠送、小包装试销等，广泛传播商品信息，帮助消费者了解商品，提高认知程度，解除疑虑，培育市场。

(2) 积极攻克产品制造中尚未解决的问题，稳定质量，并及时根据市场反馈对产品进行改进。

(3) 采取行之有效的价格与促销组合策略。可供选择的价格与促销的组合策略有以下四种：

① 快速掠取策略，即企业以高价格和高促销费用推出新产品。成功地采用这一策略可以使消费者更快地熟悉和了解新产品，迅速打开销路；还可以使企业赚取较大的利润，以尽快回收新产品开发的巨额投资。

② 缓慢掠取策略，即企业以高价格和低促销费用将新产品推向市场。高价格和低促销费用的结合有利于企业减少流通费用，降低成本，获取较大的利润。该策略适用于市场规模有限、产品需求弹性较小、潜在竞争威胁不大、能赢得大多数消费者相当程度的信任、

适当的高价能被人们所接受的产品。

③ 快速渗透策略，即企业以低价格和高促销费用将新产品推向市场。其目的是抢占先机，以尽可能快的速度将产品打入市场，赢得最大的市场渗透和最高的市场占有率，薄利多销，从多销中获取利润。该策略适用于市场容量颇大、潜在竞争较为激烈、潜在消费者对价格十分敏感、单位制造成本可随生产规模的扩大而迅速下降的产品。

④ 缓慢渗透策略，即企业以低价格和低促销费用将新产品推向市场。低价格有利于消费者接受新产品，使产品较易于渗透市场，打开销路，并扩大销路。低促销费用有利于降低产品成本，树立"物美价廉"的形象。该策略适用面广，适用于市场容量大、促销效果不明显、需求的价格弹性较大、消费者对价格敏感度较高的产品。

(二)　成长期的特点及企业的营销对策

成长期是产品在市场上已经打开销路，销售量稳步上升的阶段。其主要特点是：

(1) 购买者对商品已经比较熟悉，市场需求扩大，销售量迅速增加。早期使用者继续购买该产品，其他消费者也开始追随购买。

(2) 生产和销售成本大幅度下降，大批量生产和大批量销售使单位产品成本减少。

(3) 企业的利润增加。

(4) 竞争者相继加入市场，分销网点数量增加，竞争趋向激烈。

在成长期，企业的主要营销目标是进一步扩大市场，提高市场占有率，以实现市场占有率的最大化，可采用的策略有：

(1) 进一步提高产品质量，增加花色、品种、式样、规格，并改进产品包装。

(2) 广告促销从介绍产品、提高知名度转为突出产品特色，建立良好形象，力创名牌，建立顾客对产品的偏好，提高忠诚度等。

(3) 开辟新的分销渠道，扩大商业网点，进一步向市场渗透，拓展市场空间。

(4) 在大量生产的基础上，适时适度降价或采用其他有效的定价策略，以吸引更多的购买者。

(三)　成熟期的特点及企业的营销对策

成熟期是产品在市场上普及，销售量达到高峰的饱和阶段。其主要特点是：

(1) 产品已为绝大多数的消费者所认识与购买，销售量增长缓慢，处于相对稳定状态，并逐渐出现下降的趋势。

(2) 整个行业的生产能力过剩，企业利润逐步下降。

(3) 竞争十分激烈。

(4) 商品销售价格降低。

(5) 分销渠道密集。

在成熟期，企业的主要营销目标是牢固地占领市场，保持市场占有率，防止与抵抗竞争对手的蚕食进攻，争取获得最大的利润，可采用的具体策略有：

(1) 从广度和深度上拓展市场，争取新顾客，并刺激老顾客增加购买，以增加现有产品的使用频率和消费数量。例如，强生公司将婴儿爽身粉、婴儿润肤露等婴儿护肤用品扩展到母亲市场，成功地做大了市场"蛋糕"。

(2) 进一步提高产品质量，进行产品多功能开发，创造新的产品特色，扩大产品的多功能性、安全性和便利性，增加产品的使用价值。

(3) 改进营销组合策略，如调整价格、增加销售网点、开展多种广告宣传活动或采用以旧换新、有奖销售、竞猜、拍卖等进攻性的促销手段，以及强化各种服务等。

(四) 衰退期的特点及营销对策

衰退期是产品销售量持续下降，即将退出市场的阶段。在实践中，有的产品的衰退速度较为缓慢，逐渐地退出市场，如 BB 机；而有的产品则很迅速，如流行产品。有的产品的销售量很快就下降到零，也有的可能在一个低水平上持续多年。其主要特点是：

(1) 消费者对产品已经没有兴趣，市场上出现了改进产品或换代产品，市场需求减少，销售量下降。

(2) 行业生产能力过剩较多，同行企业为了减少存货损失，竞相降价销售，竞争异常激烈。

(3) 企业利润不断降低。

在衰退期，企业的主要营销目标是尽快退出市场，转向研制开发新产品或进入新的市场，可选用的策略有：

(1) 淘汰策略，即企业停止生产衰退期产品，上马新产品或转产其他产品。

(2) 持续营销策略，即企业继续生产衰退期产品，利用其他竞争者退出市场的机会，通过提高服务质量、降低价格等方法来维持销售。

(3) 收割策略，即企业尽量减少如厂房设备、维修服务、研制开发和广告、销售队伍建设等方面的投入，同时继续维持产品销售。只要短期内销售量不出现急剧减少，企业就可以从该产品上获得更多的收益，增加现金流量。该策略会使产品的竞争力逐渐削弱而最终失去存在的价值，其适用条件是衰退产品在短期内销售量下降速度比较缓慢，然而从长期来看最终必须放弃。

子 任 务 四　开 发 新 产 品

案例分析

可口可乐新配方的失败

1984 年 9 月，可口可乐公司技术部门决定开发出一种全新口感、更惬意的可口可乐。

为了确保万无一失，在采用新口味之前，可口可乐公司投入 400 万美元，进行了前所未有的大规模口味测试，在 13 个城市中邀请约 19.1 万人参加了无标记的不同配方的可口可乐的比较。55% 的参加者更喜欢新可乐，这表明可口可乐击败了百事可乐。在反复考虑以后，公司的高级经理们一致同意改变可口可乐的味道，并把旧可乐撤出市场。

在新可乐上市 4 小时之内，接到抗议更改可乐口味的电话达 650 个；到 5 月中旬，批评电话每天多达 5000 个；6 月份这个数字上升为 8000 多个。由于宣传媒介的煽动，怒气迅速扩展到全国。对一种具有 99 年历史的饮料配方的改变，本来是无足轻重的，可如今却变成了对人们爱国心的侮辱。堪萨斯大学社会学家罗伯特·安东尼奥论述道："有些人感到一种神圣的象征被粗暴地践踏了。"甚至戈伊祖艾塔的父亲也从一开始就反对这种改变。他告诫他的儿子说这种改变是失败的前奏，并开玩笑地威胁说要与儿子脱离关系。公司的领导们开始担心消费者联合起来，抵制其产品。

他们看到的是灾难性的上市效果："我感到十分悲伤，因为我知道不仅我自己不能再享用可口可乐，我的子孙们也都喝不到了……我想他们只能从我这里听说这一名词了。"人们纷纷指责可口可乐作为美国的一个象征和一个老朋友，突然之间就背叛了他们。有些人威胁说以后不喝可口可乐而代之以茶或白开水。

公司的调查也证实了一股正在增长的消极情绪的存在。新可乐面市后的三个月，其销量仍不见起色，而公众的抗议却愈演愈烈。最终可口可乐公司决定恢复传统配方的生产。这一消息立刻使美国上下一片沸腾，当天即有 18000 个感激电话打入公司免费热线。当月，可口可乐的销量同比增长了 8%，股价攀升到 12 年来的最高点每股 2.37 美元。但是可口可乐公司已经在这次的行动中遭受了巨额的损失。

思考：可口可乐新配方失败的原因是什么？并谈谈应如何保证新产品开发的成功率？

知识链接

一、新产品概念及其分类

从市场营销学角度与从纯技术角度来看的新产品在内涵与外延上都不相同，前者比后者的内容要宽泛得多。市场营销学认为，产品只要在功能或形态上得到改进，与原有产品产生差异，不论任何一部分的创新或变革，为顾客带来了新的利益，或者企业向市场提供过去未生产的产品或采用新的品牌的产品都可以称为新产品。新产品的"新"，是相对而言的，是相对于一定的时间、地点和企业而言的。此外，新产品的"新"，不仅是生产者、销售者认可，更重要的是得到消费者认可和接受的"新"属性、"新"功能、"新"用途、"新"特点等。按其创新的程度不同，可以将新产品分为以下五类。

（一）全新产品

全新产品是指应用新技术、新原理、新工艺、新结构、新材料研制而成的前所未有的产品，是企业率先发明创造出来的。在这种新产品问世之前，市场上没有相同或类似的产品，如汽车、电视机、电灯、计算机等产品最初上市时，均属全新产品。全新产品的研制生产，往往是重大科学技术取得突破的成果，适合于人们的新需求，并且对人类的生产和生活都会产生深远的影响。对绝大多数企业来说，独立自主开发全新产品十分困难，需要耗费较长的时间、巨大的人力和资金投入，成功率较低，风险很大。

（二）换代新产品

换代新产品是指在原有产品的基础上，部分采用新技术、新材料、新结构制成，在性能上有显著提高的产品，如半自动单缸洗衣机到半自动双缸洗衣机再发展到全自动洗衣机。开发换代新产品相对容易，并且不需要花费巨额资金，企业风险不大。

（三） 改进新产品

改进新产品是指采用各种改进技术，对原有产品的品质、特点、花色，式样及包装等做一定改变与更新的产品。改进后的产品或者性能更佳，或者结构更合理，或者精度更加提高，或者特征更加突出，或者功能更加齐全，如装有鸣笛的开水壶、各式新款服装等。改进新产品与换代新产品都是以原有产品为基础进行研制与开发，对企业各方面资源要求不高，风险较小，开发出的新产品容易为市场所接受，是广大企业特别是中小企业开发新产品的重点。

（四） 仿制新产品

仿制新产品是指模仿市场上已有的产品而企业自己首次生产，又称为企业新产品。开发生产仿制新产品可以有效利用其他企业的成功经验和技术，风险较小。

二、新产品开发的基本原则

新产品的研制开发对企业的生存与发展至关重要，然而成功的开发新产品并非易事。为了提高新产品开发的成功率，企业在研制和开发新产品时，应该遵循以下基本原则。

（一） 根据市场需求选择产品开发的重点

企业产品开发的目的是满足消费者尚未得到充分满足的需求，企业开发的新产品能否适应市场需求是产品开发成功与否的关键。因此，必须通过深入的市场调研和科学的预测，分析消费者需求变化的趋势以及对产品的品质、性能、款式、包装等方面的要求，研制开发满足市场需求的新产品。不能满足市场需求，或者虽然能够满足某一需求，但市场需求量太小的产品，均不宜研制开发。

（二） 根据企业资源和实力确定产品开发的方向

企业要根据自身的资源、设备条件和技术实力来确定产品的开发方向。有的产品，尽管市场需求相当大，但如果企业缺乏研制开发和市场开发的能力，也不能盲目跟风，必须量力而行。

（三） 要有企业的特色

产品开发贵在与众不同，新颖别致，才能形成自己的特色优势。这种特色可以表现在功能、造型上，也可以表现在其他方面，以满足不同消费者的特殊爱好，激发其购买欲望。

（四） 要有经济效益

开发新产品必须以经济效益为中心，这是企业的经济性所决定的。企业对拟开发的产品项目，必须进行技术经济分析和可行性研究，以保证产品开发的投资回收，能获得预期的利润。不能为企业创造任何利润的产品，其研制开发对企业来说没有任何经济意义。

三、新产品开发的程序

新产品的开发程序是指从寻求产品创意开始，到最后将新产品的某一创意转化为现实的新产品并成功投放市场，实现商业化的全过程，具体可以划分为产生构思、构思筛选、产品概念的形成与测试、初拟营销方案、商业分析、新产品研制、市场试销、商业化八个阶段。

(一) 产生构思

新产品构思是指为满足一种新需求而提出的富有新意、创造性的设想。一个成功的新产品，首先来自一个既有创见、又符合市场需求的构思。新产品的构思越多，则从中挑选出最合适、最有发展希望的构思的可能性也就越大。因此，这一阶段企业营销部门的主要任务是：寻找——积极地在不同环境中寻找好的产品构思；激励——积极地鼓励公司员工提出产品构思；提高——将所汇集的产品构思转送公司内部有关部门，征求改进意见，使其内容更加充实可行。企业能否搜集到丰富的新产品构思并从中捕捉开发新产品的机会，是成功开发新产品的第一步。产品构思的来源可以归纳为以下几个方面：

(1) 消费者和用户。他们的需求是新产品构思的主要来源。企业可以通过直接向用户进行问卷调查、深度访谈、接待用户来信来访、倾听用户的意见与投诉等途径，来准确把握他们的欲望和需求，从中发现新产品的构思。

(2) 经销商。他们与消费者和用户有密切的联系，消费者和用户有什么需求，首先会直接反馈给经销商。而且多数经销商同时销售多类别产品和多种竞争产品，掌握的信息比较丰富，能够提出可行的新产品设想及改进建议。

(3) 科研机构和高等院校。他们是新技术和新发明的发源地，每年都有大量的科研成果需要转化为新产品，企业加强与他们的联系，可以获得许多有创意有价值的新产品设想。

(4) 企业员工，包括企业的中高层管理人员、营销人员、产品研制开发人员以及普通员工。企业应该建立起鼓励创新的企业文化和相关的规章制度，打破年龄、地位、资历等阻碍因素，调动所有员工的积极性和创造性，使他们热爱企业、关心企业，为改进企业产品、服务和生产流程献计献策。

(5) 竞争对手。竞争对手产品的成败得失可以为企业的新产品构思提供借鉴和参考，也是新产品构思的重要来源之一。企业可以通过各种途径了解竞争对手开发投放的新产品，或购买竞争对手的现有产品进行剖析，找出不足并加以改进，有助于开发出更胜一筹的新产品。

(二) 构思筛选

对广泛搜集到的各种新产品构思，企业要根据自身的资源条件和发展目标进行筛选，摒弃那些可行性小或获利较少的构思。在筛选中，既要避免漏选掉具有潜在价值的构思，又要避免误选市场前景不佳的构思。

(三) 产品概念的形成与测试

筛选出的构思需要形成具体的准确的产品概念，即可以将已经成型的产品构思，用文字、图像、模型等加以清晰地描述，使之成为对消费者而言有意义的产品方案，有确定特性的潜在产品形象。一个产品构思能够转化为若干个产品概念。

新产品概念形成以后，还需要了解顾客的意见，进行产品概念测试。产品概念测试一般采用概念说明书的方式，说明新产品的功能、效用、特性、规格、包装、售价等，如有需要还应附上图片或模型，连同问卷提交给有代表性的消费者进行测试和评估。测试所获得的信息使企业进一步充实产品概念，以确定吸引力最强的产品概念。

(四) 初拟营销方案

通过测试选择了最佳的新产品概念之后，就要制定一个将该产品引入市场的初步市场营销方案，并应随着产品研发的逐步推进不断地对其加以完善。初拟营销方案主要包括三方面的内容：

(1) 描述目标市场的主体规模、结构，消费者的购买行为和特点；产品的市场定位以及短期(如三个月)的销售量；市场占有率以及开始几年的利润率预期等。

(2) 概述产品在第一年的预期价格、分销渠道、策略及营销预算。

(3) 概述较长时期(如三至五年)的销售额和利润目标，以及不同阶段的营销组合策略等。

(五) 商业分析

商业分析就是从经济效益方面对新产品概念进行可行性分析，进一步考察新产品概念是否符合企业的营利性目标，是否具有商业吸引力，具体包括预测销售额和推算成本利润两个步骤。

对新产品销售额的预测可参照市场上同类产品的销售发展历史，并考虑各种竞争因素、市场规模、市场潜量，分析新产品的市场地位、市场占有率，以此推测新产品可能获得的销售额。此外，还应考虑产品的再购率，即新产品是一定时期内顾客购买一次的耐用品，还是购买频率不高的产品，或是购买频率很高的产品。不同的购买频率，会使产品销售量在时间上有所区别。

预测产品一定时期内的销售量以后，就可预算该时期的产品成本和利润收益。产品成本主要包括新产品研制开发费用、市场调研费用、生产费用、销售推广费用等。根据已预测出的销售额和费用额，就可以推算出企业的利润收益以及投资回报率等。

(六) 新产品研制

新产品研制是指将通过商业分析的新产品概念送交生产部门研制出模型或样品，使产品概念转化为产品实体，同时还要进行包装的研制和品牌商标的设计，对产品进行严格的功能测试和消费者测试。前者主要测试新产品是否安全可靠、性能质量是否达到规定的标准、制造工艺是否先进合理等。后者则是请消费者进行试用，征集他们对产品的意见。在测试的基础上对样品做进一步改进，以确保具有产品概念所规定的所有特征，并达到质量标准。

产品研制是新产品开发程序中最具有实质意义的一个重要步骤。只有通过产品研制，投入资金、设备、劳动力、技术等各种资源，才能使产品概念实体化，才能发现产品概念存在的不足和问题，继续改进设计，才能证明某一新产品概念在技术上和商业上的可行性。

如果某一新产品概念因技术上不过关或成本过高等原因而被否定，则该项产品的开发过程即告终止。

(七)　市场试销

经过测试合格的样品即为正式的新产品，在大批量投放市场之前，还要选择具有代表性的小规模市场进行试销。新产品试销既能帮助企业了解市场的情况，又能检测产品包装、价格、数量、广告的效果，还能发现产品性能的不足之处，为产品正式投入市场打好基础，为企业是否大批量生产该产品提供决策依据。

新产品市场试销的主要决策涉及：

(1) 试销地点，应具有企业目标市场的基本特征，地区范围不宜过大。

(2) 试销时间。时间长短要综合考虑产品特征、平均重复购买率、竞争者状况和试销费用等因素。再购买率高的新产品，试销时间应长一些，至少应经历一至二个购买周期，因为只有重复购买才能说明消费者喜欢新产品。

(3) 试销应取得的资料。在试销过程中，企业要注意收集新产品的试用率，再购买率以及销售趋势，购买者是谁，消费者对产品的质量、品牌、包装的意见等。

(4) 试销所需要的费用开支。

(5) 试销的营销策略以及试销成功后应进一步采取的战略行动。

市场试销需要耗费较多的投资，特别是试销时间如果太长还容易让竞争对手抢占先机。并非所有的新产品都需要试销，当产品的成本很低，新产品由比较简单的产品线扩展而来或是模仿竞争者的产品而生产时，企业可以不进行或只进行少量的试销就批量上市。

(八)　商业化

新产品试销成功后，便可批量生产，正式推向市场，实现新产品的商业化。为确保新产品批量上市成功，企业要注意以下几个问题：

1. 正确选择投放时机

一般而言，季节性产品适宜于在使用季节到来之前投放市场；日用消费品适宜于在每年的销售高峰(如元旦、春节等)到来之前投放市场；替代性较强的产品应在企业被替代产品库存较少的情况下投放市场；尚需改进的新产品则应等到产品进一步完善之后再投放市场，切忌匆忙上市而造成初战失利陷入被动。

2. 正确选择投放地区

新产品不一定立即向全国市场投放，可以先集中在某一地区市场开展公关宣传和广告促销活动，以打开销路，拥有一定市场份额后，再逐渐向其他地区拓展。

3. 正确选择目标市场

目标市场的选择以试销或产品的研发以来所收集的资料为依据。最理想的目标市场应是最有潜力的消费者群体，一般具备如下特征：最早采用该新产品的带头购买者；大量购买该新产品的顾客；购买行为具有一定传播影响力的消费者等。

4. 制定有效的营销组合策略

新产品批量上市时，还要正确制定消费者愿意接受的价格，选择合适的分销渠道，实施多种多样的、行之有效的、富有创意的促销措施，以使新产品能在市场上迅速提高知名度和美誉度，扩大销路。

四、新产品开发的趋势

在现代市场竞争中，新产品开发已经成为企业的生命线。能否成功地研制开发出适销对路的新产品，直接关系到企业的生死存亡和发展壮大。纵观当今世界，新产品开发的方向有如下几种情况。

（一）多能化

多能化即要求新产品具有多种功能，做到一物多用，既可以节省消费者开支，又可以节省使用空间。例如，带有字典、信息存储、翻译、太阳能等功能的手表；既可洗手、洗澡、洗碗，还可供房间取暖之用的多功能热水器。

（二）微型化、轻型化

微型化、轻型化即要求新产品体积小、重量轻、方便携带。例如，日本在 20 世纪 70 年代以后开始的全员质量运动中，成功地实施"轻、薄、短、小"的形象设计战略，把欧美"重、厚、长、大"之类的商品打得"只有招架之功，而无还手之力"，从而使日本的汽车、家用电器、手表等产品成为国际市场的畅销品。

（三）方便化

方便化即要求新产品结构简单，方便使用、方便维修。这是为了适应现代忙碌的生活节奏，节省时间就是节约金钱。例如，方便食品、方便鞋；电器尽量采用插件板，一旦烧坏，更换插件板即可，维修方便。

（四）多样化、系列化

多样化、系列化即要求新产品有多个品种规格、多个档次、多种款式，以适应不同场合、不同爱好、不同层次消费者的需要，扩大产品的覆盖面。

（五）健美化、舒适化

健美化、舒适化即要求新产品有利于身体健康，增强美感，追求舒适。例如，各种保健食品、健身器材、护肤品、防冻防晒品的出现，就是适应这一要求的。

（六）节能化

节能化即要求新产品的使用能耗低，这对消费者、企业、社会都有益。消费者可以减少能耗开支，利于更好地安排生活；企业可以降低产品成本、降低售价，增强产品的市场竞争力；整个人类社会可以缓解能源紧缺状况，利于可持续发展。

（七）绿色化、环保化

绿色化、环保化即要求新产品是绿色产品，也就是无公害、低污染、符合环保要求的产品。保护环境，控制、减低甚至消除环境污染，是企业应该担负的社会责任。世界各国的企业都在积极地开发绿色产品，抢占绿色市场。绿色食品、绿色纸尿片、环保汽车、环保电池等，绿色营销方兴未艾。

(八)　休闲化

在当今工作紧张、压力倍增的情况下，空余时间追求休闲生活成为人们的选择。例如，旅游市场随着人们的收入增加，旅游者的观念发生了巨大变化，逐步从观光型向休闲度假型转变。他们享受大自然风光的同时，追求逍遥自在，讲究随心惬意。于是，近来"自助游""自驾车游"成为热点。

子任务五　分析包装策略

案例分析

买 椟 还 珠

成语"买椟还珠"是说：楚国有人到郑国卖珠宝，用上好的木料做了一只盒子，还给盒子熏上桂椒的芳香，缀上珠玉、翡翠，画上鲜艳的玫瑰。结果有人出高价买了盒子，而将盒子里珍珠还给了卖珠宝的人。人们常用"买椟还珠"这个成语比喻那些舍本逐末、取舍失当的人。

思考：请运用市场营销学原理，谈谈你的看法。

知识链接

一、包装的概念和作用

正如俗语所说："佛要金装，人要衣装。"商品也需要包装，再好的商品，也可能因为包装不适而卖不出好价钱。据有关统计，产品竞争力的30%来自包装。而随着人们生活水平的提高，对精神享受的要求也日益增长，在激烈的市场竞争中，包装对于顾客选择商品的影响越来越明显。包装是商品的"无声推销员"，其作用除了保护商品之外，还有助于商品的美化和宣传，激发消费者的购买欲望，增强商品在市场上的竞争力。

(一)　包装的概念

产品包装有两层含义：一是指产品的容器和外部包扎，即包装器材；二是指采用不同形式的容器或物品对产品进行包装的操作过程，即包装方法。在实际工作中，二者往往难以分开，故统称为产品包装。

(二)　包装的作用

产品的包装最初是为了在运输、销售和使用过程中保护商品，随着市场经济的发展，在现代市场营销中产品的包装作为产品整体的一部分，对产品陈列展示和销售日益重要，甚至许多营销人员把包装(Package)称为 4P's 后的第 5 个 P。

一般来说，包装具有以下作用：

1. 保护商品

包装需保证商品的内在质量和外部形状，使其从生产过程结束到转移至消费者手中，甚至被消费之前的整个过程中，商品不致损坏、散失和变质。包装是直接影响商品完整性的重要手段。特别是那些易腐、易碎、易燃、易蒸发的商品，如果有完善的包装，就能很好地保护其使用价值。由于过去我国的企业对包装不够重视，包装技术落后，由此每年造成的损失数以百亿计，令人触目惊心。根据中国包装技术协会的统计，我国每年因包装不善所造成的经济损失在 150 亿元以上，其中 70% 是由运输包装造成的。例如，水泥的破包率为 15%～20%，每年损失 300 万吨；玻璃的破损率平均为 20%，每年损失高达 4.5 亿元。另据外贸部门的统计，由于出口商品包装落后，每年使国家至少减少 10% 的外汇收入。

2. 便于储运

商品的包装要便于商品的储存、运输、装卸。例如，液体、气体、危险品，如果没有合适的包装，商品储运就无法进行。包装还要便于消费者对商品的携带。

3. 促进销售

包装可谓是商品"无声的推销员"。通过包装，可以介绍商品的特性和使用方法，便于消费者识别，能够起到指导消费的作用。通过美观大方、漂亮得体的包装，还可以极大地改善商品的外观形象，吸引消费者购买。世界上最大的化学公司杜邦公司的营销人员经过周密的市场调查后，发明了著名的杜邦定律，即 63% 的消费者是根据商品的包装和装潢而进行购买决策的；到超级市场购物的家庭主妇，由于精美包装和装潢的吸引，所购物品通常超过她们出门时打算购买数量的 45%。由此可以看出，包装是商品的"脸面"和"衣着"，作为商品的"第一印象"进入消费者的视野，影响着消费者购买与否的心理决策。

4. 增加利润

商品的包装是整体商品的一个重要组成部分。高档商品必须配以高档次的包装，精美的包装不仅能美化商品，还可以提高商品的身价。同时，由于包装降低了商品的损耗，提高了储存运输装卸的效率，从而增加了企业利润。我国许多传统的出口产品因包装问题给人以低档廉价的感觉，形成"一流产品、二流包装、三流促销、四流价格"的尴尬局面。精明的外商往往将产品买走后，只需换上精致的包装，就能使商品显得高档雅致、身价陡增、销路大开，赚取一大笔钱。

二、包装设计的原则

(一)　执行国家的法律、法规

申请专利的包装设计，是作为知识产权受法律保护的。企业好的包装应尽早申请专利，避免被侵权。

包装作为"无声的推销员"，有介绍商品的义务。我国保护消费者权益的法律法规规定一些商品的包装上必须注明商品名称、成分、用法、用量以及生产企业的名称、地址等；

对食品、化妆品等与群众身体健康密切相关的产品，必须注明生产日期和保质期等。

(二) 美观大方，突出特色

商品包装在保证安全功能和适于储运、便于携带和使用外，还应该具有美感。美观大方的包装能够给人以美的感受，有艺术感染力，从而成为激发消费者购买欲望的主要诱因。因此，商品包装设计要体现艺术性和产品个性，有助于实现产品差异化，满足消费者的某种心理要求。上个世纪初鲁德先生以其女友的裙子造型为依据设计出的可口可乐玻璃瓶，就是神来之笔。

(三) 保护生态环境

随着消费者环保意识的增强，在包装的材料运用以及包装设计上要注意保护生态环境。努力减轻消费者的负担，节约社会资源，禁止使用有害包装材料，实施绿色包装战略。

(四) 心理、文化适应原则

销往不同地区的商品，要注意使包装与当地的文化相适应。尤其在国际市场营销中要特别注意，切忌出现有损消费者宗教情感、容易引起消费者反感的颜色、图案和文字。消费者对商品包装的不同偏好，直接影响其购买行为，久而久之还会形成习惯性的购买心理。因此在商品包装的造型、体积、重量、色彩、图案等方面，应力求与消费者的个性心理相吻合，以取得包装与商品在情调上的协调，并使消费者在某种意象上去认识商品的特质。

例如，女性用品包装要柔和雅洁、精巧别致，突出艺术性和流行性；男性用品包装则要刚劲粗犷、豪放潇洒，突出实用性和科学性；儿童用品包装要形象生动、色彩艳丽，突出趣味性和知识性，以诱发儿童的好奇心和求知欲；青年包装要美观大方、新颖别致，突出流行性和新颖性，以满足青年人的求新心理和求异心理；老年用品包装则要朴实庄重、安全方便，突出实用性和传统性，尽量满足老年人的求实心理和习惯心理。

(五) 包装与产品本身相适宜

包装要力求经济适用，不同档次的商品配以不同的包装。要做到表里如一，既要防止"金玉其中，败絮其外"，更应防止"金玉其外，败絮其中"，避免过度包装。

三、包装策略类型

商品包装在市场营销中是一个强有力的竞争武器，良好的包装只有同科学的包装决策结合起来才能发挥其应有的作用，因此企业必须选择适当的包装策略。可供企业选择的包装策略有以下几种。

(一) 类似包装策略

类似包装策略是指企业所生产经营的各种产品在包装上采用相同的图案、色彩或其他共有特征，从而使整个包装外形相类似，使公众容易认识到这是同一家企业生产的产品。

这种策略的主要优点是：便于宣传和塑造企业产品形象，节省包装设计成本和促销费用。能增强企业声势，提高企业声誉。一系列格调统一的商品包装势必会使消费者受到反复的视觉冲击而形成深刻的印象，有利于推出新产品。通过类似包装可以利用企业已有声誉，使新产品能够迅速在市场上占有一席之地，即借助已成功的产品带动其他产品。

类似包装适用于质量水平档次类同的商品，不适于质量等级相差悬殊的商品，否则，会对高档优质产品产生不利影响，并危及企业声誉。其弊端还在于，如果某一个或几个商品出了问题，会对其他商品带来不利的影响，可谓"城门失火，殃及池鱼"。

（二）　分类包装策略

分类包装策略是指企业依据产品的不同档次、用途、营销对象等采用不同的包装。比如把高档、中档、低档产品区别开来，对高档商品配以名贵精致的包装，使包装与其商品的品质相适应；对儿童使用的商品可配以色彩和卡通形象等来增强吸引力。

（三）　综合包装策略

综合包装又称多种包装、配套包装，是指企业把相互关联的多种商品，置入同一个包装容器之内，一起出售。比如工具配套箱、家庭用各式药箱、百宝箱、化妆盒等。但要注意，在同一个包装物内必须是关联商品，如牙膏和牙刷组合包装、一组化妆品组合包装等。

这种策略为消费者购买、携带、使用和保管提供了方便，有利于企业带动多种产品的销售，尤其有利于新产品的推销。

（四）　再利用包装策略

再利用包装又称多用途包装，是指在包装容器内的商品使用完毕后，其包装并未作废，还可继续利用，可用于购买原来的产品，也可用作其他用途。比如啤酒瓶可再利用，饼干盒、糖果盒可用来装文具杂物，药瓶作水杯用，塑料袋作手提包用等。

这种策略增加了包装物的用途，刺激了消费者的消费欲望，扩大了商品销售，同时带有企业标志的包装物在被使用过程中可起到广告载体的作用。

这种商品的包装不仅与商品的身价相适应，有的还可作为艺术品收藏。

（五）　附赠品包装策略

附赠品包装策略是目前国际市场上比较流行的包装策略，在我国市场上现在运用也很广泛。这种策略是指企业在某商品的包装容器中附加一些赠品，以吸引购买的兴趣，诱发重复购买。比如儿童食品的包装中附赠玩具、连环画、卡通图片等，化妆品包装中附有美容赠券等。有些商品包装内附有奖券，中奖后可获得奖品；如果是用累积获奖的方式效果更明显。

案例分析

康师傅方便面的包装策略

康师傅方便面内曾经附有小虎队旋风卡，每包方便面中都放有一张不同的旋风卡，如宝贝虎、机灵虎、冲天虎、旋风虎、勇士虎、霹雳虎等卡，让很多孩子们都爱不释手。他们渴望拥有整套旋风卡，只得经常购买附有这种卡片的方便面。一时间，鸡汁味、咖喱味、麻辣味、牛排味、海鲜味等味道各异的康师傅方便面，随着各种五彩缤纷的旋风卡走进了千家万户。

思考：康师傅方便面采取的是哪种包装策略？采取这种策略有什么好处？

（六）　更新包装策略

更新包装策略是指企业为克服现有包装的缺点，适应市场需求，而采用新的包装材料、包装技术、包装形式的策略。

在现代市场营销中，商品的改进也包括商品包装的改进，这对商品的销售起着重要作用。有的商品与同类商品的内在质量近似，但销路却不畅，可能就是因为包装设计不受欢迎，此时应考虑变换包装。

推出富有新意的包装，可能会创造出优良的销售业绩，如把饮料的瓶装改为易拉罐装，把普通纸的包装改为锡纸包装，采用真空包装等。

（七）　容量不同的包装策略

容量不同的包装策略是指根据商品的性质、消费者的使用习惯，设计不同形式、不同重量、不同体积的包装，使商品的包装能够适应消费者的习惯，给消费者带来方便，刺激消费者的购买。比如以前四川人在销售其"拳头"产品——榨菜时，一开始是用大坛子、大篓子将其商品卖给上海人；精明的上海人将榨菜倒装在小坛子后，出口日本；在销路不好的情况下，日本商人又将从上海进口的榨菜原封不动地卖给了香港商人；而爱动脑子、富于创新精神的香港商人，以块、片、丝的形式分成真空小袋包装后，再返销日本。从榨菜的"旅行"过程中，各方商人都赚了钱，但是靠包装赚"大钱"的还是香港商人。而今四川榨菜的包装已今非昔比，大有改观，极大地刺激了市场需求，企业的利润也大幅度增长。

子任务六　分析品牌策略

案例分析

农夫山泉的品牌策略

"农夫山泉有点甜""我们不生产水，我们只是大自然的搬运工"，一直以来，人们对于农夫山泉最深的印象莫过于这些广告语。

1998年，农夫山泉在央视播出第一条广告，看似重点突出表现"甜"，实则是想展示其优质水源，让观众记住了农夫山泉的同时，还让"甜"成了自己的标签。

"我们不生产水，我们只是大自然的搬运工"。2008年，农夫山泉抓住人们注重健康的生活理念，将会天然水的健康理念进一步深化，并在最近几年一直坚持这一健康理念。

"每一滴水都有它的源头""什么样的水源孕育什么样的生命"这两句广告语是最近几年农夫山广告，广告语刻意描述优质的水源，并用视频短片的形式将好山好水好环境表现得淋漓尽致。

　　2018 年，故宫文化在中国大火，农夫山泉联名故宫推出"故宫瓶"，将清朝康雍乾三代帝王以及嫔妃印在瓶身上，配合人物历史背景的文案，农夫山泉将瓶身广告玩出了新高度。

　　对于农夫山泉而言，通过一系列富有创意的营销手段，不仅吸引了自己的目标用户，还获得了人们对于品牌的美誉，最终实现销量的转化，巩固了其国内瓶装水市场的地位。

　　思考：什么是品牌？农夫山泉是如何打响品牌的？

知识链接

　　如果把品牌当作一棵果树，产品就是树上的果子。当你摘下一颗果子，尝过之后，发现它是甜的，那你会认为这棵树上的其他果子也是甜的。从品牌的角度来看，当用户购买了某个品牌的产品，使用之后，发现效果特别好，那么，也自然而然地认为这个品牌的其他产品也不会差，这就是果树理论。

一、品牌的概念

　　品牌是一种名称、术语、标记、符号或是它们的组合运用，用以识别某个销售者或某群销售者的产品或服务，并使之同竞争对手的产品和服务区别开来。它包括品牌名称和品牌标志两部分。

　　【思考】名牌是否等于品牌？

二、品牌的含义

　　品牌最持久的含义和实质是其价值、文化和个性；品牌是企业长期努力经营的结果，是企业的无形载体。为了深刻揭示品牌的含义，还需要从以下六个方面透视，如图 3-4 所示。

（1）属性：品牌代表着特定商品的属性，这是品牌最基本的含义。

（2）利益：品牌不仅代表着一系列属性，而且还体现着某种特定的利益。

（3）价值：品牌体现了生产者的某些价值感。

（4）文化：品牌还附着特定的文化。

（5）个性：品牌也反映一定的个性。

（6）群体：品牌暗示了购买或使用产品的消费者类型。

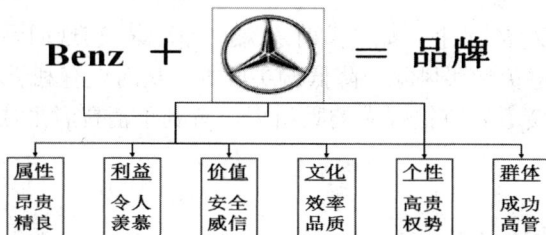

| Benz ＋ (logo) ＝ 品牌 |
| 属性
昂贵
精良 | 利益
令人
羡慕 | 价值
安全
威信 | 文化
效率
品质 | 个性
高贵
权势 | 群体
成功
高管 |

图 3-4　品牌的含义的六个方面

　　【思考】品牌与商标是什么关系？

三、品牌的作用

(一) 品牌对营销者的作用

(1) 有利于促进产品销售，树立企业形象。

品牌一旦形成一定知名度和美誉度，企业就可利用品牌优势扩大市场，促成消费者的品牌忠诚。品牌忠诚使销售者在竞争中得到某些保护，并使他们在制定营销计划时有较强的控制能力。

(2) 有利于保护品牌所有者的合法权益。

新产品退出市场，如果畅销，很容易为竞争者模仿。但品牌是企业特有的一种资产，可通过注册得到法律保护，品牌忠诚是竞争者通过模仿无法达到的。当市场趋向成熟、市场份额相对稳定时，品牌忠诚是抵御同行竞争者的最有力的武器。品牌忠诚也为其他企业的进入构筑了壁垒。所以，品牌也是企业保持竞争优势的一种强有力的工具。

(3) 有利于稳定产品价格，减少价格弹性，增强对动态市场的适应性，减少未来的经营风向。

由于品牌具有排他性，在激烈的市场竞争中，知名品牌以其信誉度和美誉度，使消费者乐意为此付出代价，企业能够避免卷入恶性价格竞争，进而保持相对稳定的销售量。品牌的不可替代性，又是产品差异化的重要因素，可以减少价格对需求的影响程度。

(4) 有利于新产品的开发，扩大产品组合。

一个新产品进入市场，风险是相当大的，投入成本也相当大。但是企业可以成功地进行品牌延伸，借助已经成功或成名的品牌，扩大企业的产品组合或延伸产品线，采用现有的知名品牌，利用其知名度和美誉度推出新产品。

(5) 有利于企业实施市场细分，进而进行市场定位。

品牌有自己的独特风格，除了有助于销售，还有利于企业细分市场。企业可在不同细分市场推出不同品牌，以适应消费者的个性差异，更好地满足消费者。

(二) 品牌对消费者的作用

品牌对消费者的作用有以下几个方面：

(1) 有利于消费者辨认、识别及选购商品。

(2) 有利于维护消费者利益。借助品牌，消费者可得到相应的便利服务，如更换零件、维修等。

(3) 有利于消费者权益的保护，如选购时避免上当受骗，出现问题时便于索赔和更换等。

(4) 有助于消费者避免购买风险，降低购买成本，从而更有利于消费者选购商品。

(5) 好的品牌对消费者具有很强大的吸引力，有利于消费者形成品牌偏好，满足消费者的精神需求。

四、品牌的命名与设计

一个好的品牌名称，是品牌被消费者认知、接收、满意乃至忠诚的前提。品牌名称在很大程度上影响品牌联想，并对产品销售产生直接影响，因而是品牌的核心要素。

例如，百度命名的由来。"众里寻他千百度，蓦然回首，那人却在灯火阑珊处。"百度 LOGO 中间的图形是个"熊掌"，是印迹。其寓意来自《圣经》中的"凡走过必留下痕迹"一说。

（一）品牌命名原则

1. 易读易记，识别性强

品牌命名应当文字简洁而富有寓意，语音响亮又易于上口，且只有一种发音方法，如"三菱""奔驰""大宝""百灵"和"星海"等。

2. 新颖独特，显著性强

品牌命名应当个性鲜明，不落俗套，富有创意与时代感，与其他品牌有显著的差异，如"喜之郎""自由鸟"等。

3. 内涵丰富，象征性强

品牌命名应当包含与产品或企业相关的寓意，可引发消费者积极的联想，进而产生对品牌的认知或偏好。例如，由"孔府家酒"联想到悠久的历史，灿烂的齐鲁文化；由"红豆"联想到爱情、亲情、乡情等。

4. 暗示产品属性，传达商品信息

品牌命名应能显示有关产品的优点，包括用途、特性与品质，如"美加净""黑又亮""捷达"和"999胃泰"等。

5. 与企业视觉形象战略配套，加强视觉冲击力

品牌名称与品牌标志相得益彰、相映生辉，突出整体效果，进而与企业视觉形象设计相一致，能以优美、统一的视觉形象给社会、公众留下深刻、亲切的印象，如"华为""麦当劳""太阳神"和"西门子"等。

6. 适应市场环境，"避忌求吉"

不同的国家或地区，消费者因民族文化、宗教信仰、风俗习惯、语言文字等的差异，可能对同一品牌名称、品牌标志的认知和联想截然不同。因此，品牌命名要适应目标市场的文化价值观念，避免触犯地域民族文化禁忌，使消费者产生不利的联想。例如："金利来""好利来"等寓意吉祥如意，兴盛发财；而在英国应避免"仙鹤"(丑陋)，在日本应避讳"四"(死)等。

（二）品牌命名方法

1. 地域法

地域法指把企业产品品牌与地名联系起来，使消费者从对地域的信任，进而产生对产品的信任，如青岛啤酒、德州扒鸡等。

2. 时空法

时空法是将与产品相关的历史渊源作为产品品牌命名的要素，使消费者对该产品产生正宗的认同感，如国窖1573等。

3. 目标法

目标法是将品牌与目标客户联系起来，进而使目标客户产生认同感，如好孩子童车、太太乐鸡精等。

4. 人名法

人名法是将名人、明星或企业首创人的名字作为产品品牌，充分利用人名含有的价值，促进消费者认同产品，如李宁、乔丹等。

5. 中外法

中外法就是运用中文和字母或两者结合来为品牌命名，使消费者对产品增加"洋"感受，进而促进产品销售，如家乐福等。

6. 数字法

数字法就是用数字来为品牌命名，借用人们对数字的联想效应，促进品牌的特色，如361°运动服饰，999感冒灵等。

7. 功效法

功效法就是用产品功效为品牌命名，使消费者能够通过品牌对产品功效产生认同，如飘柔、立白等。

8. 价值法

价值法就是把企业追求的凝练语言，来为品牌命名，使消费者看到产品品牌，就能感受到企业的价值观念，如同仁堂等。

9. 形象法

形象法就是运用动物、植物和自然景观来为品牌命名，如三只松鼠等。

根据《中华人民共和国商标法》：品牌设计不能与我国的国家名称、国旗、国徽、军旗、勋章相同或者近似，也不能同中央国家机关所在地特定地点的名称或者标志性建筑物的名称、图形相同。

四、品牌策略

（一）品牌的归属决策

品牌归属决策是指企业决策层在品牌规划时，选择制造商品牌还是经销商品牌以及进行品牌过渡的经营决策。它是品牌管理最主要的策略之一，是最早的品牌管理行为。企业在确定使用品牌之后，有三种可供选择的策略：一是可以决定使用自己的品牌，这种品牌叫企业品牌、制造商品牌，如海尔、美的、联想、苹果等；二是可以决定将其产品大批量地卖给中间商，中间商再用自己的品牌将物品转卖出去，这种品牌叫中间商品牌、自有品牌，如大润发、苏宁、国美等；三是可以决定有些产品用自己的品牌，有些产品用中间商的品牌，这种叫混合品牌。

（二）品牌统分决策

1. 个别品牌策略

个别品牌策略是指企业对不同产品分别使用不同的品牌名称。例如，宝洁公司在每一种产品上都有其企业品牌"PQG"，同时各类产品又有小品牌"飘柔""碧浪"等。其公司的洗衣粉使用了"汰渍""碧浪"；肥皂使用了"舒肤佳"；牙膏使用了"佳洁士"。

2. 统一品牌策略

统一品牌策略也称家族品牌，即企业的所有产品都使用同一品牌。对于那些享有较高声誉的著名企业，所有品牌都采取同一品牌可以充分利用名牌效益，使企业所有的产品都可以充分利用其名牌效益，使企业所有的产品都有一定的市场优势。例如，欧洲最大的银行瑞士银行集团，在全球实行统一品牌的策略，它收购的企业全部划归为单一的 UBS 品牌名下。

（三）品牌开发决策

品牌开发指品牌扩展，亦称品牌延伸，是指企业利用已具有市场影响力的成功品牌来推出改良产品或新产品。例如，阿玛尼已经包括从服装、配饰、化妆品、香水、家居系列及针对商务人士的钢笔系列等。

任务实施

（1）以学习小组为单位自选一个实习过的或者熟悉的企业，对该企业的产品策略进行分析，包括该企业的产品组合、产品生命周期所处阶段、新产品开发策略、包装策略及品牌策略；

（2）根据分析结果给出相应的建议。

【课后自测】

一、单项选择题

1. 在产品整体概念中最基本、最主要的部分是（　　）。
A. 核心产品　　　　　B. 包装　　　　　C. 有形产品　　　　　D. 附加产品

2. 产品组合的宽度是指产品组合中所拥有的（　　）的数目。
A. 产品项目　　　　　B. 产品线　　　　　C. 产品种类　　　　　D. 产品品牌

3. 产品组合的长度是指（　　）的总数。
A. 产品项目　　　　　B. 产品品种　　　　　C. 产品规格　　　　　D. 产品品牌

4. 产品生命周期是由（　　）的生命周期决定的。
A. 企业与市场　　　　B. 需要与技术　　　C. 质量与价格　　　　D. 促销与服务

5. 处于（　　）的产品，可采用无差异性的目标市场营销策略。
A. 成长期　　　　　　B. 衰退期　　　　　C. 导入期　　　　　　D. 成熟期

6. 成长期营销人员的促销策略主要目标是在消费者心目中建立（　　），争取新的顾客。
A. 产品外观　　　　　B. 产品质量　　　　C. 产品信誉　　　　　D. 品牌偏好

7. 产品销售量达到顶峰并开始下降，利润稳中有降，是产品生命周期（　　）阶段的特征。
A. 导入期　　　　　　B. 成长期　　　　　C. 成熟期　　　　　　D. 衰退期

8. 以下策略中不适合产品生命周期中衰退期的是（　　）。
A. 缩小企业生产规模，只维持适当的生产

B. 降低生产成本，提高产品质量

C. 技术开发新产品，淘汰老产品

D. 改进产品及服务质量，创立品牌地位

9. 对老产品的性能、结构功能加以改进，使其与老产品有较显著差别，属于(　　)。

A. 全新产品　　　　　B. 换代产品　　　　　C. 改进产品　　　　　D. 仿制产品

10. 所谓产品线双向延伸，就是原定位于中档产品市场的企业掌握了市场优势后，向产品线的(　　)两个方向延伸。

A. 前后　　　　　B. 左右　　　　　C. 东西　　　　　D. 上下

二、多项选择题

1. 对于产品生命周期衰退阶段的产品，可供选择的营销策略是(　　)。

A. 集中策略　　　　　B. 转移策略　　　　　C. 维持策略　　　　　D. 竞争策略

2. 企业针对成熟期的产品所采取的市场营销策略，具体包括的途径是(　　)。

A. 市场改进策略　　　B. 产品改进策略　　　C. 营销组合改进策略　　D. 维持策略

3. 企业往往不只经营一种产品，由此形成了产品组合，界定产品组合的主要特征就是(　　)。

A. 宽度　　　　　B. 长度　　　　　C. 高度　　　　　D. 深度

4. 快速渗透策略，即企业以(　　)推出新品。

A. 高品质　　　　　B. 高促销　　　　　C. 低促销　　　　　D. 低价格

5. 产品组合策略一般有以下(　　)几种策略可供选择。

A. 文化定位策略　　　B. 产品利益定位　　　C. 首席定位策略　　　D. 比附策略

三、判断题

1. 整体产品包含三个层次，其中最基本的层次是形式产品。(　　)

2. 消费者在购买商品时只能从实体产品中得到利益。(　　)

3. 运用产品包装来保护产品，便于储运是现代营销的重要手段。(　　)

4. 只讲产品组合深度，不讲产品组合宽度的商店是烟杂店。(　　)

5. 上海大众生产了桑塔纳后，又推出了帕萨特，这是向上延伸策略。(　　)

6. 产品生命周期就是产品使用寿命周期。(　　)

7. 在产品投入期，采用"快速掠夺"策略是为了薄利多销，便于企业长期占领市场。(　　)

8. 在产品生命成熟期，企业应该采用产品改良、市场改良和营销组合改良的策略。(　　)

9. 第一台上市的彩电是全新产品。(　　)

10. 新产品开发的关键是市场调查。(　　)

四、简答题

1. 产品整体概念的五个层次是什么？

2. 何谓产品组合？

3. 产品生命周期各阶段的特征及营销策略有哪些？

任务二　制定定价策略

任务描述

以学习小组为单位自选一个实习过的或者熟悉的企业，在学习相关内容的基础上，对该企业的定价策略进行分析，包括该企业的定价目标分析、定价方法分析和定价策略分析，并根据分析结果给出相应的建议。

学习目标

(1) 理解定价的影响因素；

(2) 掌握定价的方法，包括成本导向定价法、需求导向定价法和竞争导向定价法；

(3) 掌握定价的策略，包括新产品定价策略、差别定价策略、心理定价策略、折扣定价策略、地区定价策略、分档定价策略等；

(4) 能综合运用价格变动反应及价格调整，掌握企业提价或降价的对策；

(5) 能够辨析企业定价的目标，能够分析影响企业定价的因素，能够为企业制定定价程序，能为企业产品定价选择合理的方法，能够根据实际情况制定合理的产品定价策略；

(6) 培养学生理性消费的意识。

案例分析

蜜雪冰城的定价策略

说起蜜雪冰城大家的印象大都是便宜、好吃、颜色亮丽、随处可见。蜜雪冰城最初靠刨冰起家，通过售卖刨冰，冰激凌衍生品，蜜雪冰城有了最初的雏形。仔细分析蜜雪冰城的成功过程不难看出其成功原因有以下两点。

一是坚持低价策略，不断研制爆款。蜜雪冰城在初秀冰激凌大获全胜之后，选择乘胜追击，继续研发核心产品。蜜雪冰城奶茶产品价钱没有更低，只有最低，这在其他奶茶店不可想象。高性价比是蜜雪冰城的成功因素之一。

二是定位下沉市场，目标群体清晰。蜜雪冰城先对市场进行定位、细分，选择目标群体。蜜雪冰城定位下沉市场低消费，针对消费欲望高，消费能力低的人群，学生党、刚步入社会的年轻人都是蜜雪冰城的消费群体。其门店大都分布在三、四线及以下城市，基本承包了低消费人群。下沉市场的消费者的显著特点是更加关注价格变化，是需求弹性较高人群，对价格极其敏感。在同等口感下，蜜雪冰城无疑更具有价格吸引，既相较于其他品牌性价比更高，又能给消费者带来更多的满足感，满意度也更高。

思考：蜜雪冰城的定价策略的成功之处是什么？

子任务一　分析影响定价的因素

案例分析

沃尔玛的定价策略

沃尔玛坚信"顾客第一"是其成功的精髓。沃尔玛的营业场所总是醒目地写着其经营信条："第一条，顾客永远是对的；第二条，如有疑问请参照第一条。"

沃尔玛成功的另一个重要原因，就是推行了"低价销售，保证满意"的经营理念。走进沃尔玛的大门，映入眼帘的首先是"天天平价，始终如一"的标语，就连沃尔玛的购物袋上印的也是这句话。

思考：结合案例分析，商品定价受什么因素影响？

知识链接

产品价值是价格形成的基础，价格是产品价值的货币表现。从理论上来讲，产品价值和货币价值会影响产品价格的变动，但从市场营销组合的角度来分析影响定价的因素时，短期内我们可以将产品价值和货币价值视为不变，这时，影响产品定价的因素主要包括定价目标、产品成本、市场需求、市场竞争状况(包括竞争者的产品和价格等)等，如图 3-5 所示。

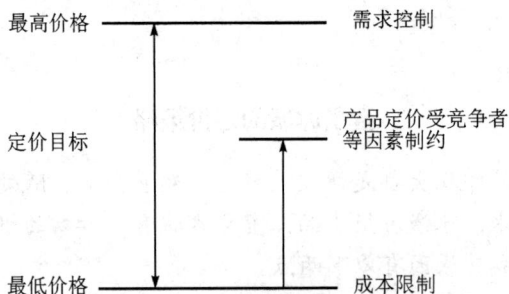

图 3-5　产品定价与影响因素的关系

一、定价目标

定价目标是指企业通过制定及实施价格策略所希望达到的目的。任何企业制定价格，都必须按照企业的目标市场战略及市场定位战略的要求来进行，定价目标必须在整体营销战略目标的指导下被确定，而不能相互冲突。由于定价应考虑的因素较多，定价目标也多种多样，不同企业可能有不同的定价目标，同一企业在不同时期也可能有不同的定价目标，企业应当权衡各个目标的依据及利弊，谨慎加以选择。

（一）　维持生存

以维持生存为定价目标是指企业以收入能弥补其经营成本,保证正常生产经营为目的来制定价格,又称经营目标。这种定价目标是通过放弃企业的利润来保证企业的持续经营。当企业产能过剩或面临激烈竞争时,如何生存往往成为经营者首先考虑的问题。为确保企业继续经营和销售存货,企业经营者常常制定较低的价格,并希望通过产品需求弹性来获得销量和利润。许多企业管理者还通过大规模的价格折扣来保持销售的畅通,只要产品的边际贡献大于零,企业的生存便得以维持。一般来说,只有社会产品大量过剩、竞争过于激烈等一些特殊情况下,企业才会选择这一定价目标。经营目标还常常被大多数非营利性组织采用,他们在提供服务及产品时所收取的费用往往只要能维持组织的正常运转就可以了。

（二）　短期利润最大化

有些企业希望制定能使当期利润最大化的价格,管理者通过估计需求和成本,并据此选择一种价格,使之能产生最大的当期利润、现金流量或投资收益率。特别是企业的产品在市场上有较强的竞争力时,企业总是希望制定一个能使当期利润最大化的价格,如不少企业在新产品上市时采取"撇脂"定价就是遵循这一定价目标。应当注意的是,追求最大利润并不必然导致高价,根据产品需求弹性的不同,对需求富有弹性的产品适当降低价格反而会增加产品的销售量,从而引起收入和利润的增加。

（三）　市场份额领先

这种定价目标是指企业希望获得某种水平的销售量或市场占有率而确定的。市场占有率的大小体现出一个企业经营实力和竞争能力的高低,许多企业将扩大市场占有率、提高竞争能力作为企业的长远目标之一。产品低价格是实现市场占有率最大化这一目标的重要手段,因为低价格容易吸引顾客购买,而大量购买产生的规模经济效应可能导致生产产品的单位成本降低,这使得企业在制定低价格的同时扩大了市场份额又不会过多地缩减预期利润。但是要实现这一目标必须具备以下条件:一是产品的需求价格弹性较高,产品低价能刺激消费者的需求迅速增长;二是该产业具有较强的规模经济效应,生产与分销的单位成本会随着生产规模的扩大和生产经验的积累而下降。

（四）　产品质量领先

如果企业主要考虑创造良好的营销形象和产品形象,或者市场上存在数量较多的关心产品质量胜于关心产品价格的顾客,可以考虑采用质量领先的目标,并在生产和市场营销过程中始终贯彻产品质量最优化的指导思想。这就要求用高价格来弥补产品高质量和研究开发的高成本。例如,美国惠而浦开发了具有洗衣和干衣"双功能"的滚筒式洗衣机。这套洗衣机加干衣机的定价为2300美元,几乎是同类产品价格的4倍,这得益于惠而浦绝佳的表现和超高的效率。它洗涤容量大,用水量和用电量相比其他洗衣机更节省。同时它可以洗涤所有种类的衣服,从丝绸到羽绒被无所不能。"双功能"也为顾客提供精神上的收益,顾客们有更多的时间和自由去做其他的事。

二、 产品成本

产品成本是商品价格构成中最基本、最重要的因素，也是商品价格的最低经济界限。在一般情况下，产品的成本高，其价格也高，反之亦然。产品的成本因素主要包括生产成本、销售成本、储运成本和机会成本。

(一) 生产成本

生产成本是企业生产过程中所支出的全部生产费用，是从已经消耗的生产资料的价值和生产者所耗费的劳动的价值转化而来。当企业具有适当的规模时，产品的成本最低。但不同的商品，在不同的条件下，各有自己理想的批量限度，其生产超过了这个规模和限度，成本反而要增加。

(二) 销售成本

销售成本是商品流通领域中的广告、推销费用。在计划经济体制下，销售成本在商品成本中所占比重很小，因而对商品价格的影响也微乎其微。但在市场经济体制下，广告、推销等是商品实现其价值的重要手段，用于广告、推销的费用在商品成本中所占的比重也日益增加。因此，在确定商品的营销价格时必须考虑销售成本这一因素。

(三) 储运成本

储运成本是商品从生产者手中到达消费者的过程中所必需的运输和储存费用。商品畅销时，储运成本较少，商品滞销时，储运成本增加。

(四) 机会成本

机会成本是企业从事某一项经营活动而放弃另一项经营活动的机会，另一项经营活动所应取得的收益。但是，商品的成本不是个别企业的商品成本，而是所有生产同一产品的生产部门的平均生产成本。在通常情况下，机会成本对个别企业的商品成本影响比较大，对平均生产成本的影响比较小，因而对商品价格的影响也很小。

三、市场需求

市场需求对企业产品的定价有着重要的影响，不同企业生产的不同产品在投放市场时，面临的一个共同问题是需要关注价格对消费者需求的影响。经济学原理告诉我们，如果其他因素保持不变，消费者对某一商品需求量的变化与这一商品价格变化的方向相反，如果商品的价格下跌，需求量就上升，而商品的价格上涨时，需求量就相应下降。

需求价格弹性反映需求量对价格的敏感程度，以需求变动的百分比与价格变动的百分比之比值来计算，价格变动百分之一会使需求变动百分之几。

例：某产品以 20 元/件销售，月销量为 5000 件；以 25 元/件销售，月销量为 4500 件，计算该产品需求的价格弹性系数。

公式：

$$|E| = \frac{需求变动百分比}{价格变动百分比} = \frac{\dfrac{需求变量}{原需求量} \times 100\%}{\dfrac{价格变量}{原价格} \times 100\%}$$

$$E = \frac{\dfrac{4500-5000}{5000} \times 100\%}{\dfrac{25-20}{20} \times 100\%} = -0.4$$

计算结果的判断 $\begin{cases} |E|>1 : 富有弹性的需要 \\ |E|<1 : 缺乏弹性的需要 \end{cases}$

根据产品需求的价格弹性系数判断该产品是需求缺乏弹性还是需求富有弹性，不同的需求价格弹性对定价策略有不同的影响，如图3-6所示。

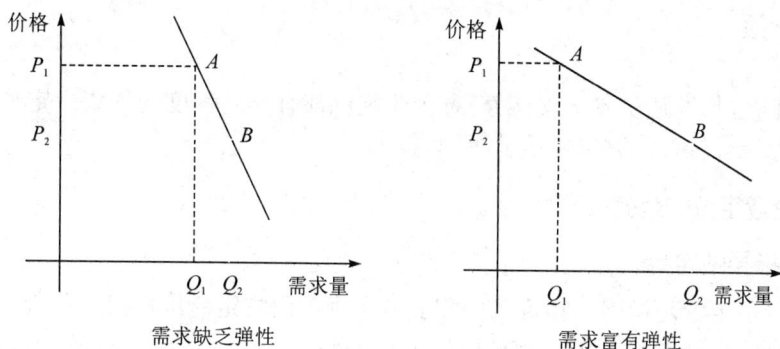

图 3-6　需求价格弹性对定价策略的影响

(1) 缺乏弹性的商品，适宜于稳定价格或适当提价。其具备条件是：市场上没有竞争者；购买者对较高价格不在意；购买者改变习惯比较慢；购买者认为价格高是有原因的，如通货膨胀等。粮食、食盐、煤气等生活必需品都属于此类。

(2) 富有弹性的商品，适宜于适当降价，以扩大销量。大部分耐用消费品，如服装、家电等都属于此类。

四、市场竞争状况

一般说来，竞争越激烈，对价格的影响也越大。按照竞争的程度，市场竞争可以分为完全竞争、完全垄断和不完全竞争三种状况。

（一）完全竞争对价格的影响

在完全竞争状态下，企业几乎没有定价的主动权。各个卖主都是价格的接受者而不是决定者。在实际生活中，完全竞争在多数情况下只是一种理论现象，因为任何一种产品都存在一定的差异，加之国家政策的干预以及企业的不同营销措施，完全竞争的现象几乎不可能出现。但是，如果出现了完全竞争，企业可以采取随行就市的营销价格策略。

（二）完全垄断对价格的影响

完全垄断是指一种商品完全由一家或几家企业所控制的市场状态。在完全垄断状态下，企业没有竞争对手，可以独家或几家协商制定并控制市场价格。在现实生活中，完全垄断只有在特定的条件下才能形成。然而，由于政府的干预(如许多国家的反垄断立法)，消费者的抵制以及商品间的替代关系，一个或几个企业完全垄断价格的局面一般不易出现。但是，如果出现了完全垄断，则非垄断企业在制定营销价格时一定要十分谨慎，以防垄断者的价格报复。

(三)　不完全竞争对价格的影响

不完全竞争是在市场经济体制下普遍存在的典型竞争状态。在这种状态下，多数企业都能够积极主动地影响市场价格，而不是完全被动地适应市场价格。同时，企业在制定营销价格时，应认真分析竞争者的有关情况，采取相应的营销价格策略。

五、政府干预

多数国家(包括发达资本主义国家)对企业定价都有不同程度的约束。定价时，企业应主要考虑国家指导性计划和市场调节等因素。

(一)　企业定价的范畴

1. 国家指导性定价

国家指导性定价是指国家物价部门和业务主管部门规定定价权限与范围，指导价格制定和调整的企业定价方式。其定价方式有以下三种：

(1) 浮动定价。它是指国家规定商品的基准价格、浮动幅度和方向，由企业在规定的范围内自主作价。

(2) 比率控制定价。它是指国家规定商品的差价率、利润率与最高限价范围，由企业自行灵活地确定价格。企业商品价格可采用高进高出，低进低出或高进低出等形式，但不得超过规定的控制比率。

(3) 行业定价。它是指为了避免同行业企业在生产和流通中盲目竞争，国家采取计划指导，由同行营销者共同协商制定商品的统一价格，并由协商者共同遵守执行。这能防止价格向垄断转化，有利于市场竞争。

2. 市场调节定价

市场调节定价是指在遵守政策和法规的前提下，根据市场供求状况、市场竞争程度、消费者行为及企业自身条件等因素的变化趋势，由营销者自行确定商品价格。这种定价主要适用于生产分散、营销量大、品种规格繁多、供求情况复杂、难以计划管理的商品，且主要依靠价值规律自发地调节商品价格。市场调节定价有下列两种形式：

(1) 协议定价，是指买卖双方在不受第三者影响的情况下，相互协商议定商品价格。

(2) 企业议价，是指实行部分指令性计划价格商品的企业，在完成国家任务后，针对超产部分，企业根据市场状况确定其价格。这是国家为了增强企业活力，提高企业劳动积极性所采用的一种鼓励性措施。

(二)　商品差价与商品比价因素

商品差价与商品比价，是价格体系的重要组成内容，也是国家价格政策的组成部分。

1. 商品差价因素

商品差价是指同一商品由于销售地区、流转环节、销售季节、质量高低、用途等不同而形成的价格差额。商品差价形成的主要理论依据是上述各种情况下耗用的劳动量不同。其形式有：地区差价、季节差价、质量差价、平议差价、用途差价等。

2. 商品比价因素

商品比价是指在同一条件下不同商品价格的比例。它由不同商品之间价格量的比值和不同商品的供求状况所决定。比价形式主要有制成品与投入要素比价、替代品比价、连带品比价等。

六、消费者行为与心理因素

消费者行为，尤其是心理行为，是影响企业定价的一个重要因素。无论哪一种消费者，在消费过程中，必然会产生种种复杂的心理活动，并支配消费者的消费过程。因此，企业制定商品价格时，不仅应迎合不同消费者的心理，还应促使或改变消费者行为，使其向有利于自己营销的方向转化。同时，要主动积极地考虑消费者的长远利益和社会整体利益。

案例分析

另类卖画

在比利时的一间画廊里，一位美国画商正和一位印度画家在讨价还价，争辩得很激烈。其实，印度画家的每幅画底价仅在 10～100 美元之间。但当印度画家看出美国画商购画心切时，对其所看中的 3 幅画单价非要 250 美元不可。美国画商对印度画家敲竹杠的宰客行为很不满意，吹胡子瞪眼睛地要求降价成交。印度画家也毫不示弱，竟将其中的一幅画用火柴点燃，烧掉了。美国画商亲眼看着自己喜爱的画被焚烧，很是惋惜，随即又问剩下的两幅画卖多少钱。印度画家仍然坚持每幅画要卖 250 元。从对方的表情中，印度画家看出美国画商还不愿意接受这个价格。这时，印度画家气愤地点燃了火柴，竟然又烧了另一幅画。至此，酷爱收藏字画的美国画商再也沉不住气了，态度和蔼多了，乞求说："请不要再烧最后这幅画了，我愿意出高价买下。"最后，竟以 800 美元的价格成交。

思考：另类卖画成功的原因是什么？

根据消费者消费心理的不同，一般将消费者分为以下三种类型：

(一) 冲动和情感型

这类消费者的购买由其情绪波动所支配，购买具冲动性、即景性和不稳定性。这类顾客对商品价格不是十分重视，主要注重商品的花色、式样等。因此，企业对于适销对路的商品，定价可略高，且可视市场即时状况调高价格。

(二) 理智和经济型

这类消费者购买商品时往往分析评价，并喜欢货比几家再购，对价格比较慎重。因此，企业应依质论价。

（三）　习惯型

这类消费者对零售商或品牌等产生了信任或偏爱。因此，企业定价可略高。但应注意，价格过高会导致消费者购买的转移性。

子任务二　选择定价的方法

案例分析

格兰仕的成本领先定价策略

广东格兰仕是一家全球化家电专业生产企业，是中国家电优秀企业之一。格兰仕的核心竞争力归纳起来就八个字：规模制造，低价制胜。

格兰仕赖以发家并屡试不爽的秘诀在于其"总成本领先"战略，依托其强大的规模和成本控制能力，保持对竞争对手的成本优势和价格战的资本。曾一度信奉"价格是最高级竞争手段"的执行总裁梁昭贤，凭借总成本领先，规模每上一个台阶就大幅降价，不断地提升微波炉行业的"入门标准"。生产规模达到 125 万台时，格兰仕就把出厂价定在规模为 80 万台的企业成本线以下；规模达到 300 万台时，格兰仕又把出厂价调到规模为 200 万台的企业成本线以下。至今，格兰仕已经把微波炉行业的入门标准提升到了年产 1200 万台的规模，在 1200 万台产量以下的企业，就不得不面临亏损，多生产一台，就多亏损一台。

格兰仕这样做，就是要摧毁竞争对手的信心，让这个产业有市场但没有任何投资价值。并由此构筑了自己的经营安全防线。强大的规模壁垒令众多有意进入微波炉行业的厂商不寒而栗，就连与格兰仕在全球市场上火拼数年的 LG 电子面对持续的亏损，也不得不做出调整，有计划地撤出微波炉行业。

思考：格兰仕是如何成功地使用成本领先定价策略的？

知识链接

在企业的定价过程中，定价方法的选择是最终价格形成的重要步骤，按一定的定价方法确定的初始价格是制定价格策略的基础。企业产品价格的高低常常受到市场需求、成本费用和竞争情况等因素的影响和制约，企业在制定价格时应该全面考虑这些因素。企业在确定产品价格时常用的方法有三类，分别是成本导向定价法、需求导向定价法和竞争导向定价法。

一、成本导向定价法

成本导向定价法是以成本为依据来制定价格的方法，主要包括成本加成定价法、盈亏平衡定价法和目标利润定价法三种具体方法。这一类方法的主要特点是简单方便，在实际工作中得到较为广泛的运用。

(一)　成本加成定价法

成本加成定价法是以商品总成本为基础，按照一定比例进行加成来制定商品的销售单价。加成的比例常常取决于企业的目标利润率。

其计算公式为：

$$P = c \times (1 + r)$$

式中，P 表示商品的单价，c 表示商品的单位总成本，r 表示商品的加成率。

例如，假设某产品的可变成本为 20 元，固定成本为 500 000 元，预计产量为 50 000，生产商想获得占成本 20%的利润，则其销售价格为：

单位产品成本 = 可变成本 + 固定成本/产量=20+500 000/50 000=30(元)

单位产品的价格 = 单位产品的成本×(1+企业的目标利润率)=30(1+20%)=36(元)

成本加成定价法的关键是合理确定加成率。一般来说，确定加成率时应综合考虑产品特点、市场需求、竞争情况三个要素。

(二)　目标利润定价法

目标利润定价法指根据企业总成本和预期销售量，确定一个目标利润率，并以此作为定价的标准。

其计算公式为：

单位商品价格 = 总成本 ×(1 + 目标利润率)/预计销量

(三)　盈亏平衡定价法

盈亏平衡定价法是指通过分析产品数量、生产成本和销售利润三者的关系，掌握盈亏变化的规律，从而指导企业对产品进行定价的方法，如图 3-7 所示。在定价时，企业可以在产量和成本既定的情况下，按照预期的利润要求来确定价格。通过盈亏平衡分析得到企业在既定价格下的保本点销售量，可以提醒企业当市场需求降低到某一点以下时，企业必须对现行的价格政策进行调整。

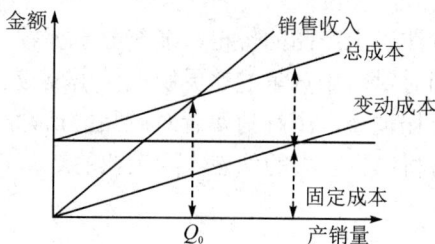

图 3-7　盈亏平衡分析

考虑到销售额变化后，成本也在发生变化，这种方法是运用损益平衡原理实行的一种保本定价法。盈亏平衡时商品的定价公式为：

商品价格=(单位变动成本 × 销售量 + 固定成本)/销售量

但按上式确定商品的价格，企业在经营过程中只能做到不赢不亏。如果企业期望获得适当的利润来实现持续经营，企业商品的定价公式应为：

商品价格 =(单位变动成本 × 销售量 + 固定成本 + 目标利润)/销售量

二、需求导向定价法

需求导向定价法是指根据市场需求状况和消费者对产品的感觉差异来确定价格的定价方法。它不是根据产品的成本进行价格的确定，而是随着需求的变化而变化，是根据消费者对产品的需求强度和对产品价值的认识程度来制定产品的价格。它包括以下三种定价方法。

(一) 认知导向定价法

认知导向定价法是根据消费者对企业提供的产品价值的主观评判来制定价格的一种定价方法(如图 3-8 所示)，也就是说，企业提供的产品在消费者心目中值多少钱。如果企业对产品的定价高于消费者的认知，企业的产品将面临滞销的风险；如果消费者对产品的评价高于企业对产品的定价，消费者则会感觉"物超所值"从而引发大量购买，但是企业却失去了到手的利润。因此，认知价值定价的关键，在于准确地计算产品所提供的全部市场认知价值。准确地确定认知价值，可以使商品的定价与消费者心中的尺度尽量地吻合，从而最大限度地获得消费者剩余，达到利润最大化的目标。

图 3-8　认知导向定价法示意

如何准确获得顾客对产品的认知价值是实施认知定价法的首要问题。企业必须对此进行广泛的市场调查，了解消费者的需求偏好，根据产品的性能、用途、质量、品牌、服务等多种因素，运用直接价格评定、相对价格评定、诊断评议等方法来确定消费者对产品的认知价值，从而制定科学的产品价格体系。

企业采取认知价值定价法确定产品的价格，能充分掌握顾客的购买和需求心理，制定的价格容易被市场接受，同时对市场竞争能够灵敏地做出反应。但实施认知价值定价法，往往需要组织较大规模的市场调查，了解消费者对产品的认知状况，一旦对消费者的认知价值掌握不准，确定的价格将产生较大的偏差，给企业的经营管理造成重大影响。

(二) 逆向定价法

逆向定价法，指依据消费者能够接受的最终销售价格，考虑中间商的成本及正常利润后，逆向推算出中间商的批发价和生产企业的出厂价格。

可通过公式计算价格：

$$出厂价格 = 市场可零售价格 \times (1 - 批零差率) \times (1 - 进销差率)$$

【例题】　某种商品的市场可零售价格为 5000 元，零售商的经营毛利率为 20%，批发商的批发毛利率为 5%。则零售商可接受的价格为：

$$5000 \times (1 - 20\%) = 4000 \ 元$$

批发商可接受的价格(出厂价)为：

$$4000 \times (1-5\%) = 3800 \text{ 元}$$

(三) 需求差异定价法

需求差异定价法，指企业根据市场需求的时间差、数量差、地区差、消费水平及心理差异等，来制定商品价格。例如，在市场需求大的时期和消费水平高的地区高定价，反之，则低定价；对购买数量大的消费者低定价，反之则相反。

差别定价的适用条件是：市场必须是可以细分的，而且各个细分市场有着不同的需求程度；低价购买某种产品的顾客没有可能以高价把这种产品倒卖给别人；竞争者没有可能在企业以较高价格销售产品的市场上以低价竞销；细分市场和控制市场的成本费用不得超过因实行价格歧视而得到的额外收入；价格歧视不会引起顾客反感；采取的价格歧视形式不能违法。

三、竞争导向定价法

所谓竞争导向定价法，是指企业在制定商品价格时，主要以同类竞争对手的定价为依据，与竞争商品价格保持一定的比例，而不过多考虑成本及市场需求因素的定价方法。这种方法常常是企业为了应对激烈的市场竞争而采取的特殊定价方法。竞争导向定价法主要包括随行就市定价法、产品差别定价法、投标定价法。

(一) 随行就市定价法

随行就市定价法是根据同行业其他企业的现行价格水平进行产品定价，这是一种比较常见的定价方法。当企业难以估算成本，或竞争对手不确定，以及企业希望得到一种公平的报酬和不愿打乱市场现有正常秩序的情况下，企业往往采用这种定价方法。采用这种方法既可以追随市场领先者定价，也可以采用市场的一般水平定价。

不论市场结构属于完全竞争市场还是寡头垄断市场，随行就市定价都是同质产品市场的惯用定价方法。在完全竞争市场中，由于任何企业都无法独立影响市场价格，只能按照行业的先行价格来定价，定价过高产品卖不出去，定价过低则会遭到竞争对手的降价竞销；在垄断竞争市场中，一些产品没有显著差异的中小企业经常根据在市场中担任"龙头"的大企业的产品价格来定价，他们没有实力用价格手段与"龙头"企业竞争，只能充当市场追随者的角色；在寡头垄断市场中，在长期的相互试探中可能形成一定的价格默契，任何一家企业都不会贸然改变价格，倾向于和竞争对手要价相同，既保证了利润的实现又避免了恶性竞争的发生。

随行就市定价法的优点在于定价简单，无需对成本和需求做详细了解，为企业节约了市场调研的时间和费用，对测算成本和市场调查困难的企业非常适合，同时能够适应市场竞争的需要，避免价格战的发生。但随行就市定价法的适应性有限，只适合行业内的中小企业，不适合大型企业和行业领先者。当行业领先者率先进行价格变动或降价时，采用该定价法的中小企业往往很难应对。

(二) 拍卖定价法

拍卖定价法是一种常见的商品定价方式，它通过竞拍的方式来确定商品的价格。拍卖定价法有多种形式，其中最常见的是公开拍卖和封闭拍卖。公开拍卖是指在公共场所进行的拍卖，任何人都可以参加竞拍。封闭拍卖则是指只有特定的买家可以参加竞拍，通常是在私人场所进行的。

在拍卖中，卖家需要确定起拍价和最低成交价。起拍价是指商品的最低价，买家必须以此价格开始竞价。最低成交价是指卖家愿意出售商品的最低价格，如果最高竞价低于最低成交价，那么商品将不会被卖出。

拍卖定价法的优点在于可以让市场自由决定商品的价格，同时也可以让卖家获得更高的收益。在拍卖中，买家会根据自己的需求和预算来进行竞价，最终给出最高价的买家获得商品。这种方式可以让卖家获得更高的收益，同时也可以让买家获得更好的商品。

拍卖定价法的缺点在于可能存在价格波动和不确定性。在拍卖中，价格可能会出现大幅波动，这可能会让买家和卖家感到不安。此外，拍卖的结果也是不确定的，卖家无法确定自己的商品能否被卖出，买家也不能确定自己是否能买到心仪的商品。

(三) 投标定价法

投标定价法即由投标竞争的方式确定商品价格的方法，其操作程序是在商品或劳务的交易中，由招标人发出招标公告，投标人竞争投标，密封递价，招标人择优选定价格。该定价法主要在多个卖主争取同一笔交易合同时使用。参加投标时，企业往往面对一种颇为矛盾的选择：如果报价低，容易得到合同，但所得的利润很少；如果报价高，预期利润高，但得到合同的概率又很小。这种方法通常用于建筑包工、大型设备制造、政府大宗采购等。

以政府采购为例，通常的做法是：政府采购机构在报刊上登广告或发出函件，说明拟采购商品的品种、规格、数量等具体要求，邀请供应商在规定的期限内投标。政府采购机构在规定的日期内开标，选择报价最低的、最有利的供应商成交，签订采购合同。某供货企业如果想做这笔生意，就要在规定的期限内填写标单，上面填写供应商品的名称、品种、规格、价格、数量、交货日期等，密封送给政府采购机构，这叫做投标。这种价格是供货企业根据对竞争者报价的估计制定的，而不是按照供货企业自己的成本费用或市场需求来制定的。供货企业的目的在于赢得合同，所以他的报价应低于竞争对手的报价。

假设一个企业对一个招标过程给予不同报价，在不同的报价下可望得到的预期利润和不同报价的中标概率，如表 3-2 所示。

表 3-2　不同报价的预期利润和中标概率

方案	投标价格/万元	利润/万元	中标概率	期望利润/万元
甲	6000	1000	0.12	120
乙	5800	800	0.2	160
丙	5500	500	0.25	125
丁	5300	300	0.35	105

通过计算期望值，报价为 5800 万元，可得到 160 万元的期望利润，此为最大期望利润，方案乙为最佳选择。在选择方案时，企业还必须考虑企业的实际经营状况，如此时企业开工不足，急需获得项目，也可以选择中标概率最大的丁方案。

子任务三 确定定价的基本策略

案例分析

柯达如何走进日本

柯达公司生产的彩色胶片在 20 世纪 70 年代初突然宣布降价，立刻吸引了众多的消费者，挤垮了其他国家的同行企业，柯达公司甚至垄断了彩色胶片市场的 90%。到了 80 年代中期，日本胶片市场被富士所垄断，富士胶片压倒了柯达胶片。对此，柯达公司进行了细心的研究，发现日本人对商品普遍存在重质而不重价的倾向，于是制定高价政策打响牌子，保护名誉，进而实施与富士竞争的策略。他们在日本发展了贸易合资企业，专门以高出富士 1/2 的价格推销柯达胶片。经过 5 年的努力和竞争，柯达终于被日本人接受，走进了日本市场，并成为与富士平起平坐的企业，销售额也直线上升。

思考：柯达胶卷在初入日本市场时，采取的是哪种定价策略？

知识链接

定价策略是指企业根据市场中不同变化因素对商品价格的影响程度采用不同的定价方法，制定出适合市场变化的商品价格，进而实现定价目标的企业营销战术。

一、新产品定价策略

新产品的定价是营销策略中一个十分重要的问题。它关系到新产品能否顺利地进入市场，能否站稳脚跟，能否获得较大的经济效益。目前，国内外关于新产品的定价策略，主要有三种，即取脂定价策略、渗透定价策略和满意定价策略。

（一）取脂价策略

取脂定价策略，又称撇脂定价策略，是指企业在产品寿命周期的投入期或成长期，利用消费者的求新、求奇心理，抓住激烈竞争尚未出现的有利时机，有目的地将价格定得很高，以便在短期内获取尽可能多的利润，尽快地收回投资的一种定价策略。其名称来自从鲜奶中撇取乳脂，含有提取精华之意。

（二）渗透定价策略

渗透定价策略是指企业在产品上市初期，利用消费者求廉的消费心理，有意将价格定得很低，使新产品以物美价廉的形象，吸引顾客，占领市场，以谋取远期的稳定利润。

（三）满意定价策略

满意定价策略，又称平价销售策略，是介于取脂定价和渗透定价之间的一种定价策略。由于取脂定价法定价过高，对消费者不利，既容易引起竞争，又可能遇到消费者拒绝，具有一定风险；渗透定价法定价过低，对消费者有利，对企业最初收入不利，资金的回收期也较长，若企业实力不强，将很难承受。而满意定价策略采取适中价格，基本上能够做到供求双方都比较满意。

二、差别定价策略

所谓差别定价，也叫价格歧视，就是企业按照两种或两种以上不反映成本费用的比例差异的价格销售某种产品或劳务。差别定价有四种形式。

(一) 顾客差别定价

顾客差别定价即企业按照不同的价格把同一种产品或劳务卖给不同的顾客。例如，某汽车经销商按照较高价格把某种型号汽车卖给顾客 A，同时按照较低价格把同一种型号汽车卖给顾客 B。这种价格歧视表明，顾客的需求强度和商品知识有所不同。

(二) 产品形式差别定价

产品形式差别定价即企业对不同型号或形式的产品分别制定不同的价格，但是，不同型号或形式产品的价格之间的差额和成本费用之间的差额并不成比例。

(三) 产品部位差别定价

产品部位差别定价即企业对处在不同位置的产品或服务分别制定不同的价格，即使这些产品或服务的成本费用没有任何差异。例如剧院，虽然不同座位的成本费用都一样，但是不同座位的票价有所不同，这是因为人们对剧院的不同座位的偏好有所不同。

(四) 销售时间差别定价

销售时间差别定价即企业对于不同季节、不同时期甚至不同钟点的产品或服务也分别制定不同的价格。例如，哈尔滨某商场规定，商场的商品从早上 9 点开始，每一小时降价10%。特别在午休时间及晚上下班时间商品降价幅度较大，吸引了大量上班族消费者，在未延长商场营业时间的情况下，带来了销售额大幅度增加的效果。

三、心理定价策略

心理定价策略是针对消费者的不同消费心理，制定相应的商品价格，以满足不同类型消费者的需求的策略。心理定价策略一般包括尾数定价、整数定价、习惯性定价、声望定价、招徕定价和最小单位定价等具体形式。

(一) 尾数定价策略

尾数定价又称零头定价，是指企业针对消费者的求廉心理，在商品定价时有意定一个与整数有一定差额的价格。这是一种具有强烈刺激作用的心理定价策略。

心理学研究表明，价格尾数的微小差别，能够明显影响消费者的购买行为。一般认为，五元以下的商品，末位数为 9 最受欢迎；五元以上的商品末位数为 95 效果最佳；百元以上的商品，末位数为 98、99 最为畅销。尾数定价法会给消费者一种经过精确计算的、最低价格的心理感觉；有时也可以给消费者一种是原价打了折扣，商品便宜的感觉；同时，顾客在等候找零期间，也可能会发现和选购其他商品。例如，某品牌的 54 cm 彩电标价 998 元，给人以便宜的感觉，只要几百元就能买一台彩电，其实它比 1000 元只少了 2 元。尾数定价策略还给人一种定价精确、值得信赖的感觉。尾数定价法在欧美及我国常以奇数为尾数，如 0.99、9.95 等，这主要是因为消费者对奇数有好感，容易产生一种价格低廉，价格向下的概念。但由于 8 与发谐音，在定价中 8 的采用率也较高。

(二) 整数定价策略

整数定价与尾数定价相反，是针对消费者求名、求方便的心理，将商品价格有意定为整数。由于同类型产品生产者众多，花色品种各异，在许多交易中，消费者往往只能将价格作为判别产品质量、性能的指示器。同时，在众多尾数定价的商品中，整数能给人一种方便、简洁的印象。

(三) 习惯性定价策略

某些商品需要经常、重复地购买，因此这类商品的价格在消费者心理上已经定格，成为一种习惯性的价格。许多商品尤其是家庭生活日常用品，在市场上已经形成了一个习惯价格。消费者已经习惯于消费这种商品时，只愿付出这么大的代价，如买一块肥皂、一瓶洗涤灵等。对这些商品的定价，一般应依照习惯确定，不要随便改变价格，以免引起顾客的反感。善于遵循这一习惯确定产品价格者往往获益匪浅。

(四) 声望定价策略

声望定价策略是整数定价策略的进一步发展。消费者一般都有求名望的心理，根据这种心理，企业将有声望的商品制定比市场同类商品更高的价格，即为声望性定价策略。它能有效地消除购买心理障碍，使顾客对商品或零售商形成信任感和安全感，顾客也从中得到荣誉感。例如，微软公司的 Windows98(中文版)进入中国市场时，一开始就定价 1998 元人民币，便是一种典型的声望定价。另外，用于正式场合的西装、礼服、领带等商品，或服务对象为企业总裁、著名律师、外交官等职业的消费者，都可采用声望定价。

声望定价往往采用整数定价方式，其高昂的价格能使顾客产生一分价格一分货的感觉，从而在购买过程中得到精神的享受，达到良好效果。例如，金利来领带一上市就以优质、高价定位，对有质量问题的金利来领带，他们绝不上市销售，更不会降价处理。这就传递给消费者这样的信息——金利来领带绝不会有质量问题，低价销售的金利来绝非真正的金利来产品，从而极好地维护了金利来的形象和地位。

(五) 招徕定价策略

招徕定价又称特价商品定价，是一种有意将少数商品降价以招徕吸引顾客的定价方式。商品的价格定得低于市价，一般都能引起消费者的注意，这是适合消费者求廉心理的。例如，北京地铁有家商场，每逢节假日都要举办一元拍卖活动，所有拍卖商品均以 1 元起价，报价每次增加 5 元，直至最后定夺。但这种由每日商场举办的拍卖活动由于基价定得过低，最后的成交价就比市场价低得多，因此会给人们产生一种卖得越多，赔得越多的感觉。岂不知，该商场用的是招徕定价术，它以低廉的拍卖品活跃商场气氛，增大客流量，带动了整个商场的销售额上升，这里需要说明的是，应用此术所选的降价商品，必须是顾客都需要，而且市场价为人们所熟知的才行。

(六)　最小单位定价策略

最小定价策略是指企业把同种商品按不同的数量包装，以最小包装单位量制定基数价格，销售时，参考最小包装单位的基数价格与所购数量收取款项。一般情况下，包装越小，实际的单位数量商品的价格越高；包装越大，实际的单位数量商品的价格越低。例如，对于质量较高的茶叶，就可以采用这种定价方法，如果某种茶叶定价为每 500 克 150 元，消费者就会觉得价格太高而放弃购买。如果缩小定价单位，采用每 50 克为 15 元的定价方法，消费者就会觉得可以买来试一试。如果再将这种茶叶以 125 克来进行包装与定价，则消费者就会嫌麻烦而不愿意去换算出每 500 克应该是多少钱，从而也就无从比较这种茶叶的定价究竟是偏高还是偏低。

最小单位定价策略的优点比较明显：一是能满足消费者在不同场合下的不同需要，如便于携带的小包装食品，小包装饮料等；二是利用了消费者的心理错觉，因为小包装的价格容易使消费者误以为其廉价，而实际生活中消费者很难也不愿意换算出实际重量单位或数量单位商品的价格。

四、折扣定价策略

折扣定价策略是通过减少一部分价格以争取顾客的策略，在现实生活中应用十分广泛，用折让手法定价就是用降低定价或打折扣等方式来争取顾客购货的一种售货方式。

例如，沃尔玛能够迅速发展，除了正确的战略定位以外，也得益于其首创的折价销售策略。每家沃尔玛商店都贴有天天廉价的大标语。同一种商品在沃尔玛比其他商店要便宜。沃尔玛提倡的是低成本、低费用结构、低价格的经营思想，主张把更多的利益让给消费者，为顾客节省每一美元是他们的目标。沃尔玛的利润率通常在 30% 左右，而其他零售商如凯马特的利润率都在 45% 左右。公司每星期六早上举行经理人员会议，如果有分店报告某商品在其他商店比沃尔玛低，可立即决定降价。低廉的价格、可靠的质量是沃尔玛的一大竞争优势，吸引了一批又一批的顾客。

(一)　数量折扣策略

数量折扣策略就是根据代理商、中间商或顾客购买货物的数量多少，分别给予不同折扣的一种定价方法。数量越大，折扣越多。其实质是将销售费用节约额的一部分，以价格折扣方式分配给买方。目的是鼓励和吸引顾客长期、大量或集中向本企业购买商品。数量折扣可以分为累计数量折扣和非累计数量折扣两种形式。

1. 累计数量折扣

累计数量折扣是指代理商、中间商或顾客在规定的时间内，当购买总量累计达到折扣标准时，给予一定的折扣。累计数量折扣定价法可以鼓励购买者经常购买本企业的产品，成为企业可信赖的长期客户；企业可据此掌握产品的销售规律，预测市场需求，合理安排生产；经销商也可保证货源。运用累计数量折扣定价法时，应注意购买者为争取较高折扣率在短期内大批进货对企业生产的影响。

2. 非累计数量折扣

非累计数量折扣是一种只按每次购买产品的数量而不按累计的折扣定价方法。其目的是鼓励客户大量购买，节约销售中的劳动耗费。累计数量折扣和非累计数量折扣两种方式，可单独使用，也可结合使用。

(二) 现金折扣策略

现金折扣策略，又称付款期限折扣策略，是在信用购货的特定条件下发展起来的一种优惠策略，即对按约定日期付款的顾客给予不同的折扣优待。现金折扣实质上是一种变相降价赊销，鼓励提早付款的办法。如付款期限一个月，立即付现折扣5%，10天内付现折扣3%，20天内付现折扣2%，最后十天内付款无折扣。有些零售企业往往利用这种折扣，节约开支，扩大经营，卖方可据此及时回收资金，扩大商品经营。

(三) 交易折扣策略

交易折扣策略是企业根据各类中间商在市场营销中担负的不同功能所给予的不同折扣，又称商业折扣或功能折扣。企业采取这种策略的目的是扩大生产，争取更多的利润，或为了占领更广泛的市场，利用中间商努力推销产品。交易折扣的多少，随行业与产品的不同而不同；相同的行业与产品，又要看中间商所承担的商业责任的多少而定。如果中间商提供运输、促销、资金融通等功能，对其折扣就较多；否则，折扣将随功能的减少而减少。一般而言，给予批发商的折扣较大，给予零售商的折扣较少。

(四) 季节性折扣策略

季节性折扣策略是指生产季节性商品的公司企业，对销售淡季来采购的买主所给予的一种折扣优待。季节性折扣的目的是鼓励购买者提早进货或淡季采购，以减轻企业仓储压力。合理安排生产，做到淡季不淡，充分发挥生产能力。季节性折扣实质上是季节差价的一种具体应用。

(五) 推广让价策略

推广让价策略是生产企业对中间商积极开展促销活动所给予的一种补助或降价优惠，又称推广津贴。中间商分布广、影响面大，熟悉当地市场状况，因此企业常常借助他们开展各种促销活动，如刊登地方性广告、布置专门橱窗等。对中间商的促销费用，生产企业一般以发放津贴或降价供货作为补偿。

(六) 运费让价策略

运费让价是生产企业为了扩大产品的销售范围，对远方市场的顾客让价以弥补其部分或全部运费。企业对远方市场，一般都采用运费让价策略。

五、地区定价策略

(一) FOB 原产地定价

FOB 原产地定价，就是顾客按照出厂价购买某种产品，生产企业只负责将这种产品运到原产地某种运输工具上交货，从原产地到目的地的一切风险和费用一概由顾客承担。

(二) 统一交货定价

统一交货定价也称为邮资定价，就是生产企业对卖给不同地区顾客的某种产品都按照相同的厂价加相同的运费来定价。

(三) 分区定价

分区定价就是企业把全国(或某些地区)分为若干价格区，对于卖给不同价格区顾客的某种产品分别制定不同的价格。

(四) 基点定价

基点定价就是企业先选定某些城市作为基点，然后按一定的出厂价加上从基点城市(距离顾客最近的基点城市)到顾客所在地的运费来定价。

(五) 运费免收定价

运费免收定价是指企业负担全部或部分实际运费的一种定价方法。

任务实施

(1) 以学习小组为单位自选一个实习过的或者熟悉的企业，对该企业的定价策略进行分析，包括该企业的定价目标分析、定价方法分析和定价策略分析；

(2) 根据分析结果给出相应的建议。

【课后自测】

一、单项选择题

1. 随行就市定价法是(　　)市场的惯用定价方法。
   A. 完全垄断　　　　　B. 异质产品　　　　　C. 同质产品　　　　　D. 垄断竞争

2. (　　)是企业把全国分为若干价格区，对于卖给不同价格区顾客的某种产品，分别制定不同的地区价格。
   A. FOB 原产地定价　　B. 分区定价　　　　　C. 统一交货定价　　　D. 基点定价

3. 某服装店售货员把相同的服装以 800 元卖给顾客 A，以 600 元卖给顾客 B，该服装店的定价属于(　　)。
   A. 顾客差别定价　　　　　　　　　　　B. 产品形式差别定价
   C. 产品部位差别定价　　　　　　　　　D. 销售时间差别定价

4. 为鼓励顾客购买更多物品，企业给那些大量购买产品的顾客的一种减价称为(　　)。

　　A. 功能折扣　　　　　B. 数量折扣　　　　　C. 季节折扣　　　　　D. 现金折扣

5. 如果企业按 FOB 价出售产品，那么产品从产地到目的地发生的一切短损都将由(　　)承担。

　　A. 企业　　　　　　　B. 顾客　　　　　　　C. 承运人　　　　　D. 保险公司

6. 统一交货定价就是我们通常说的(　　)定价。

　　A. 分区定价　　　　　B. 运费免收定价　　　C. 基点定价　　　　　D. 邮资定价

7. 企业利用消费者具有仰慕名牌商品或名店声望所产生的某种心理，对质量不易鉴别的商品的定价最适宜用(　　)法。

　　A. 尾数定价　　　　　B. 招徕定价　　　　　C. 声望定价　　　　　D. 反向定价

8. 当产品市场需求富有弹性且生产成本和经营费用随着生产经营经验的增加而下降时，企业便具备了(　　)的可能性。

　　A. 渗透定价　　　　　B. 撇脂定价　　　　　C. 尾数定价　　　　　D. 招徕定价

9. 准确地计算产品所提供的全部市场认知价值是(　　)的关键。

　　A. 反向定价法　　　　　　　　　　　B. 认知价值定价法

　　C. 需求差异定价法　　　　　　　　　D. 成本导向定价法

10. 按照单位成本加上一定百分比的加成来制定产品销售价格的定价方法称之为(　　)定价法。

　　A. 成本加成　　　　　B. 目标　　　　　　　C. 认知价值　　　　　D. 诊断

二、多项选择题

1. 差别定价的主要形式有(　　)。

　　A. 顾客差别定价　　　　　　　　　　B. 产品包装差别定价

　　C. 产品部位差别定价　　　　　　　　D. 产品形式差别定价

2. 影响企业定价的主要因素有(　　)等。

　　A. 定价目标　　　　　B. 产品成本　　　　　C. 市场需求　　　　　D. 竞争者的产品和价格

3. 地区定价的形式有(　　)等。

　　A. FOB 原产地定价　　B. 分区定价　　　　　C. 运费免收定价　　D. 基点定价

4. 企业定价目标主要有(　　)等。

　　A. 维持生存　　　　　　　　　　　　B. 当期利润最大化

　　C. 市场占有率最大化　　　　　　　　D. 产品质量最优化

5. 价格折扣主要有(　　)等类型。

　　A. 现金折扣　　　　　B. 数量折扣　　　　　C. 功能折扣　　　　　D. 季节折扣

三、判断题

1. 竞争导向定价法包括随行就市定价法和需求差异定价法。(　　)

2. 分销渠道中的批发商和零售商多采取反向定价法。(　　)

3. 基点定价是企业选定某些城市作为基点，然后按一定的出厂价加上从基点城市到顾客所在地的运费来定价，按照顾客最远的基点计算运费。(　　)

4. 当采取认知定价法时，如果企业过高地估计认知价值，便会定出偏低的价格。(　　)

任务三　制定渠道策略

🔗 任务描述

以学习小组为单位自选一个实习过的或者熟悉的企业，在学习相关内容的基础上，对该企业的渠道策略进行分析，包括该企业的分销渠道结构、渠道成员选择的标准、渠道激励和渠道冲突分析，并根据分析结果给出相应的建议。

学习目标

(1) 理解分销渠道的概念、特征、职能，掌握分销渠道的类型和流程；

(2) 理解中间商的功能和类型，能够区别经销商和代理商；

(3) 理解分销渠道设计的原则，掌握分销渠道设计的流程；

(4) 掌握分销渠道激励措施，冲突类型及化解渠道冲突的方法、渠道调整的方法；

(5) 培养学生认真细致的态度，学会团队合作。

案例分析

宝洁公司的渠道管理

当越来越多的国际零售商进入中国，宝洁公司也一改此前的传统销售模式，逐渐开始向重点零售商直接供货。宝洁公司首先打破华南、华北、华东、西部四个销售区域的运作模式，改为分销商渠道、批发渠道、主要零售渠道和大型连锁渠道以及沃尔玛渠道。

宝洁公司的销售部门在 1999 年之前称为销售部，全国共分为四个销售区域，即华南、华北、华东、西部。每一个销售区域配有相应的区域分销中心，并有相应的后勤、财务、人力资源和营销行政人员。在这四个销售区域中承担销售使命的是宝洁公司的分销商。这些分销商除了需要承担销售和回款等传统职能外，还需要承担分销的职能，即将产品尽可能多地卖到区域内可以接触到目标消费者的地方，使消费者购买到该产品。这些分销商大多设在地级城市里。

宝洁公司在零售渠道中最典型也最特别的要数沃尔玛。双方在共同开发"持续补货系统"的基础上又启动了 CPFR(协同计划、预测与补货)。这使得双方的经营成本和库存水平都大大降低，同时沃尔玛分店中的宝洁产品利润增长了 48%，存货接近于零，而宝洁在沃尔玛的销售收入和利润也大幅增长了 50%以上，为此，沃尔玛已经成为宝洁最大的经销商。

同时，宝洁公司的物流系统拥有遍布全国的物流运作网络，它为宝洁公司提供全过程的增值服务，在运输过程中保证货物按照同样的操作方法、模式和标准来操作。

思考：宝洁公司是如何开发市场的？结合案例分析什么是分销渠道？它有哪些职能？

子任务一　认识分销渠道

案例分析

爱普森公司的中间商选择

日本的爱普森公司是制造电脑打印机的大厂家。当该公司准备扩大其产品线，增加经营各种计算机时，该公司总经理杰克·沃伦 Jack Whalen)对现有的配销商颇为不满，也不相信它们有向零售商店销售其新型产品的能力，因此他决定秘密招聘新的配销商以取代现有的配销商。

杰克·沃伦雇用了一家名为赫展拉特尔的招募公司，并给予下述指示：(1) 寻找在褐色商品(电视机等)或白色商品(电冰箱等)方面有两步配销经验(工厂到配销商再到经销商)的申请者。(2) 申请者应是领袖型的企业，愿意并有能力建立自己的配销机构。(3) 他们将获得 8 万元的年薪和奖金以及 37.5 万元的资金，用于帮助他们建立企业。他们每人各出资 2.5 万元且每人均可持有企业的股票。(4) 他们将只经营艾普森公司的产品，但可经营其他公司的软件。每个配销商将配备一名负责培训工作的经理和一个设备齐全的维修中心。

招募公司在寻找合格、目的明确且有希望的候选人时遇到了很大的困难。他们在《华尔街日报》上刊登的招聘广告(没有提及艾普森公司)吸引了近 1700 封请求信，但其中多半是不合格的求职者。于是，该公司利用电话簿上的黄纸印刷的商业电话号码得到了最后的配销商名称，并打电话与其第二常务经理联系。公司安排了与有关人员的会见，并在做了大量工作之后提出了一份最具资格的人员名单。杰克·沃伦会见了他们，并为其 12 个配销区域选择了 12 名最合格的候选者。招募公司因该招聘工作得到了 25 万元的酬金。

思考：该公司是如何选择渠道成员的？

知识链接

一、分销渠道的特征和职能

(一) 分销渠道的概念

一条分销渠道是指某种货物或劳务从生产者向消费者移动时，取得这种货物或劳务的所有权或帮助转移其所有权的所有企业和个人。当产品从生产者向最终消费者或产业用户移动时，直接或间接转移所有权所经过的途径，如图 3-9 所示。

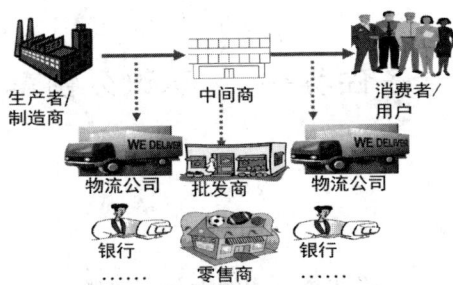

图 3-9　分销渠道示意图

(二) 分销渠道的特征

分销渠道反映某一特定产品或服务价值实现的全过程；分销渠道是由一系列参加商品流通过程的、相互依存的、具有一定目标的各种类型的机构结合起来的网络体系；分销渠道的核心业务是购销；分销渠道是一个多功能系统。

(三) 分销渠道的职能

分销渠道的职能在于它是连结生产者和消费者或用户的桥梁和纽带。企业使用分销渠道是因为在市场经济条件下，生产者和消费者或用户之间存在空间分离、时间分离、所有权分离、供需数量差异以及供需品种差异等方面的矛盾。分销渠道的主要职能有：

(1) 调研，指收集制订计划和进行交换所必需的信息。

(2) 促销，指进行关于所供产品的说服性沟通。

(3) 接洽，指寻找潜在购买者并进行有效的沟通。

(4) 配合，指所供产品符合购买者需要，包括制造、分等、装配、包装等活动。

(5) 谈判，指为了转移所供物资的所有权，而就其价格及有关条件达成最后协议。

(6) 物流，指从事产品的运输、储存、配送。

(7) 融资，指为补偿分销成本而取得并支付相关资金。

(8) 风险承担，指承担与渠道工作有关的全部风险。

二、分销渠道流程

分销渠道由五种流程构成，即实体流程(产品实物流)、所有权流程、付款流程、信息流程及促销流程，如图 3-10 所示。

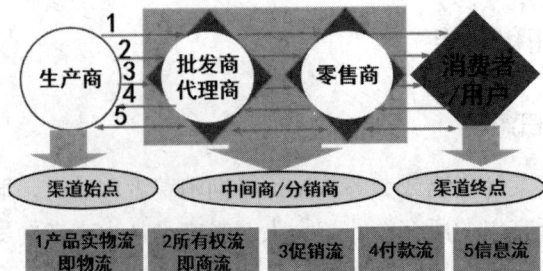

图 3-10　分销渠道流程示意图

(1) 实体流程，是指实体原料及成品从制造商转移到最终顾客的过程。

(2) 所有权流程，是指货物所有权从一个市场营销机构到另一个市场营销机构的转移过程。其一般流程为：供应商—制造商—代理商—顾客。

(3) 付款流程，是指货款在各市场营销中间机构之间的流动过程。

(4) 信息流程，是指在市场营销渠道中，各市场营销中间机构相互传递信息的过程。

(5) 促销流程，是指由一单位运用广告、人员推销、公共关系、促销等活动对另一单位施加影响的过程。

三、分销渠道类型

(一) 直接渠道与间接渠道

1. 直接渠道

直接渠道又称零阶渠道，指没有中间商参与，产品由生产者直接售给消费者的渠道类型，如图 3-11 所示。

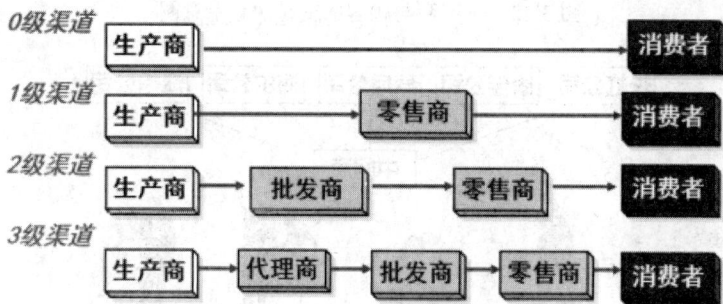

图 3-11　消费品分销渠道示意图

直接渠道是工业品分销的主要方式。大型设备、专用工具以及技术复杂、需要提供专门服务的产品，几乎都采用直接渠道分销。在消费品市场，直接渠道也有扩大的趋势。鲜活商品和部分手工业制品、特制品，有着长期传统的直销习惯；新技术在流通领域的广泛应用，正在使用邮购、电话电视直销和互联网销售等直复营销方式迅速发展。

2. 间接渠道

间接渠道是指有一级或者多级中间商参与，产品经由一个或多个中间环节销售给消费者的渠道类型。如图 3-11 所示的一级、二级和三级的渠道。间接渠道是消费品分销的主要方式，一些工业品也采用间接渠道分销。采用间接渠道，意味着制造商在某种程度上放弃对如何销售产品和销售给谁等方面的控制，增大了市场风险。然而，制造商之所以做出这种选择，是因为通过有专业化职能的中间商，分销产品能够获得更大的利益。

(二) 长渠道与短渠道

分销渠道的长度，通常按照经过流通环节或层次的多少划分。显然，其长短只是相对的概念。但为了分析和决策的方便，一般会把零级渠道称为直接渠道，把一级渠道定义为短渠道，把二级渠道和三级渠道划为长渠道。

(三) 宽渠道和窄渠道

宽渠道指生产者在每一层级上选择许多中间商推销商品。

窄渠道指生产者在中间环节只选择一家中间商为之推销商品。

【思考】如图 3-12 所示，怎样减少生产商与顾客之间必要的交易次数？以及中间商是怎样减少必要的交易次数的，如图 3-13 所示。

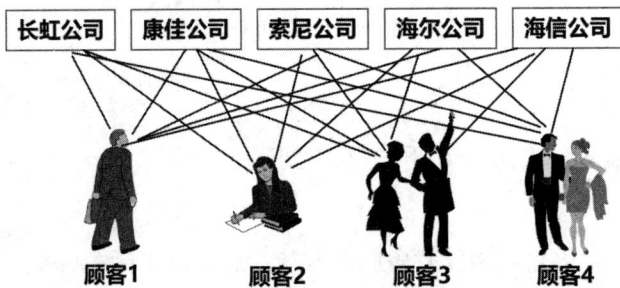

图 3-12   生产商与顾客的交易次数示意图

图 3-13   生产商与顾客的交易次数示意图

四、中间商

(一) 中间商的定义

中间商是指处在生产者和消费者之间，参与商品流通业务，促进买卖行为发生和实现的组织或个人。

(二) 中间商的功能

1. 提高销售活动的效率

如今是跨国公司和全球经济迅速发展的时代，如果没有中间商，产品由生产厂家直接销售给消费者，工作将非常复杂，而且工作量特别大。对消费者来说，没有中间商也会使购买的时间大大增加。

2. 储存和分销

产品中间商从不同的生产厂家购买产品，再将产品分销到消费者手中，在这个过程中，中间商要储存、保护和运输产品。

3. 监督检查产品

中间商在订购商品时就考察了厂家产品的设计、工艺、生产、服务等质量保证体系，或者根据生产厂家的信誉、产品的品牌来选择商品：进货时，会按有关标准严格检查产品；销售产品时，一般又会将产品划出等级。这一系列的工作起到了监督检查产品的作用。

4. 传递信息

中间商从生产厂家购买产品和向消费者销售产品时，会向厂家介绍消费者的需求、市场的信息、同类产品各厂家的情况；也会向消费者介绍各厂家的特点，无形中传递了信息，促进了竞争，有利于产品质量的提高。

(三)　中间商的分类

按在销售渠道中地位及作用，中间商可分为批发商与零售商两类。

1. 批发商

批发商是指从制造商购进产品，然后转售给其他批发商或零售商或各种非营利性组织的，一般不直接向个人消费者销售的商业机构。

2. 零售商

零售是将商品销售给最终消费者，以供个人或家庭消费的商业行为。零售商是指以零售活动为其主要经营业务的商业机构或个人从业者。

我国的零售业态，具体包括以下九种类型：百货店、超级市场、大型综合超市、便利店、专业店、专卖店、购物中心、仓储商店、家居中心。除此之外，符合我国国情，具有中国特色，并在现实中广泛存在和发挥重要作用的杂货店、农贸市场、小商品市场、服装市场等经营方式，也是多元化结构中的一个重要组成部分。

零售商按是否具有商品所有权可分为经销商和代理商两类。

代理商是指接受生产企业的委托从事商品业务，但不取得商品所有权的中间商。经销商则指从事商品流通业务并取得商品所有权的中间商。

【思考】

(1) 代理商和经销商的区别是什么？企业在什么样的情况下使用代理商而非经销商？

参考思路：新产品；产品销售困难，经销商不愿收购的产品。

(2) 当企业选择中间商的时候，是不是选择实力越强的中间商越好？选择中间商的时候应考虑什么因素？

(四)　中间商选择的原则

1. 目标市场原则

目标市场就是目标顾客群，渠道成员(批发零售商等)需要接近他们。顾客在哪里，店铺就在那里。

2. 形象匹配原则

本身是制造商里的什么层次，所选的渠道成员在经销商里也是同样层次。门当户对，是为了"市场定位"的需要，理念要统一。

3. 分工合作原则

分销商与制造商，一个管销售，一个管生产，既要分工又要合作。经营方向要一致，专业能力要互补。双赢才能稳固持久。

4. 发挥优势原则

选择渠道成员(分销商)，要看其在哪些方面有优势，而这些优势方面也正是制造商所需要的，要发挥其优势解决制造商的问题。

5. 效率效益原则

所谓效率效益原则也就是要考虑投入产出比，考虑企业建立一条销售渠道需要多大成本，这条渠道又能带来多大的销售量和市场覆盖率？

6. 共同发展原则

一条渠道就是一个整体，这个整体上包括多个成员，大家是一根绳上的多只蚂蚱，所以要追求共同发展。

当分销渠道设计完成后，就应该根据营销的需要，选择理想的中间商作为渠道成员，并说服中间商经销自己的产品。中间商的选择关系到能否实现渠道目标和效率的问题，因此，应综合考虑各种影响因素，从市场覆盖范围、声誉、中间商的历史经验、合作意愿、产品组合情况、财务状况、区位优势、促销能力等方面进行比较，慎重选择。

一般来说，理想的中间商应具备以下条件：

(1) 与制造商的目标顾客有较密切的关系；

(2) 经营场所的地理位置较优越；

(3) 市场渗透能力较强；

(4) 有较强的经营实力；

(5) 有较好的声誉。

子任务二　设计分销渠道

案例分析

可口可乐的分销渠道建设

可口可乐公司是一个大型的跨国快速消费品公司，因此，其营销渠道结构是一个非常复杂的结合体。概括地说，它是以间接渠道和宽渠道为主要形式，多级渠道并存的多渠道组合。可口可乐的分销渠道设计如下：

一、确定渠道的目标

可口可乐公司的目标市场是无差异市场，所以该公司的目标消费者是所有人。渠道的目标，也就是为了企业总的战略所服务的，所以所设计的渠道要符合可口可乐公司的市场划分策略，可加大市场渗透能力，大面积地接触顾客，使顾客能够就近购买。

二、制定渠道方案

制定分销渠道方案时需要对影响渠道选择的一些因素进行分析。

(1) 产品的特性：可口可乐公司生产的产品，单价低、消费效用价值高，属于消费者频繁购买品；其自然生命周期长、体积小体重轻、技术服务低、市场生命周期长。

(2) 市场因素：由于可口可乐公司采取的是无差异市场划分，所以其市场容量大但消费者每次购买数量少；市场区域范围大，顾客比较分散；市场规模大发展趋势更大。

(3) 竞争者因素：目前能和可口可乐公司竞争的就是百事可乐。

(4) 生产者因素：生产者的实力和声誉、生产者的经营能力、生产者愿意提供服务的多少、生产者对渠道控制程度的要求。

三、选择渠道方案

公司应该充分利用各级中间商，采取长而宽的分销渠道，最大程度地进行市场渗透。由于公司拥有强大的实力，所以为了获得更多的市场份额抵制竞争对手的争夺，公司应该利用奖励中间商的方法巩固其现有的分销渠道，然后适时地建立自己的渠道，开辟新的渠道，紧紧抓住原有市场份额，不断抢占获得新的市场，才能打败竞争对手，立于不败之地。选择方案适用以下三个标准。

(1) 经济性标准，找到最大效益点；

(2) 控制性标准，厂商对分销商能否进行有效控制；

(3) 适应性标准，通路选择适应变化和环境。

四、评估渠道方案

(1) 顾客满意评价：有形资产、可信赖感、十分负责、保障安全、感情交流。

(2) 运行状态评价：畅通性、覆盖率和流通力。

(3) 财务绩效评价：销售分析、占有率分析、费用分析、盈利分析、资产管理效率分析。

(4) 渠道价值评价：收益现值法和重置成本法。

思考：结合案例分析渠道设计的原则、渠道设计的流程以及注意事项？

知识链接

分销渠道设计是指建立以前从未存在过的分销渠道或对已经存在的渠道进行变更的策略。

一、分销渠道设计原则

(一) 客户导向原则

企业欲求发展，必须将市场客户要求放在第一位，建立客户导向的经营思想。这需要通过周密细致的市场调查研究，不仅要提供符合消费者需求的产品，同时还必须使营销渠道为目标消费者的购买提供方便，满足消费者在购买时间、地点以及售后服务上的需求。

(二) 最大效率原则

企业选择合适的渠道模式，目的在于提高流通的效率，不断降低流通过程中的费用，使分销网络的各个阶段、各个环节、各个流程的费用合理化。这样能够降低产品成本，取得市场竞争优势并获得最大化的效益。

(三)　发挥企业优势的原则

企业在选择分销渠道时，要注意发挥自己的特长，确保在市场竞争中的优势地位。现代市场经济的竞争早已是整个规划的综合性网络的整体竞争。企业依据自己的特长，选择合适的渠道网络模式，能够达到最佳的经济效应和良好的客户反应。同时企业也要注意通过发挥自身优势来保证渠道成员的合作，贯彻企业自身的战略方针与政策。

(四)　合理分配利益原则

合理分配利益是渠道合作的关键，利益的分配不公常常是渠道成员矛盾冲突的根源。因此企业应该设置一整套合理的利益分配制度，根据渠道成员负担的职能、投入的资源和取得的成绩，合理分配渠道合作所带来的利益。

(五)　协调及合作原则

渠道成员之间不可避免地存在着竞争，企业在建立、选择营销渠道模式时，要充分考虑竞争的强度。因此，一方面要鼓励渠道成员之间的有益竞争，另一方面又要积极引导渠道成员的合作，协调其冲突，加强渠道成员的沟通，努力使各条渠道有序运行，实现既定目标。

(六)　覆盖适度的原则

企业在选择分销渠道模式时，仅仅考虑加快速度、降低费用是不够的，还应考虑及时准确地送达的商品能不能销售出去，是否有足够的市场覆盖率以支持针对目标市场的销售任务。因此，不能一味只强调降低分销成本，这样可能导致销售量下降、市场覆盖率不足的后果。成本的降低应是规模效应和速度效应的结果，在营销渠道模式的选择中，也应避免扩张过度、分布范围过宽过广，以免造成沟通和服务的困难，导致无法控制和管理目标市场。

(七)　稳定可控的原则

企业的分销渠道模式一经确定，便需花费相当大的人力、物力、财力去建立和巩固，整个过程往往是复杂而缓慢的。所以，企业一般轻易不会更换渠道模式及成员。只有保持渠道的相对稳定，才能进一步提高渠道的效益。畅通有序、覆盖适度是分销渠道稳固的基础。

(八)　控制平衡的原则

企业在选择、管理分销渠道时，不能只追求自身的效益最大化而忽略其他渠道成员的局部利益，应合理分配各个成员间的利益。

二、分销渠道设计的流程

分销渠道设计的程序通常包括分析消费者的需求、确定分销渠道的目标、设计备选渠道方案、评估与确定渠道方案五个环节。

(一) 分析消费者的需求

弄清目标市场上消费者购买什么、在哪里购买和怎样购买，是设计分销渠道的第一步。市场营销人员必须弄清目标消费者需要的服务水平。一般来说，分销渠道提供以下五种服务：① 购买批量；② 等待时间；③ 空间便利；④ 产品齐全；⑤ 服务支持。

(二) 确定分销渠道的目标

从生产商的角度出发，分销渠道设计的目标就是为了实现企业的分销目标，具体地体现在市场覆盖率、渠道控制度、渠道灵活性等方面。

1. 市场覆盖率

市场覆盖率是衡量企业产品在一定市场范围内占有区域多少的指标。

2. 渠道控制度

渠道控制度是指企业需要保持对分销行为进行控制的程度。控制度是渠道设计目标之一。

3. 渠道灵活性

发展分销渠道必然要在渠道各成员之间形成某种程度的协议或许诺，这些协议是为了确保渠道的稳定性，增进彼此间的信任。但是当市场竞争环境发生变化时，渠道内部也要进行分化和重组，以往的协议便成为内部改革的主要障碍。

【思考】试分析要达到以下渠道目标，应选择哪种渠道结构？

某快递公司：24小时内把包裹送到美国的任何地方。

某保健品生产商：确保所有老年人只要来到任何药店、超市、大卖场，就可以买到我们的产品。

某桶装水生产商：确保充足的供货，使市区的单位用户和家庭订购我们的桶装水后，一小时就能得到产品。

(三) 设计备选方案

为企业设计备选方案时要从渠道长度、宽度、模式等方面进行考虑。

1. 渠道长度设计的影响因素

(1) 市场因素(市场规模大小、居民的集中与分散)；

(2) 购买行为因素(购买量、购买频度、季节性产品、顾客购买探索度)；

(3) 产品因素(产品技术性、耐用性、规格化、重量、价值、易腐烂、生命周期)；

(4) 中间商因素(中间商的可控性、中间商的成本、中间商的功能)；

(5) 企业因素(企业财务能力、管理水平、渠道控制能力)。

2. 渠道宽度的设计的影响因素

一般来说渠道的宽度主要有三种类型：密集分销、选择分销和独家分销。

具体而言，渠道宽度的设计的影响因素主要包括以下几点：

(1) 市场因素，市场规模和市场密度。

(2) 购买行为，购买频率和购买探索度、季节性。

(3) 产品因素，体积与重量、技术性、生命周期、标准化程度等。

(4) 企业因素，企业对渠道的控制度。

3. 渠道模式的选择

(1) 松散式渠道模型。松散式渠道模型是由一群独立的制造商、批发商和零售商组成的分销组织形态，各渠道成员之间是一种松散的合作关系，每个成员都是一个独立的利益主体，它们各自追求自身利益的最大化，渠道中没有一个成员对其他成员有足够的控制力，最终使整个分销渠道效率低下。

(2) 垂直分销渠道模式。垂直分销渠道模式是由制造商、批发商、零售商所组成的一种统一的联合体，每个成员把自己视为分销系统的一分子，关注整个垂直系统的成功。

根据垂直渠道形成的机制，垂直分销渠道模式可分为所有权式(公司式)、管理式、契约式三种。

① 所有权(公司式)垂直分销模式：是由某一公司通过建立自己的销售分公司、办事处或通过实施产供销一体化及横向战略形成的渠道模式。这种渠道是纵向一体化的渠道系统。所有权渠道关系是渠道关系中最为紧密的一种，是制造商、经销商以产权为纽带，通过企业内部的管理组织及管理制度而建立起来的。

② 管理式垂直分销模式：是指以一家龙头企业为核心，由处于价值链不同环节的众多企业自愿参与而构成的，在核心企业的控制下运作的分销渠道系统。

③ 契约式垂直分销渠道模式：是指各种独立的制造商、批发商或零售商，为了实现其单独经营难以达到的经营效果和利润，自愿结合起来，通过签订某种协议(合同)而结成的分销系统。

(3) 水平式分销渠道模式，是指由两个或两个以上的公司联合开发新的营销机会，组成新的渠道系统。

例如：保险公司与银行合作，利用银行营业网点销售保单，运输公司利用便利店销售车票等。

【思考】如何构建渠道方案？

某公司研发出一种新型的游泳池杀菌剂，有以下五种方案可以选择。

方案 1：通过现有的中间商来分销。

方案 2：开发新的中间商来分销。

方案 3：收购一家小公司，通过该公司的分销网来销售。

方案 4：用该市场中的大中间商的品牌。

方案 5：直接向游泳池拥有者销售。

结合所学知识说说，应如何选择渠道方案，为什么？

(四) 评估渠道方案

每一个渠道方案都是企业产品送达最后顾客的可能路线。生产者所要解决的问题，就是从那些看起来很合理但又相互排斥的方案中选择最能满足企业长期要求的一种。因此，企业必须对各种可能的渠道方案进行评估。评估标准有三个，即经济性、控制性和适应性。

1. 经济性标准

经济性标准是最基本的评估标准，每一渠道方案都有其特定的分销成本和销售额，企业必须决定分销成本和销售额的最佳组合，即最大利润的方案。

2. 控制性标准

分销渠道的选择必须考虑可控性。企业使用中间商必然会导致更多的控制问题。因为中间商都是一个个独立的企业或个体，他们的利益和生产商的利益是不完全一致的，他们更关心自己的利益最大化。

3. 适应性标准

选择的渠道与产品对分销的要求是否吻合，是否能满足顾客的服务需求，也是一个重要的评估标准。因此企业选择分销渠道要以适应性为根本，不能片面追求低成本或者高控制。

（五）　确定分销渠道方案

经过对所选渠道备选方案的经济性、控制性和适应性进行科学评估后，企业通常能够筛选并确定符合自身需要的最佳分销渠道模式。

子任务三　管理分销渠道

案例分析

百事可乐对返利政策的规定

百事可乐公司对返利政策的规定细分为 5 个部分：年折扣、季度奖励、年度奖励、专卖奖励和下年度支持奖励，除年折扣为"明返"外(在合同上明确规定为 1%)，其余四项奖励均为"暗返"，事前无约定的执行标准，事后才告知经销商。

(1) 季度奖励在每一季度结束后的两个月内，按一定的进货比例以产品形式给予。这既是对经销商上季度工作的肯定，也是对下季度销售工作的支持，这样就促使厂家和经销商在每个季度合作完后，对合作的情况进行反省和总结，以便相互沟通，共同研究市场情况。同时百事可乐公司在每季度末还派销售主管对经销商业务代表进行培训指导，帮助其落实下一季度销售量及实施办法，增强了相互之间的信任。

(2) 年终回扣和年度奖励是对经销商当年完成销售情况的肯定和奖励。年终回扣和年度奖励在次年的第一季度内，按进货数的一定比例以产品形式给予。

(3) 专卖奖励是经销商在合同期内，专卖某品牌系列产品，在合同期结束后，厂方根据经销商的销量、市场占有情况以及与厂家合作情况给予的奖励。专卖约定由经销商自愿确定，并以文字形式填写在合同文本上。在合同执行过程中，厂家将检查经销商是否执行专卖约定。

(4) 下年度支持奖励是对当年完成销量目标，继续和制造商合作，且已续签销售合同的经销商的次年销售活动的支持。此奖励在经销商完成次年第一季度销量的前提下，在第二季度的第一个月以产品形式给予。

因为以上奖励政策事前的"杀价"空间太小，经销商如果低价抛售造成了损失和风险，厂家是不会考虑的。百事可乐公司在合同上就规定每季度对经销商进行一些项目考评，如实际销售量、区域销售市场的占有率、是否维护百事产品销售市场及销售价格的稳定、是否执行厂家的销售政策及策略等。

此外，为防止销售部门弄虚作假，公司还规定考评由市场部、计划部抽调人员组成联合小组不定期进行检查，以确保评分结果的准确性、真实性。

思考：百事可乐公司是如何实施返利政策的？采取这种方式应注意些什么？

🔲 知识链接

一、渠道成员的激励和评价

(一) 激励措施

企业应该有计划地、定期地对中间商进行系统的培训，以使其掌握并精通企业产品的特殊知识、技术知识、目标顾客知识、服务及维修知识、市场调研知识、推销知识等；还应对培训的师资、方法、器材和地点进行精心安排。培训可以提高中间商的工作业绩。

企业在选择渠道成员之后，必须不断地对其加以激励，以促使其尽职尽责、出色地完成任务。激励中间商应立足于了解中间商的需要与愿望，并据此采取有效的激励措施。

(1) 目标激励。

这是一种最基本的激励形式。厂家每年都会给渠道成员制定(或协商制定)一个年度目标，包括销量目标、费用目标、市场占有目标等，完成目标的分销商将会获得相应的利益、地位以及渠道权力。所以，目标对于分销商来说，既是一种巨大的挑战，也是一种内在动力。因此，要制定科学合理的渠道目标，必须考虑目标的明确性、可衡量性、挑战性、激励性以及可实现性特征。

(2) 渠道奖励。

这是制造商对分销商最为直接的激励方式。渠道奖励包括物质奖励和精神奖励两方面。其中物质奖励主要体现为价格优惠、渠道费用支持、年终返利、渠道促销等，这是渠道激励的基础手段和根本内容。而精神激励的作用也不可低估，精神激励包括评优评奖、培训、旅游、"助销"、决策参与等，重在满足分销商成长的需要和精神的需求。

(3) 工作设计。

这是比较高级的激励模式。工作设计的原义是指把合适的人放到合适的位置，使他们开心，使他们能够发挥自己的才能。将这一思想用于渠道领域，则是指厂家合理划分渠道成员的经营区域(或渠道领域)，授予独家(或特约)经营权，合理分配经营产品的品类，恰当树立和定位各渠道成员的角色和地位，互相尊重，平等互利，建立合作伙伴关系，实现共进双赢。

(二) 渠道成员的评价

对渠道成员的评估有两类：

一是以产出为基础的定量测算方法，如销售额、利润、利润率和存货周转率。

二是以行为为基础的定性评估方法，如服务质量、顾客满意度、竞争能力、顾客投诉处理能力、忠诚度等。

二、渠道冲突管理

渠道冲突是指某渠道成员从事的活动阻碍或者不利于本组织实现自身的目标，进而引发的种种矛盾和纠纷。

(一)　渠道冲突的类型

1. 水平渠道冲突

水平渠道冲突是指的是同一渠道模式中，同一层次中间商之间的冲突。

2. 垂直渠道冲突

垂直渠道冲突是指在同一渠道中不同层次企业之间的冲突，这种冲突较之水平渠道冲突要更常见。

3. 多渠道间的冲突

多渠道间的冲突是指生产企业建立多渠道营销系统后，不同渠道服务于同一目标市场时所产生的冲突。例如，某著名国内手机品牌公开宣布，该品牌的产品从未在网络渠道上进行销售，现在网络上销售的产品，公司难以保证是原厂正品。一个著名品牌如何会做出这样看似自毁长城的声明呢？其中原因不是厂家要打击假货，而是网络上销售的产品远远低于厂家分销渠道的终端零售价，影响了这个渠道价值链的利润空间，于是各级经销商群起攻之，迫使厂家壮士断腕，告别网络渠道。

再如，某建材品牌的消费者向厂家提出强烈投诉，原来他在网络上订购了家具产品，需要当地的经销商提供一些配件和指导安装，可当地经销商找各种理由进行搪塞和拖延，最后强硬拒绝，让他"哪里买的，找哪里服务"。平时对客户毕恭毕敬的经销商怎么会变得如此拖沓和傲慢？原来本地区的客户通过网络向外区域的经销商买了货，利润被别的经销商挣了，可配件供应和安装服务等费力不讨好的事却让他承担。

【思考】是不是所有的渠道冲突都会对渠道运营产生不良影响？

(二)　对渠道冲突的正确认识

1. 良性冲突与恶性冲突

渠道冲突按照冲突的性质不同可以分为良性冲突和恶性冲突。

良性冲突是指不会对产品、市场及厂商关系造成根本性影响和实质性变化的冲突形式，如经营权、返利、价格、促销、费用等方面。良性冲突是一种渠道动力，可以激发成员的竞争意识，产生创新。

恶性冲突是指会对产品、市场及厂商关系造成根本影响和实质变化的冲突形式，如跳楼甩卖、跨区域销售、恶意赖账、制假售假等。恶性冲突是一种渠道破坏力，它会影响渠道成员的销售信息，严重阻碍渠道的正常运行。

2. 渠道冲突的利弊

渠道冲突的危害是：破坏渠道成员的关系，损害双方利益；降低整个渠道的销售业绩；破坏整个渠道的规则；影响产品的品牌在消费者心目中的地位。

渠道冲突的益处是：使渠道沟通变得更加频繁；使渠道管理更加科学、规范、合理；客观上强化了制造商的"领袖"地位；重要的是把渠道冲突转化为渠道动力。

案例分析

李维公司是如何管理渠道，降低冲突水平的?

李维公司在同时选择多个销售渠道时采取了在不同渠道之间进行品牌差异化的战略。针对一般收入家庭，李维公司选择像沃尔玛一类的连锁店渠道，销售以 Britannia 和 Levi 为品牌的休闲服饰；而针对追赶时髦的年轻一族，李维选择品牌专卖店或较高档的时装店，销售的品牌为 Dockers 和 Silver Tab；针对年轻职业人员购买休闲类商业服饰的需求，李维通过大型高档购物中心销售 Slates 品牌服装满足需求；而针对那些价格敏感者，李维通过自己众多的折扣店进行分销。

(三) 化解渠道冲突的办法

如果冲突确实由不同渠道同时向相同的市场和客户提供服务而引起，生产厂商可以通过引导每个渠道销售不同的产品或品牌来调解冲突。

具体实施办法是向每个销售渠道提供不同的产品，为每个渠道划分独特的销售领域，强化不同渠道的不同价值定位，或使之改变。

三、渠道的调整

虽然渠道的决策和建立是长期的和困难的，但是渠道成员一经确定就永远不需改变和调整的情况是不存在的，这是因为企业所处的环境无时无刻不在发生着变化，为了动态适应环境变化，企业需要对渠道适时加以调整，使渠道更为理想。因此，对渠道成员进行评估和调整是企业面临的一项经常性的工作。对渠道的调整有三种不同的层次：增减渠道成员、增减渠道类型和调整整个渠道。

(一) 增减渠道成员

当渠道成员不能完成企业交给它的销售任务，或不能很好地贯彻企业的有关营销策略意图时，就有必要调整个别中间商。但更换中间商并非易事，必须慎重行事，这是因为剔除某一中间商时，很可能引起其他中间商的恐慌；另外，被剔除的中间商也可能被竞争对手拉去，增加对方的市场占有率。当增加某一中间商时，很可能引起其他中间商的抵触情绪，进而影响其合作态度。因此，增减个别中间商要反复考虑后才能进行。

(二) 增减渠道类型

企业有时会发现随着市场的变化，某一类型渠道本身出现了较严重的问题，或客观市场出现了某种重大变化时，就要调整某一类型的渠道。这当然要比增减渠道中的个别成员更加慎重，因为这将会给企业带来较大的风险。当渠道过多导致整体运行不畅，从提高营销效率和几种有限力量等方面考虑，可以适当缩减某些渠道。相反，当发现渠道过少，不能使产品有效覆盖目标市场，影响了产品销售，则可以考虑增加新的渠道。

（三）　调整整个渠道

调整整个渠道意味着原有渠道的解体，也是企业做出的重大决策，这样的决策一般由企业最高决策层做出。其原因可能是客观市场情况发生了重大变化，或原有渠道冲突无法解决，造成了极大混乱，或企业战略目标和营销组合发生重大调整。但不论哪种变化，企业在做出决策前要进行大量的调查研究分析和对比，只有在此基础上的决策才可能是正确的决策。对整个渠道的调整是一项十分复杂的工作，有时需要花费很长的时间和付出很高的代价，无论是出于何种原因的调整，均有较大的风险，企业应慎重行事。因此，为了避免日后调整渠道成员的麻烦，企业在选择渠道成员时，就应慎重决策。

任务实施

(1) 以学习小组为单位自选一个实习过的或者熟悉的企业，对该企业的渠道策略进行分析，包括该企业的分销渠道结构、渠道成员选择的标准、渠道激励和渠道冲突分析。

(2) 根据分析结果给出相应的建议。

【课 后 自 测】

一、单项选择题

1. 大华公司为渤海空调做独家全国总经销，大华公司在华北、东北、华东、华南、西北等大区域各有一家批发商，这些批发商各自面向零售商供货，那么渤海空调的渠道长度为(　　)。

  A. 1　　　　　　　B. 2　　　　　　　C. 3　　　　　　　D. 6

2. 消费品中的便利品，通常采取(　　)分销，使广大消费者和用户能随时随地买到这些产品。

  A. 密集　　　　　　B. 选择　　　　　　C. 独家　　　　　　D. 方便

3. 某企业的主要产品是香皂和洗衣粉，该企业最适合采取(　　)。

  A. 选择分销策略　　　　　　　　　B. 独家分销策略

  C. 人员推销策略　　　　　　　　　D. 密集分销策略

4. 广泛经销一般适用于(　　)产品的营销。

  A. 选择性强　　　　B. 技术性强　　　　C. 新产品　　　　　D. 便利品

5. 企业在众多渠道类型中决定选用多少层次的渠道销售其产品，是(　　)决策。

  A. 中间商类型　　　B. 渠道长度　　　　C. 渠道类型的数量　　D. 地区中间商

6. 代理商的主要特点是(　　)。

  A. 不拥有产品的所有权　　　　　　　B. 从事产品的购销活动

C. 获取进销差价 　　　　　　　　　　　D. 不是独立的法人

7. 珠宝、金器等贵重物品多采用(　　)。

A. 选择性分销　　　B. 专营性分销　　　C. 密集型分销　　　D. 广泛分销

8. 没有中间商介入的分销渠道称作(　　)。

A. 直接分销渠道　　　　　　　　　　　B. 间接分销渠道

C. 一级分销渠道　　　　　　　　　　　D. 二级分销渠道

9. 从事商品购销活动,并对所经营的商品拥有所有权的中间商是市场营销渠道企业中的(　　)。

A. 供应商　　　　　B. 中间商　　　　　C. 代理中间商　　　D. 辅助商

10. 生产者—批发商—零售商—消费者称为(　　)。

A. 一阶渠道　　　　B. 二阶渠道　　　　C. 三阶渠道　　　　D. 四阶渠道

二. 多项选择题

1. 下列产品中适宜于采用密集性分销的是(　　)。

A. 牙膏　　　　　　　　　　　　　　　B. 标准件

C. 香皂　　　　　　　　　　　　　　　D. 大型机械设备

2. 分销渠道按照企业在横向方面同一层次上并列使用的中间商的多少可以分为(　　)。

A. 宽渠道　　　　　B. 窄渠道　　　　　C. 直接渠道　　　　D. 间接渠道

3. 下列情况中,(　　)产品适宜用较短的分销渠道。

A. 单价低,体积小的产品　　　　　　　B. 技术性强的产品

C. 价格昂贵的产品　　　　　　　　　　D. 处在成熟期的产品

4. 渠道成员中的中间商包括(　　)。

A. 储运企业　　　　B. 生产者　　　　　C. 批发商　　　　　D. 零售商

三、简答题

1. 渠道的选择受哪些因素影响?

2. 分销渠道设计的步骤有哪些?

3. 分销渠道的模式有哪些?

任务四 制定促销策略

🔗 任务描述

以学习小组为单位自选一个实习过的或者熟悉的企业，在学习相关内容的基础上，对该企业的促销策略进行分析，包括该企业采取的促销策略以及促销过程中的问题分析，并根据分析结果给出相应的建议。

⋯⋯ 学习目标

(1) 理解促销及促销组合的概念，掌握确定促销组合时应考虑的因素；
(2) 理解人员推销的含义及特点，掌握人员推销的过程、方式和策略；
(3) 了解公共关系的要素及特征，掌握公共关系的实施，掌握公关方式；
(4) 理解广告的概念、作用和分类，掌握广告媒体、设计原则和广告效果的测评；
(5) 理解公共关系的含义、作用和原则，掌握公共关系的四步法和方法；
(6) 能够根据推销步骤完成推销计划制定，能够熟练实施公共关系，能够合理评估公关效果；
(7) 培养学生灵活应变的能力。

案例分析

顾客的要求过分吗?

一天上午十点钟，在某购物广场食品区鲁花食用油专柜，一个年纪较大的顾客正在购买食用油。顾客一开始对调和油感兴趣，售货员小方为顾客详细地讲解了调和油的主要成分、配料与优点，然而顾客听着听着，对是否购买调和油显得有些犹豫，售货员于是向顾客承诺：买一大桶调和油即赠送一小瓶油。顾客有些动心，售货员小方拿出黄胶纸，开始将大小桶调和油捆绑在一起。当她捆好后，顾客突然改变主意，认为纯正花生油更好。售货员小方便有些不耐烦，说顾客不懂，不会算账，其实买调和油比买纯正花生油实惠多了，不仅价格便宜、性价比高，而且质量也不错。但顾客认为纯正花生油质地纯正，对身体好。售货员劝说了许久，顾客仍然坚持要纯正花生油。售货员气得没办法，从货架上提起一大桶油，重重地摔在顾客面前。顾客一看生产日期是 3 月份，就要求买离生产日期近些的。售货员说纯正花生油都是 3 月生产的，只有调和油有 6 月生产的。后来顾客自己看到了标有 5 月生产的纯正花生油，于是对售货员很不满，说："你这是什么态度，为什么要糊弄顾客？"售货员这才为顾客挑了桶 5 月生产的纯正花生油。顾客走后，售货员一边狠狠地撕开才捆绑好的调和油，嘴里一边说："买个油都变来变去，这么麻烦，耽误我的生意。"

没想到又让顾客听见了，顾客生气地说："你们这样对待顾客，今后我再也不会到你们商场购物了！"

思考：顾客的要求过分吗？售货员小方前后态度的变化说明了什么？如果由你来接待这个顾客，你将如何接待呢？

子任务一　认识促销与促销组合

案例分析

可口可乐的促销策略

可口可乐觉得营销并不神秘。可口可乐在中国获得的巨大成功，主要得益于它的营销战略与战术相得益彰的完美结合，可口可乐为了提高产品的市场占有率与行业渗透率，非常重视促销策略的运用。

广告是可口可乐营销策略的重要组成部分。据调查：82.2%的消费者对可口可乐的品牌认知是通过广告获得的。可口可乐通过广告宣传提高了产品知名度和公众的购买欲望，在树立与加强产品及品牌良好形象方面，广告也起着非常重要的作用。在可口可乐中国本土化的广告创意表现中，对代表中国文化的元素进行了充分的挖掘和运用。在广告创意中，充分运用"明星代言"的方式同目标消费者沟通。成功的广告创意，其核心的关键是要"找对人，说对话"。

可口可乐通过赞助体育、教育以及文化等各种活动来强化品牌形象，提升品牌的美誉度，增进与政府的关系，获得了社会高度认同，从而营造了一种良好氛围，促进了其产品的销售。纵观可口可乐的公关活动，主要表现在赞助体育活动和社会公益活动。

二十一世纪的竞争其实是人才的竞争，任何战略战术的制定和实施最终都在人的贯彻和执行中得到反映和体现。可口可乐之所以能雄居饮料业之首而百年不倒，与其卓越的人才战略有着密切的关系。独特有效的人才成战略使可口可乐创造了骄人业绩，成为全球第一品牌。可口可乐公司的用人策略中，最为独特的一点就是"本土化"。正是有效地利用人才本土化策略，才使得可口可乐的营销策略得到了很好的落实，目标得以很好地实现。

思考：什么是促销？可口可乐都采取了哪些促销方式？

知识链接

一、促销的含义

促销(Promotion)是指企业通过人员或非人员的方式，沟通企业与消费者之间的信息，引发、刺激消费者的消费欲望，使其产生购买行为的活动。

促销有以下几层含义：

(1) 促销的核心是沟通信息；

(2) 促销的目的是引发、刺激消费者产生购买欲望;

(3) 促销的方式有人员促销和非人员促销两大类。

二、促销组合策略

(一) 促销组合的概念

促销组合是指企业在促销活动中,为实现以最低的促销费用达到最好的整体促销效果,对人员推销、广告宣传、销售促进和公共关系等促销方式实行综合运用所形成的有机整体。

(二) 促销的基本策略

简单来说,促销主要有"推"和"拉"两种基本策略。

"推"式促销策略是指对中间商的促销,即生产企业积极把产品推销给批发商,批发商再积极推销给零售商,零售商再向顾客推销。这种策略以人员推销和适当的销售促进方式为主。

"拉"式策略是指对终端消费者的促销,即靠广告、营业推广等促销方式引起潜在顾客对该产品的注意,刺激他们产生购买的欲望和行动,当消费者纷纷向中间商指名询购这一商品时,中间商自然会找到生产厂家积极进货。

(三) 影响促销组合的因素

影响促销组合的因素主要有产品性质、产品的不同寿命周期阶段、市场性质和企业情况等。

1. 产品性质

不同性质的产品,由于购买要求和使用特点不同,故需要采取不同的促销组合。一般按产品的不同性质把产品划分成工业品和消费品两大类。与工业品相比较,消费品更多地使用广告,工业品则更多地使用人员推销。无论是工业品还是消费品,营业推广及公共关系这两种形式几乎可以被企业随时采用。

2. 产品的不同寿命周期阶段

产品寿命周期的不同阶段,市场的环境不同,企业的促销目标不同,所以促销手段的配合结构也有所不同。

(1) 产品进入市场之前。

在产品即将进入市场的时候,如果能够利用某一方面的宣传,把这一产品信息传播出去,往往会起到先声夺人的作用,消费者知道将有新产品问世,并留有记忆,这就为产品上市奠定了基础。这一时期运用广告和宣传形式是较为合适的。

(2) 产品的市场导入期和成长期。

产品处于市场生命周期的这两个阶段时,销售促进的主要形式都是广告,人员推销只起配合作用。但是广告在产品导入期的宣传重点是广泛的介绍,在成长期的重点是树立厂牌、突出特色及引起消费者的偏爱,广告的目标与内容是不同的。至于人员推销,在导入期主要是劝说经销商经销产品,在成长期则是努力扩充销售渠道、创造需求、增进市场占有率。

(3) 产品市场的成熟期。

在这一阶段，竞争达到高潮，促销的目的是努力巩固产品的市场地位。这时候的消费品促销手段仍以广告为主，同时辅以营业推广；工业品则更多地运用人员推销，并发动公共关系予以协助，扩大企业和产品的声誉，争取在竞争中取胜。

(4) 产品市场的衰退期。

企业在产品的这一阶段，一般多采用营业推广的形式，进行有奖销售、抽彩、赠送销售以及大批量产品展销等。这时候的广告，只能寄希望于忠实的顾客，提示他们继续购买，不要忘了老产品。

3. 市场性质

从不同的角度看市场，市场会呈现不同的特点。市场的特点不同，应采用不同的促销组合。从市场的顾客数量及市场的集中程度来看，当产品的目标市场集中或不同类型的潜在顾客数量不多时，人员推销的作用就会得到充分发挥，而且能够省下一些广告费用。如果销售市场的范围广阔，分散于全国各地，或不同类型的潜在顾客数量很多，就应以广告宣传为主，大量采用人员推销则无法适应广泛的市场需求。

4 企业情况

企业的规模与资金状况不同，应该运用不同的促销组合。一般情况下，小型企业资金力量弱，支付大量的广告费用比较困难，这样就应该以人员推销为主；大型企业有规模效应，产品数量多，资金雄厚，有能力使用大量的广告向广泛的消费者施加影响，所以就应该以广告促销为主，人员推销为辅。

子任务二　制定人员推销策略

案例分析

汽车销售大王乔·吉拉德

乔·吉拉德(原名约瑟夫·萨缪尔·吉拉德，Joseph Samuel Gerard，1928 年 11 月 1 日出生于美国密歇根州底特律市)，是美国著名的推销员。他是吉尼斯世界纪录大全认可的世界上最成功的推销员，从 1963 年至 1978 年总共推销出 13 001 辆雪佛兰汽车。他曾经连续12 年平均每天销售 6 辆车，至今无人能破。

乔·吉拉德从事汽车销售的第二月，销售最好成绩就达到了一天 18 辆车，这个纪录到目前都还没有被打破过。那么，在他从事汽车销售的职业生涯中，什么原则是一定要遵守的？乔·吉拉德认为当他卖出一辆车以后，要做三件事——服务、服务、还是服务。有人问他："乔，我一个月只卖掉 4 辆车，都有点照顾不过来客户了，你的业绩可是平均一天卖6 辆车，你怎么为这么多客户提供服务？"乔·吉拉德回答说："一个月卖掉四五十辆车对我来说太容易了，我与一家很有情调的意大利餐厅签有合约。在每月的第 3 个星期三，我会邀请客服部的 36 位同事来与我一同进餐，他们是维修汽车的技工。我给予他们关爱，重要的是他们也表现出对我的爱。所以当客户来的时候，我的助手去客服部就能请出 4 位技工, 二话不说打开工具箱马上开始修理他们的爱车。在那之后他会去找谁买车？乔·吉拉德。因为我给他们关爱，卖车时我会给他承诺，因为我卖给他车后会告诉他，我绝不会对这辆车置之不理。你叫艾迪，对吗？艾迪，我决不会抛弃这辆车，我会一直关注这辆车。无论你何时何地需要我，我都会给你的车提供超乎想象的服务。"投之以桃，报之以李。通过口碑相传，乔·吉拉德的服务尽人皆知。

在每次销售出汽车之后，乔·吉拉德总是把一份叫作"猎犬计划"的说明书交给他的顾客。所谓猎犬计划，就是如果乔的顾客介绍别人来买车，成交之后，每辆车他会得到25美元的酬劳。1976年，猎犬计划为乔带来了150笔生意，约占总交易额的三分之一。乔付出了1400美元的猎犬费用，却通过发展新的顾客换回了75 000美元的佣金。在乔·吉拉德看来，一个成功的销售人员应该不断去发现新的销售手段，寻找潜在客户。

思考：乔·吉拉德是如何成功的？谈谈人员推销的优势和劣势？

📖 知识链接

一、人员推销的概念及特点

人员推销(Personal selling)是企业运用推销人员直接向顾客推销商品和服务的一种促销活动。人员推销的三要素是推销人员、推销对象、推销品，其中推销品包括商品和服务。人员推销有利有弊，其利弊具体如下。

(一) 人员推销的优点

1. 方法灵活，作业弹性大

人员推销由于与客户保持直接接触，可以根据各类客户的欲望、需求、动机和行为，有针对性地采取必要的协调行动。同时也便于观察客户反应，及时调整推销计划和内容，顾客有什么意见或问题也可以及时回答和解决。

2. 推销效率高，容易达成交易

人员推销可以对未来可能的顾客先做一番研究和选择，通过电话或传真的预约确定推销对象，以便实地推销时目标明确，容易获得推销成果，同时也可将不必要的经费和时间浪费降低到最低限度。

3. 可兼任其他营销功能

推销人员除了担任多项产品(服务)推销工作外，还可以兼做信息咨询服务、收集客户情报、市场调研、开发网点、帮助顾客解决商业性事项等工作。

(二) 人员推销的缺点

当市场广阔而又分散时，推销成本较高，人员过多也难以管理。同时，理想的推销人员并不易得。因此，除了致力于推销人员的挑选与培训外，其他推销方式也是有效的补充。

二、人员推销的过程

推销活动是一个过程，因此推销人员不能企图一蹴而就，要有充分的耐心，认真对待推销过程的每一个环节，踏踏实实地做好每一步工作，那么推销工作的成功自然是水到渠成。

一般来讲，人员推销要经过以下六个步骤。

(一)　寻找顾客

推销过程的第一步是寻找潜在顾客，这是一项非常具有挑战性的工作。社会是由无数的人和组织构成的，在这些庞大的个人和组织中，并不是每个人或组织都会成为企业的客户，即不是每个人都会成为推销人员的推销目标。只有首先找到潜在顾客，才能使推销活动有目标，提高推销人员的工作效率。

(二)　推销接近前的准备

推销人员在接近顾客前，必须认真做好准备，制订周密的计划，预测可能出现的各种情况，并拟订出应变方案，只有这样，才能顺利进入面谈。

例如，汽车销售大王乔·吉拉德在刚开始工作的时候，很注重搜集客户的信息，他把搜集的客户资料写在卡片上，但有时候会发现有些资料不翼而飞，这给他追踪客户信息带来了麻烦，他开始意识到建立客户档案的重要性。于是他准备了卡片夹和日记本，把原来纸上的记录全部做成日记，建立客户档案。他的卡片、档案随着推销生涯的深入逐渐完善。当拜访一位潜在客户时，他会在卡片档案中挑出相关资料，包括潜在客户的孩子、嗜好、学历、职务、成就、旅行过的地方、年龄、文化背景及其相关的事情。这些信息能帮助他接近客户，有效地与客户沟通讨论问题，谈论他们感兴趣的话题。一旦与客户拉近了距离，那就离推销成功不远了。

(三)　推销接近

正式接近顾客阶段是进入下一阶段的基础，没有推销接近，就不可能有推销面谈，推销的成败也就无从谈起。这一阶段非常短暂，可能只有几分钟，在这短短的时间里，要求推销人员根据所掌握的顾客材料，灵活运用各种技巧，以达到顺利接近顾客的目的，为下一阶段的顺利进行打下良好的基础。

例如，布莱恩·崔西推销图书的时候遇到了一位非常有气质的女士，那时候崔西才刚开始运用赞美这个技巧。和大多数的客户一样，当那位女士听到布莱恩·崔西是推销员时，脸一沉说："我知道你们这些推销员都一样，尽说些奉承人的话，不过，我不会听你的鬼话的，我劝你还是节省点时间吧！"崔西仍面带微笑，和蔼地对她说："是的，您说的很对，推销员都喜欢拍顾客的马屁，有的没的都能说，像您这样的客户我倒是很少遇到，不喜欢听别人的片面之词，还特别有主见，从来不会受别人的支配。"听完了这句话，女士阴云般的脸色已经变了，她微翘的嘴角泄露了她此刻的心情，然后问了一些关于图书的问题，崔西都一一做了回答。最后，崔西还不忘告诉她："您真的很有高贵的个性，您的语言、敏锐的头脑都体现了您良好的气质和形象。"那位女士听后开心地笑出了声，她爽快地买了一套书籍。后来，这位女士成了崔西的忠实客户。后来，崔西总结出了一条定律：没有不喜欢被赞美的人，只有不会赞美别人的人。

（四）　推销面谈

推销面谈是指推销人员向顾客传递推销品信息并进行双向沟通的过程，是推销人员运用各种方式、方法和手段去说服顾客采取购买行动的过程。推销面谈的目的在于沟通推销信息，诱发顾客的购买动机，激发顾客的购买欲望，说服顾客采取购买行动。不难看出，这一阶段是推销过程的关键阶段，面谈的结果直接影响着推销的成败。

（五）　处理异议

推销人员在推销过程中，会遇到各种各样的阻力，即顾客的反对意见，表现为顾客异议。顾客异议包括顾客对产品、价格、需求、时间等方面的异议。顾客异议在推销过程中是非常普遍的，一定程度上可以说是必然的，因此，推销人员应该正确对待顾客异议。俗话说"嫌货人才是买货人"，是有一定道理的。推销人员要千方百计弄清顾客异议的真实意图，克服和排除障碍，化阻力为机会，自然会说服顾客，促成交易。

（六）　成交技巧

成交是推销面谈的一种结果，也是推销人员所希望的结果，是整个推销工作的最终目标。顾客的成交意向通常会通过各种方式流露出来，如语言、行为、表情等。一个优秀的推销人员应该善于捕捉这些信号，以防错过成交的机会。

三、人员推销的形式

一般来说销售人员可选的推销方式有上门推销、柜台推销、会议推销三种。

（一）　上门推销

上门推销是最常见的一种推销方式，可以针对顾客的需要提供有效的服务，并方便顾客。这种形式是一种积极主动的、名副其实的、"正宗"的推销形式。

（二）　柜台推销

柜台推销是一种等客上门的推销方式。陈列在柜台的产品品种齐全，能够满足顾客多方面的要求，为其提供方便，是顾客比较乐于接受的方式。柜台推销适用于零星小商品、贵重商品和容易损坏的商品推销。

（三）　会议推销

会议推销是利用各种会议向与会人员宣传和介绍产品，开展推销活动。这种推销形式接触面广、推销集中，可同时向多个客户推销，成交额大，推销效果好。

【思考】推销人员面对不同需求的顾客，应该如何寻找突破口？

四、人员推销的策略

(一)　试探性策略

试探性策略亦称刺激—反应策略。就是在不了解客户需求的情况下，事先准备好要说的话，对客户进行试探，同时密切注意对方的反应，然后根据反应进行说明或宣传。

(二)　针对性策略

针对性策略亦称配合—成交策略。这种策略的特点是事先基本了解客户某些方面的需求，然后有针对性地进行"说服"，当讲到"点子"上引起客户共鸣时，就有可能促成交易。

(三)　诱导性策略

诱导性策略也称诱发—满足策略。这是一种创造性推销，即首先设法引起客户需求，再说明所推销的服务或产品能较好地满足这种需要。这种策略要求推销人员有较高的推销技术，在"不知不觉"中成交。

子任务三　制定广告策略

案例分析

蜜雪冰城的洗脑神曲

2021年6月5日，蜜雪冰城在B站发布了一支十分魔性洗脑的动画MV主题曲。歌曲改编自美国的一首民谣《哦，苏珊娜》，旋律和歌词都非常简单但却又十分魔性，并且还有中英双语版，以蜜雪冰城主题视觉形象"雪王"为主角，画风可爱，但只要听过几次，就如同魔音绕耳，在脑海中挥之不去了。

"你爱我，我爱你，蜜雪冰城甜蜜蜜……"真的也太洗脑了。

蜜雪冰城在产品、价格、渠道、推广上走的一直都是亲民化路线，恰恰是这样的策略，让其稳稳地占住了下沉市场。这次MV的主要目标是一方面提高品牌声量、促进产品销售转化，另一方面进一步塑造"亲民平价"的品牌形象。

这首主题曲在网友们各种神操作下，刷屏了B站、抖音、微博等社交媒体平台，已经不单单是一首企业宣传曲，而是成了全民娱乐的工具。也正是深刻洞察年轻人好奇、热衷玩梗、敢挑战、追潮流的心理，这首歌才能如此迅速出圈，而这种能够给大众带来乐趣的往往也是最受欢迎的。不得不说，蜜雪冰城的洗脑神曲无疑是为品牌做了一次相当成功的营销。

思考：蜜雪冰城广告成功的原因是什么？结合案例分析广告的功能和作用。

知识链接

一、广告的概念

广告是指广告主以促进销售为目的，付出一定的费用，通过特定的媒体传播商品或劳务等有关经济信息的大众传播活动。

广告策略的重点主要体现在以下四个方面。

(一)　Who(向谁说)

Who 即广告的目标受众是谁。在某种意义上，广告的目标受众就是企业要找的目标消费群体，因此，必须研究目标消费群体的生活习惯、审美观、价值观、个性、接触媒体的习惯、消费与购买时机等，并以此决定广告创意和媒体组合。

(二)　What(说什么)

What 即广告的诉求点，就是整个创意所要表达的中心思想。寻找诉求点的常见方法是在产品功能的差异化中寻找(如海飞丝的去头屑)。

(三)　How(如何说)

How 即广告的创意如何表达，是在分析 Who(向谁说)和 What(说什么)的基础上进行具体的广告创意。例如，娃哈哈爽歪歪的广告目标消费人群是小朋友，因此其包装设计创意是符合小朋友性格特征的卡通形象外包装，以"好玩、好喝、好收藏"获得小朋友的认同。

(四)　When(什么时候说)

When 即广告的时间，就是对广告发布的时间和频度做出统一的、合理的安排。广告时间策略的制定，要视广告产品的生命周期阶段、广告的竞争状况、企业的营销策略、市场竞争等多种因素的变化而灵活运用。一般而言，即效性广告要求发布时间集中，时限性强、频度起伏大；迟效性广告则要求广告时间发布均衡，时限性弱、频度波动小。广告时间策略的运用是否得当，对广告的效果有很大影响。

二、广告的作用

(一) 传递信息，沟通产需

广告最基本的功能就是认识功能。广告能帮助消费者认识和了解各种商品的商标、性能、用途、使用和保养方法、购买地点和购买方法、价格等内容，从而起到传递信息、沟通产销的作用。俗话说，货好还得宣传巧。但在现实生活中，还有一些企业对广告的作用不十分明了，认为做广告花费大，得不偿失。因此，他们宁可天南海北、火车轮船、辛辛苦苦到处推销，也不愿做广告。实践证明，广告在传递经济信息方面是最迅速、最节省、最有效的手段之一。好的产品借助于现代化科学手段的广告，其所发挥的作用不知比人力要高多少倍。

(二) 激发需求，增加销售

一则好的广告，能起到诱导消费者的兴趣和感情，引起消费者购买该商品的欲望，直至促进消费者的购买行动。

(三) 促进竞争，开拓市场

提高商品的知名度是企业竞争的重要内容之一，而广告则是提高商品知名度不可缺少的武器。精明的企业家，总是善于利用广告，提高企业和产品的"名声"，从而抬高"身价"，推动竞争，开拓市场。

(四) 介绍知识，指导消费

现代化生产门类众多，新产品层出不穷，而且分散销售，人们很难及时买到自己需要的东西，而广告通过商品知识介绍，就能起到指导消费的作用。

例如，在中国，如果提到"今年过节不收礼"，随便一个人都会说"收礼只收脑白金"。脑白金已经成为中国礼品市场的第一代表。睡眠问题一直是困扰中老年人的难题，因失眠而睡眠不足的人比比皆是。有资料统计，国内至少有 70%的妇女存在睡眠不足现象，90%的老年人经常睡不好觉。"睡眠"市场如此之大，然而，在红桃 K 携"补血"、三株口服液携"调理肠胃"概念创造中国保健品市场高峰之后，在保健品行业信誉跌入谷底之时，脑白金单靠一个"睡眠"概念不可能迅速崛起。作为单一品种的保健品，脑白金以极短的时间迅速启动市场，并登上中国保健品行业"盟主"的宝座，引领我国保健品行业长达五年，其成功的最主要因素在于找到了"送礼"的轴心概念。

中国是礼仪之邦，有年节送礼，看望亲友、病人送礼，公关送礼，结婚送礼，下级对上级送礼，年轻人对长辈送礼等种种送礼行为，礼品市场浩大。脑白金的成功，关键在于定位于庞大的礼品市场，而且先入为主地得益于"定位第一"法则，第一个把自己明确定位为"礼品"，以礼品定位引领消费潮流。

三、广告的分类

(一) 按照广告诉求方式分类

广告的诉求方式就是广告的表现策略，即解决广告的表达方式——"怎么说"的问题。它是广告所要传达的重点，包含着"对谁说"和"说什么"两个方面的内容。通过借用适当的广告表达方式来激发消费者的潜在需要，促使其产生相应的行为，以取得广告者所预期的效果。可以将广告分为理性诉求广告和感性诉求广告两大类。

1. 理性诉求广告

理性诉求广告通常采用摆事实、讲道理的方式，通过向广告受众提供信息，展示或介绍有关的广告物，有理有据地进行论证接受该广告信息能带给他们的好处，使受众理性思考、权衡利弊后能被说服而最终采取行动。家庭耐用品广告、房地产广告较多采用理性诉求方式。

2. 感性诉求广告

感性诉求广告采用感性的表现形式，以人们的喜怒哀乐等情绪、亲情、友情、爱情以及道德感、群体感等情感为基础，对受众诉之以情、动之以情，激发人们对真善美的向往并使之移情于广告物，从而在受众的心智中占有一席之地，使受众对广告物产生好感，最终发生相应的行为变化。日用品广告、食品广告、公益广告等常采用这种感性诉求的方法。

(二) 按照广告目的分类

制定广告计划的前提是必须首先明确广告目的，这样才能做到有的放矢。广告目的不同，广告的内容、广告的投放时机、广告所要采用的形式和媒介都有所差异。按广告目的可以将广告分为产品广告、企业广告、品牌广告、观念广告等类别。

1. 产品广告

产品广告，又称商品广告，是以促进产品的销售为目的，通过向目标受众介绍有关商品信息，突出商品的特性，以引起目标受众和潜在消费者的关注。产品广告力求产生直接和即时的广告效果，在目标受众和潜在消费者的心目中留下美好的产品形象，从而为提高产品的市场占有率，最终实现企业的目标埋下伏笔。

2. 企业广告

企业广告，又称企业形象广告，是以树立企业形象、宣传企业理念、提高企业知名度为直接目的的广告。虽然企业广告的最终目的是实现利润，但它一般着眼于长远的营销目标和效果，侧重于传播企业的信念、宗旨或是企业的历史、发展状况、经营情况等信息，以改善和促进企业与公众的关系，增进企业的知名度和美誉度。企业广告对产品的销售可能不会有立竿见影的效果，但由于企业声望的提高，使企业在公众心目中留下了较美好的印象，对加速企业的发展具有其他类别的广告所不具备的优势，是一种战略意义上的广告。企业广告具体还可以分为企业声誉广告、售后服务广告等类别。

3. 品牌广告

品牌广告，是以树立产品的品牌形象，提高品牌的市场占有率为直接目的，突出传播品牌的个性以塑造品牌的良好形象的广告。品牌广告不直接介绍产品，而是以品牌作为传播的重心，从而为铺设经销渠道、促进该品牌下的产品的销售起到很好的配合作用。

4. 观念广告

观念广告，即企业对影响自身生存与发展的，并且与公众的根本利益息息相关的问题发表看法，以引起公众和舆论的关注，最终达到影响政府立法或制定有利于本行业发展的政策与法规，或者是指以建立、改变某种消费观念和消费习惯的广告。观念广告有助于企业获得长远利益。

(三) 按照广告传播区域分类

根据营销目标和市场区域的不同，广告传播的范围有很大的不同。按照广告媒介的信息传播区域，可以将广告分为国际性广告、全国性广告和地区性广告等几类。

1. 国际性广告

国际性广告又称为全球性广告，是广告主为实现国际营销目标，通过国际跨国传播媒介或者国外目标市场的传播媒介策划实施的广告活动。它在媒介选择和广告的制作技巧上都较能针对目标市场的受众心理特点和需求，是争取国外消费者，使产品迅速进入国际市场和开拓国际市场必不可少的手段。

2. 全国性广告

全国性广告，即面向全国受众而选择全国性的大众传播媒介的广告。这种广告的覆盖区域大、受众人数多、影响范围广、广告媒介费用高，较适用于地区差异小、通用性强、销量大的产品。因全国性广告的受众地域跨度大，广告应注意不同地区受众的接受特点。

3. 地区性广告

地区性广告，多是为配合企业的市场营销策略而限定在某一地区传播的广告，可分为地方性广告和区域性广告。

地方性广告又称零售广告，为了配合密集型市场营销策略的实施，广告多采用地方报纸、电台、电视台、路牌等地方性的传播媒介，来促使受众使用或购买其产品，常见于生活消费品的广告，以联合广告的形式，由企业和零售商店共同分担广告费用。其广告主一般为零售业、地产物业、服装业、地方工业等地方性企业。

区域性广告是限定在国内一定区域(如华南区、华北区)或是在某个省份开展的广告活动。开展区域性广告的产品往往是地区选择性或是区域性需求较强的产品，如加湿器、防滑用具、游泳器材等。

三、广告媒体

(一) 广告媒体的分类和特性

随着经济的发展和科技的进步，广告媒体日趋复杂，按媒体的物质自然属性可将其分为：印刷品媒体(如报纸、杂志、书籍、传单等)；电子媒体(如电视、广播、国际互联网等)；邮政媒体(如通过邮寄方式送达消费者的产品目录、价目表、说明书等)；销售现场媒体(如店头广告、实物演示、店内灯箱等)；纪念品媒体(如年历、手册、小工艺品等)。按接受者感受角度可将广告媒体分为视觉广告媒体、听觉广告媒体、视听觉媒体。这里仅说明几种主要媒体的特性。

1. 报纸

报纸是应用最广泛，也是最早发布广告的媒体。它有很多优点：传播面广、覆盖率高；传播速度快、及时；信息量大，读者不受时间限制；制作方便、费用低廉、刊出日程选择自由度大；在一定程度上可以借助报纸本身的威信。它的局限性是：时效短；印刷不够精美，表现力有限；接触时间相对较短，需多次刊登。

2. 杂志

杂志是仅次于报纸而较早出现的广告媒体。它分类明确，作为媒体的优点有：读者稳定，可以存留翻阅，反复接触机会多；信息量大，印刷精美；可利用专业刊物声望，尤其对行业内广告针对性强。它的局限性是：发行周期长，时效性差，专业杂志广告接触不广泛。

3. 广播

广播作为广告媒体的优点有：传播速度快，听众广泛，内容易变更，可多次播出；制作简单，费用低廉。它的局限性是：有声无形，只刺激听觉，遗忘率高，难以记忆，无法保存和查阅，难以把握收听率。

4. 电视

电视是广告信息传播的理想工具。它的优点是：集声、形、色于一体，形象生动，有极强的吸引力；能综合利用各种艺术形式，表现力强；覆盖面广，注目率高。它的局限性是：制作复杂，费用高；时效短，难以记忆。

5. 户外媒体

户外媒体是指在露天或针对户外行动中的人传播广告信息的工具，包括销售现场广告媒体(如橱窗、灯箱、现场演示等)和非销售现场广告媒体(如路牌、电脑显示牌、气球、招贴画等)。这种媒体的优点是：长期固定在一定场所，反复诉求效果好；可以做到色彩鲜艳，图文醒目，媒体费用弹性大；可根据传播对象的特点和风俗习惯设置。其局限性是宣传区域小，变更成本高。

(二) 广告媒体的选择

一般来讲，选择广告媒体要从企业或商品特点和促销目标出发，选择覆盖面广、传播速度快，直接接触目标市场，节省广告成本，能获得最佳促销效益的广告媒体。不同的广告媒体有不同的特点，运用时要考虑以下几点。

1. 目标市场

广告的目的就是对目标市场的潜在顾客发生影响，从而促进购买。因而，选择广告媒体要考虑消费者易于接触并乐于接受的媒体，并且要根据目标市场范围，选择覆盖面与之适应的媒体。例如，开拓区域市场可选择地方报纸、电台、电视台；如果要提高在全国的知名度，则宜选择全国性的媒体。

2. 广告商品的特性

由于商品的性质、性能、用途不同，宜选择不同的广告媒体。例如，对于生活用品，可用电视、广播或进行家庭走访；对于专业技术性强的机械设备等，则宜利用专业性报纸杂志或邮寄广告形式，以便更直接地接触广告对象。

3. 媒体性质

在媒体性质方面，主要是考虑媒体本身的流通性、时间性、覆盖面和表现力等。

4. 媒体的成本

不同的媒体，其费用不同；同一媒体，不同时间、位置，费用也会不同。企业在选择时要根据自身财力和对广告效果的预期选择适宜的媒体。

四、广告的设计原则

(一) 真实性原则

真实性是广告的生命和本质，是广告的灵魂。作为一种负责任的信息传递，真实性原则始终是广告设计首要的和最基本的原则。

广告的真实性首先是广告宣传的内容要真实，应该与推销的产品或提供的服务相一致，不能弄虚作假，也不能蓄意夸大，必须以客观事实为依据。其次，广告的感性形象必须是真实的，无论在广告中如何艺术处理，广告所宣传的产品或服务形象应该是真实的，与商品的自身特性一致，不能夸大与歪曲。最后，广告的感情必须是真实的，表现的是真情实感，不是矫揉造作，以真善美的最高审美情趣去感染受众，唤起美好的感情，最终实现预期目的。

(二)　关联性原则

广告设计必须与产品关联、与目标关联、与广告想引起的特别行为关联。广告如果没有关联性，就失去了目的。关联性的原则在于要解决以下几个基本问题：

(1) 广告欲达到什么样的目的？

(2) 广告做给什么样的目标受众？

(3) 有什么样的竞争利益点可以做广告承诺？有什么支持点？

(4) 广告的品牌有什么特别的个性？

(5) 什么样的媒体适合传播广告信息？取悦受众的突破点在哪里？

对产品、消费者的事实、竞争对手的优缺点等，这些基本事实是"关联"的根据。广告如果不知道要说什么、对什么人说、为什么说，就势必浪费时间与金钱。广告设计必须针对消费者的需要，有的放矢，才能引发消费者的注意与兴趣，具有引诱说服的感召力，将消费大众的需要转化为消费行为的动机，起到潜移默化的说服作用。

(三)　创新性原则

广告设计的创新性原则实质上就是个性化原则，是差别化设计策略的体现。个性化的内容和独创的表现形式应和谐统一，以显示出广告作品设计的独创性。

广告设计的创新性原则有助于塑造鲜明的品牌个性，能让品牌从众多的竞争者中脱颖而出，能强化其知名度，鼓励消费者选择此品牌，因此，品牌个性是一个有价值的资产。广告在创造及维护品牌个性中扮演着重要的角色，当品牌有鲜明、动人的个性时，消费者便会期望使用此品牌，会有良好的体验。当期望实现后，良好的体验便会受到重视，并留下美好的记忆。

广告设计中，要着力突出的是商品的个性形象，创意、造型、图案、色彩、语言、音乐等都要贯穿个性化的指导思想，才能创造出不同一般的富有个性的独特形象，增强广告的吸引力，在人们的脑海中留下深刻的印象。

创新性原则要求广告设计师具有超凡脱俗的创造力和表现力，善于突破传统模式，敢于独创风格、标新立异。广告设计要同时做到"创新"和"关联"，是最高的要求。针对消费者需要的关联并不难，不关联而创意新奇也容易做到，真正难达到的是同时"创新"和"关联"。

(四)　形象性原则

产品形象和企业形象是品牌和企业以外的心理价值，是人们对商品品质和企业品位感情反应的联想，现代广告设计要重视品牌和企业形象的创造。消费者的购买动机即心理因素占有重要地位，商品的心理价值就是品牌和个人印象，包括消费者对商品和企业的主观评价，它往往成为消费者购买行为的指南，因此，如何创造品牌和企业的良好形象，已是现代广告设计的重要课题。

在工业高度发达的今天，由于科学技术的不断更新，同类商品的品质几乎都是大同小异的，消费者在选择商品时，往往不把商品的功能因素放在首位，而是考虑商品所提供的整个形象，尤其在消费品市场和年轻人市场，这种因素在人们进行购买时起着很重要的作用，可以说消费者买的是商品，选择的是印象。

每一项广告活动和每一件广告作品，都是对商品印象和企业印象的长期投资。因此应该很好地遵循形象性原则，在广告设计中注重品牌和企业形象的创造，充分发挥形象的感染力与冲击力，把经过创造的独特的形象概念根植于消费者的心目中，这样就能使商品的销售立于不败之地。

（五）　感情性原则

感情是人们受外界刺激而产生的一种心理反应，人们的购买行动受感情因素的影响很大，消费者在接受广告时要遵循一定的心理活动规律，即"科学的法则是遵循心理学法则的"。

我们通常把人们在购买活动中的心理活动规律概括为引起注意、产生兴趣、激发欲望、促成行动四个过程，其过程自始至终充满着感情的因素。

在现代广告设计中要充分注意感情性原则的运用，尤其对于某些具有浓厚感情色彩的广告主题，这更是设计师不容忽视的表现因素。要在广告上极力渲染感情色彩，烘托商品给人们带来的精神上的美的享受，诱发消费者的感情，使其沉醉于商品形象所给予的欢快愉悦之中，就能使消费者动之以情，产生购买冲动。

五、广告效果的测定

（一）　广告促销效果的测定

广告促销效果，也称广告的直接经济效果，反映广告费用与商品销售量(额)之间的比例关系。广告促销效果的测定，是以商品销售量(额)增减幅度作为衡量标准的。以商品销售量的变动来评定广告效果并不全面。

（二）　广告本身效果的测定

广告本身效果，主要是指广告对目标市场消费者所引起心理效应的大小，包括对商品信息的注意、兴趣、情绪、记忆、理解、动机等。

广告本身效果测定的指标有：知名度、注意度、理解度、记忆度、视听率、购买动机。

案例分析

浪费的那一半哪去了？

"我的广告费哪去了呢？""我的广告有效吗？""做广告难道真的只能是雾里看花凭

直觉靠运气吗?"我们经常听到这样充满迷惑地追问。其实,如果在广告运作过程中遵循科学性原则,理性地进行数据分析,许多广告浪费现象并非不可避免……

约翰·沃纳梅克曾说:"我知道我的广告费有一半被浪费掉了,但我不知道是哪一半。"冷静地审视我们身边的企业,浪费掉的广告费何止一半!但如果能对广告效果进行经常性评估,就会发现,这种浪费并非不可抗拒。

思考:如何对广告效果进行有效的评估和测定?

子任务四　制定公共关系策略

案例分析

鸿星尔克捐款事件背后的思考

2022年7月郑州水灾时,鸿星尔克的微博评论冲上热搜首位,起因为鸿星尔克为支持河南抗灾捐款5000万元物资,网友却担心鸿星尔克业绩不佳仍大额捐款,纷纷喊心疼。"感觉你都要倒闭了还捐款这么多""宝,你赚钱不容易啊""宣传下啊,我都替你着急",除了在热搜下发表关切评论,更有网友直接赠送鸿星尔克十年微博会员。截至2022年7月23日15时,该微博热搜已经达7亿阅读次数,超13.7万讨论。鸿星尔克官方捐款图文转发量、评论数也都超过20万。除了微博留言,还有众多网友纷纷自发进入鸿星尔克淘宝、抖音直播间购买产品。根据阿里向时代周报记者提供的数据,7月22日晚,鸿星尔克淘宝直播间有超过200万人参与扫货,上架一款抢空一款。截至2022年7月23日,鸿星尔克淘宝直播间粉丝量已增至752.6万,获赞38.9万,数据还在进一步增长中。

思考:鸿星尔克捐款事件与其货物被买空事件的关联性?并谈谈什么是公共关系,它的作用是什么?

知识链接

一、公共关系的含义

公众关系是指企业在从事市场营销活动中正确处理企业与社会公众的关系,以便树立企业的良好形象,从而促进产品销售的一种活动。

企业的公共关系活动,应以公众利益为前提,以服务社会为方针,以交流宣传为手段,以谅解、信任和事业发展为目的。公共关系被企业广泛用于配合市场营销,尤其是开展促销活动。

(一)　公共关系的特点

公共关系被企业广泛用于配合市场营销,尤其是开展促销活动。公共关系的特点如下:

1. 真实感

公共关系传播的信息，或借助于事实本身，让人耳闻目睹；或通过他人之口，昭告天下。公共关系可以巧妙避开人员促销、广告等手段"自卖自夸"之嫌，能够突破公众及顾客的防范、戒备心理，易于深入人心，效果持久。

2. 新鲜感

公共关系传播的内容新颖独特，又富于戏剧性，容易吸引视听。

3. 亲切感

公共关系传播的信息，重在表现企业的"人情味"和社会责任心，创造企业经营"取之于民，用之于民"的公共形象，迎合了公众与顾客的感情，更利于买卖双方之间建立长期合作关系，发展友好往来，形成顾客对企业、品牌的高度向心力。

（二） 公共关系的作用

公共关系的本质是"内求团结，外求发展"。公共关系的作用主要有以下五点。

1. 收集信息，检测环境

社会组织要运行得当，就必须正确地了解自己，了解自己运行的现实环境，尤其是现实环境中的公众。而通过公关获取大量信息，是了解自己与环境及其关系的最有效手段。组织的环境信息主要包括：政府的政法信息及决策信息、公众需求信息、公众对产品形象评价的信息、公众对组织形象评价的信息及其他社会信息，这些信息起到了组织"环境监测器"的作用。

2. 输出信息，扬名立善

现代社会中，尽管社会组织的目标各不相同，但在目标的实现过程中有一点是相同的，就是让公众了解自己。公众越了解自己，目标就越容易实现。而公众了解自己的最好途径就是输出信息，提高组织的知名度和美誉度。组织要想发展壮大，首要的一方面是要保证产品或劳务的质量，另一方面也要搞好宣传工作，即让公众认可组织的产品或劳务。外部公共关系是塑造组织形象的重要环节，名牌战略及名牌效应、名流关系及名流效应就是最好的验证。

3. 协调关系，增进合作

公共关系是"内求团结、外求发展"的一门艺术。其重要职能就是通过协调使一个组织中的所有部门的活动同步化与和谐化，使组织与环境相适应。协调就是"协"和"调"的统一。协，是协商，即遇事不能自己一方说了算，要双方坐下来协商讨论，寻得利益的一致；调，是调和，即坚持互利互惠的原则，求得双方利益的统一。

4. 咨询建议，参与决策

社会组织的运行是在决策的指导下进行的，决策的可行与否及可行度的大小，均取决于决策者的选择，而选择的根据则在于对信息量的掌握程度。公关部是公众向组织反馈信息的中间环节，收集到的信息都是来自社会各方面的与组织有关的真实信息，将信息有选择、有分析地传递给组织的决策者，为决策者的选择提供服务。

5. 危机管理，处理突发事件

组织所处的环境可分为已知和未知两部分，而未知部分又必然会带来组织运营、发展中的某种不确定性。当这种不确定性在短时间内变为现实时，就会发生种种管理人员未曾预料到的事件，即所谓"突发事件"。由于这类事件具有突然性、变化快、影响大、处理难度大、余波长等特点，因此，组织的管理者时刻都要有危机管理意识。公共关系在危机管理中的作用体现在：事先预报，避免发生；提前准备，减少损失；紧急关头，稳定人心；做好善后，挽回损失。

案例分析

星巴克的危机公关

2022 年 2 月 13 日，网络上有人曝光称重庆磁器口星巴克店员发现 4 位吃盒饭的民警坐在店外客区就餐后，便要求他们换到其他的地方吃，并且称民警在这吃盒饭将会影响整个门店的品牌形象。事件发生之后，在网络上引起了极大的喧哗讨论，在多个本地生活以及点评类的网站上，部分星巴克门店的评分产生了大幅度下降的情况。

2 月 14 日上午开始，驱逐事件在全网发酵传播，负面情绪高涨，远超正面情绪。当日 18：20，星巴克中国通过其官方账号公开进行了道歉，表示在此过程当中并不存在舆论所叙述的驱赶民警或者是投诉民警的情况，但是其仍未在处理事件过程当中对店员因言语不妥而引发的沟通误会表达深刻的歉意。这则回应反而遭到大众吐槽，认为其回应套路，也没有对应改革措施去解决问题，颇有点"我错了，下次还敢"的意味，不够真诚。

次日，舆情并未随星巴克的道歉而沉寂，反而被网友、媒体继续挖掘出更多负面信息——事发门店存在包括服务态度差、投诉电话打不通等大量差评，品牌前几个月间"拒收硬币""使用过期食材"等事件也被重提。

难以降温的舆情声背后，还是因为大众"不买账"，星巴克的解释和道歉并未被接受。从星巴克在这段时间的口碑变化便可看出，自 14 日晨间，品牌相关的负面舆情表达显著增多，且一直活跃至 15 日。

以人民网评观点"星巴克请收回你的傲慢"为代表，媒体和网友在事件中多对星巴克的态度做出批评。从驱赶事件本身到被批"不真诚"的公关道歉，舆论感知到的都是其"人文情怀"的缺失。

分析提示：事件点破的"傲慢"评价，并不是一日而生，它受到了品牌长期以来建设成果的影响。而企业因优秀的人文情怀带来惊喜反馈的案例也不在少数，"员工三分之一是残疾人"的白象，"河南水灾捐款 5000 万"的鸿星尔克，"封校学生私信要面包成功"的盼盼。这些不但为企业带来了"野性消费"的惊喜，长期下来，其孕育的品牌光环还能在谣言等负面舆情发生时，为企业带来一定的抵抗力，是品牌建设的重要法门。

二、公共关系的原则

(一) 真实性原则

真实性原则是指组织在开展公共关系活动时，必须建立在组织良好行为和掌握事实的基础之上，向公众如实传递有关组织的信息，同时向组织决策者如实传递有关公众的信息。

公共关系是建立信誉、塑造形象的艺术，但它又不是一种纯粹的艺术或宣传的技术，而是以事实为依据的科学。公共关系不能"制造"，只能"塑造"良好的形象，这种塑造所用的材料就是事实。所以说，真实是公共关系的基本原则，也是对公共关系人员的根本的道德要求，是公共关系的生命。隐瞒、歪曲、推诿是公共关系的大敌，坦诚、亲切、负责的态度是公共关系成功的要诀。

(二) 平等互惠原则

社会组织在开展公共关系活动中，要注意信守平等互惠原则。平等互惠原则是指公关活动要兼顾组织与公众的双方利益，在平等的地位上使双方互利互惠。

平等互利，就是既讲"利己"，又讲"利他"。公共关系并不是一味地讲"利他"，也要讲"利己"(局部利益)，但"利己"不是利己主义。公共关系是在不违反法律和道德的前提下，让别人先得益，最后对自己也有利。

(三) 整体一致原则

整体一致原则是指社会组织在开展公共关系活动时，要站在"社会"的高度，对由活动可能产生的对社会经济效益、社会生态效益及社会精神文明建设等几方面的影响综合起来统一考虑，使诸方面均符合公众的长期利益和根本利益。这种力求使诸因素效益一致的思想和做法称之为整体一致原则。

在社会文明不断发展的当今社会，越来越多的社会组织认识到坚持社会整体效益的重要性，主动贯彻整体一致思想，严格按整体一致原则办事，在社会上产生了积极影响。

(四) 全员公关原则

全员公关原则是指一个组织公关工作的开展，不仅要依靠专职公关机构和公关人员的不懈努力，而且有赖于组织中各部门和全体员工的配合，要求组织的全体成员都注意树立公共关系观念，都要关注并参与公共关系工作，都要为公共关系工作做出贡献。

三、公共关系的四步法

公共关系四步法是由美国芝加哥大学公共关系实验室的詹姆斯·格鲁尼格(James E. Grunig)提出的一种社会传播思维方法，它旨在指导企业和组织应对支持组织的公共关系活动的过程。"四步法"是从一个现有情景到另一个特定目标的过渡，它包括定位、调查、规划和行动四个步骤。

(一) 定位

问题的定位是以调查的形式进行的，以建立清楚的了解。这一步可以通过组织内咨询、市场调查和书面文件等方式进行。这一步可以使组织更清晰地认识了解现有的情况和影响因素，进而识别公共关系活动的目标和重点。

(二) 调查

调查的目的是获取有关组织公共关系活动的详细信息，以便了解组织的当前状况，进而决定如何在未来开展针对性行动。调查的范围方面，在内部可以涉及内部人员和组织，在外部可以涉及与公共关系活动相关的行业、媒体和政府机构等。

(三) 规划

规划可以帮助组织确定提升公共关系活动绩效的有效方法。此阶段应确定目标、确定主要策略、采取具体行动和设置衡量标准及指标等各种工作的措施。

(四) 行动

行动有时也称为"实施"，是实际进行组织公共关系活动的阶段，它涉及相关组织实施规划设计，并使用技术支持公共关系活动。行动阶段又可分为准备行动(如编制新闻稿和宣传海报等)、执行行动(如举办新闻发布会、媒体采访等)和监控行动(如跟踪新闻报道)三个阶段。

公共关系四部法是组织公共关系活动的重要思维模式，旨在推动组织的公共关系的发展，为有效的公共关系行动提供有效路径。它可以帮助组织明确公共关系活动的目标，实现有效的沟通，为组织赢得支持，提高公众话语权。此外，"四步法"还可以帮助组织了解情况，有效管理风险，更好地调整战略和实施行动，根据需求不断更新，以实现最大效果。

四、公共关系的方法

(一) 宣传型公共关系

宣传型公共关系主要是指组织以各种传播媒介为工具，围绕某个特定主题向公众有意识地传播有关信息，目的是向有关公众介绍自身、表白自身，从而创造有利于自身的社会舆论环境。

宣传型公共关系需要注意的三个关键因素：

(1) 运用媒介。能供运用的媒介主要有三种，分别是新闻媒介、广告媒介、自控媒介。

(2) 公众类型。组织的宣传型公共关系所面对的公众可分为内部与外部两大类公众。

(3) 宣传主题。任何一个组织在具体工作进行中，由于各种情况的不同变化及本身工作的正常需要，经常会有目的地开展各不相同的主题宣传活动。

(二) 征询型公共关系

征询性公共关系是指社会组织为自我生存与发展而收集社会的舆情民意，向组织的经营管理决策提供征询或咨询，同时也包括对市场、社会情况及公众意向等信息的收集、整理与研究，以求掌握社会发展趋势的公共关系活动方式。其目的是为组织的经营管理决策提供依据，使自己的行为尽可能地与国家的发展目标和市场的总体趋势相一致。

例如，郑州隆华超市开业不久，就在报纸公开征求顾客意见，请顾客批评指教，结果一周内就收到各类建议200多条，超市于是据以采纳并改进，然后聘请其中20名建议者为"荣誉店员"，做顾客的代言人。这种消费者与超市之间"一家亲"的感觉，大大促进了生意。

征询型公共关系活动特点具体如下：

(1) 征询性公共关系活动适用于任何形式的公共关系活动。

(2) 征询性公共关系活动有一个具体明晰的实施过程。

(3) 征询性公共关系的特点是长期、复杂、艰巨。

征询性公共关系的工作方式有组织市场调查、产品调查、访问重要用户、征询使用意见、开展各种咨询业务、建立信访制度和相应的接待机构、设立监督电话、处理举报和投诉等。

开展征询性公共关系活动，主要有两种存在形式：一种是隶属于某组织内的，一般来说，各个组织都有必要安排人员开展这方面的工作，或专办，或兼办；另一种是独立于任何组织之外的、专门性的咨询公司或机构。

(三) 服务型公共关系

服务型公共关系是一种以为用户和消费者提供优质服务，以实际行动获取公众的理解与好评，建立组织良好形象为宗旨的公共关系活动方式。

服务型公式关系主要有三种形式：

(1) 以组织机构本身的重要活动为中心而开展的公关活动。

(2) 以赞助社会福利事业为中心而开展的公关活动。

(3) 为资助大众传播媒介而举办的各种活动，可提高组织的知名度。

(四) 社会活动型公共关系

社会活动型公共关系，是利用举办各种社会性、公益性、帮助性活动来塑造组织形象的活动方式。

开展社会活动型公共关系活动的主要形式如下：

(1) 以组织机构本身的重要活动为中心而开展活动，如独自主办或出资赞助大型音乐会、体育运动会、招待电影、特邀播放电视剧、举办演讲辩论赛、举办展览会等。

(2) 资助大众传媒举办各种活动，提高组织知名度，如与某一家大众传媒联合举办。此举是因为大众传播媒介拥有广大的读者、听众或观众。不同影响力的媒体会引起不同程度的关注。

(3) 赞助社会福利事业为中心开展的公共关系活动，如赞助社会福利事业、慈善事业、残疾人就业以及推动公共服务设施的建设等。

(五) 交际型公共关系

交际型公共关系活动是一种不借助任何媒体，在人际交往中与目标直接接触并与之建立感情，达到建立良好关系的公共关系活动方式。这种类型的公共关系活动中主要运用各种交际方法和沟通艺术，广交朋友、协调关系、缓和矛盾、化解冲突，为组织创造"人和"的社会环境。

（六）　建设型公共关系

建设型公共关系，是指社会组织开创之初或公共状态处于较低的水平，以及新产品、新任务首次推出时，为打开局面迅速被公众认知与接受所进行的系统公关活动。

这种活动方式的主要功能是提高组织知名度，开展工作的重点是宣传和交际，为了达到这个目标，需要主动向社会公众介绍自己，努力结交各种朋友，尽量地使更多的公众知道自己、理解自己、接近自己，进而取得公众的理解和支持。

开展建设型公共关系活动的主要形式有密切沟通，创造"事件"，举办专题活动，建立长期客户关系，加强公共宣传等。

案例分析

五菱"人民需要什么，五菱就造什么"

对于"五菱"这个汽车品牌，可能大部分网友都停留在"秋名山车神"这个网梗上。上汽通用五菱定位的就是廉价车，此前的五菱宏光也是四五线城市首选，本身非常"接地气"。2020 年，五菱凭实力再次出圈。

2020 年年初突发新冠疫情，口罩一时间成为紧缺物资。于是，上汽通用五菱于 2 月开始改造生产线转产医用口罩，并且打出了"人民需要什么，五菱就造什么"的旗号。上汽通用五菱生产口罩一事，瞬间在社交媒体发酵，并登上微博热搜榜。

2 月 15 日，央视新闻联播报道《战疫情，中国制造跑出中国速度》，点赞上汽通用五菱仅用了三天时间就完成了 10 万级无尘车间改造、设备安装调试等一系列工作，并取得了民用防护口罩的研发、生产、销售资质。

5 月开始，地摊经济逐渐火热，甚至掀起一股全民摆摊的风潮。五菱看到了商机，6 月 2 日五菱专用车公众号发布文章《五菱翼开启售货车——地摊经济的正规主力军！》，推出"地摊神器"五菱荣光小卡翼开启和五菱荣光新卡翼开启两款车型，一上线就销量火爆，订单甚至排到一个月后。网友对此评价"真就人民需要什么，五菱就造什么"。6 月 3 日，港股五菱汽车午后大幅拉升，最高涨幅达 126.13%，报 0.45 港元/股。

五菱的口罩和地摊车就是基于当时的大环境，根据自身的能力开展公关工作，既满足了自身需求(如用工荒得到缓解、开发新的业务线等)，又体现了企业的社会责任感，提升了品牌的知名度和美誉度。

（七）　维系型公共关系

维系型公共关系活动方式，是指组织在稳定发展之际为了巩固良好形象，保持原有的公关状态或原有的发展势头所进行的系统公关活动。

维系型的公共关系活动适用于组织机构稳定、顺利地发展时期。为了维系型组织已享有的声誉，稳定已建立的良好关系，采取一种持续不断、较低姿态的传播方式，对公众施以不露痕迹、不知不觉的影响，保持一种潜移默化的渗透力，维系良好的形象。

(八)　防御性公共关系

防御性公共关系，是指组织在出现某些潜在问题甚至危机时，为防范这些潜在问题的出现影响组织的公关状态所进行的系统公关活动。

开展防御型公共关系活动的主要形式有开展公共宣传活动；举办各种形式的研讨会、鉴定会；加强售后服务；组织同行联谊会，加强信息交流与协作，创造和谐的外部环境。

(九)　进攻型公共关系

进攻型公共关系，是指组织与环境之间发生严重不协调时，或组织在意识到环境或公众现有偏好等将阻碍组织的进一步发展时，以攻为守，以积极主动的方式主动改变环境和公众的偏好，以便为组织的长远发展铺平道路进行系统的公关活动，从而树立和维护良好形象的公共关系活动方式。

案例分析

"逗鹅冤" 事件

某日，腾讯起诉老干妈，请求查封、冻结老干妈公司名下16 240 600元的财产。随后，老干妈发公告表示没有和腾讯有任何商业合作并报案。次日，贵阳警方通报，三人伪造老干妈的印章被逮捕。据悉，三个"骗子"代表老干妈与腾讯签署《联合市场推广合作协议》，腾讯在QQ飞车手游S联赛推广"老干妈"品牌，推出了手游限定款老干妈礼盒，还发布了1000多条推广"老干妈"的微博，其间老干妈产品更是频繁出现在赛事直播之中。

随后，腾讯b站动态更新，"中午的辣椒酱突然不香了"，引来支付宝、盒马、金山等一大波友商官号前来围观慰问。网络上开始流传各种消遣腾讯的段子，掀起一波网络狂欢，网络情绪也由此一路攀高。

腾讯回应被骗，自掏腰包悬赏1000瓶老干妈寻找线索。老干妈旗舰店上线辣椒酱大客户专属套装。当日晚间，腾讯公关总监晒出食堂晚饭仅辣酱拌饭，腾讯官号在b站上线自黑视频《我就是那个吃了假辣椒酱的憨憨企鹅》。此外，腾讯QQ还上线了"辣椒酱"表情，不过7月5日，有媒体发现该表情已经被悄悄移除。一通操作之下，腾讯企树立了"憨憨"人设，被赞公关工作做得到位。

(十)　矫正型公共关系

矫正型公共关系，是社会组织遇到危机时采用的公共关系模式。这一类型的公共关系又可称为补救型公共关系，意义相差不大。它指的是在组织形象受到损害时，采取各项有效措施，做好善后或修正工作，以挽回声誉、重建形象的种种专门活动。

案例分析

钉钉的危机公关

钉钉被教育部选中作为给小学生上网课的平台，一时间天选之钉成了被网课支配的孩子们的出气筒。当得知 APP 的评分低于一星就会被下架时，小学生们更是集体出征，疯狂打一星，评分从 4.9 一路跌到了 1.6，意图将其喷下架。面对新增长的年轻用户，钉钉就采用了求饶的方式，表示"给我在阿里粑粑家留点面子吧，相识是一场缘分，不爱请别伤害，我只是一个五岁的孩子、大家都是我爸爸"，一副卖萌、可怜的形象。同时，阿里家族的其他应用也被波及：毫无面子可言的淘宝没有缘分，牵手失败的支付宝，惊到笑错声的盒马，反而被网友心疼的天猫，纷纷出手捞一手被虐得寸草不生的钉钉。随后钉钉更是乘胜追击，推出了《甩钉歌》《你钉起来真好听》等一系列 B 站风格的视频。在视频里，钉钉用最软的态度唱出了最硬的事实，建构起品牌与 B 站的强关联度，成了 B 站网红，成功拉升了品牌在年轻人中的好感度，钉钉的评分也就回暖了。

子任务五　制定销售促进策略

案例分析

美容院的销售促进活动

某美容院推出一项新的答谢老顾客的促销措施。其促销措施规定：凡在该美容院购买年卡和半年卡的顾客，若在明年继续购买年卡和半年卡，则在年卡和半年卡的折扣基础上半年卡多折 0.5 折；年卡多折 1 折。而且，今后每年如此，直至折扣为 0 时，便可终生享受该美容院的免费服务，新顾客也可在未来的消费中享受该措施。年卡享受 6 折的消费者，明年购买年卡则享受 5 折，后年购买年卡则享受 4 折。促销措施宣布后的一周内，有 100 多位消费者购买了该美容院的年卡和半年卡，同时仍有人陆续咨询该活动。

思考：该美容院采取的是哪种销售促进的方式？销售促进的特点是什么？

知识链接

一、销售促进的概念

销售促进，又称营业推广，是指企业运用各种短期诱因鼓励消费者和中间商购买、经销(或代理)企业产品或服务的促销活动。

销售促进的最大特征在于，它是战术性营销工具，而非战略性营销工具。它提供的是短期刺激，会导致消费者的直接购买行为。针对性强、见效快是销售促进的显著优势，所以它得到了不同类型销售终端的普遍接受和广泛运用。但是，如果攻势过强，销售促进就容易引起消费者的反感，并且会耗费大量的人力、物力和财力，因此应慎重使用。

二、销售促进的特点

(一) 短期促销效果显著

销售促进适合在短期性的促销活动中使用，它不像广告和公共关系那样需要一个极长的时间才可以见效。

(二) 辅助性的促销方式

广告和公共关系等这些都是比较经常性的促销方式，而销售促进是非经常性的。这主要是因为销售促进带有贬低产品的意思，所以销售促进只能作为一种补充方式。

(三) 具备两个相互矛盾的特征

销售促进一方面似乎在告诉消费者机会难得、机不可失，来打破消费者的购买惰性；另一方面有在贬低产品，给消费者一种这种产品不好卖的错觉，进而使消费者怀疑产品本身可能存在问题。

三、销售促进的方式

销售促进的方式主要可以分为三类。

(一) 面向消费者的销售促进

1. 免费赠送样品

国际企业新产品打入市场时常用的方法就是免费赠送，尤其适用于小商品，如糖果、饮料等。样品可挨户赠送，在商店中附送，或在街头散发。现在也有低价出售试用样品的，如"买一送一"等方式。

2. 减价

在产品进入成熟期后，国际企业常以减价来吸引顾客，扩大销量。减价的名目繁多，但都必须说明企业并非出于质量问题才减价。折扣也是一种减价的方式，其最简单的办法是在价目旁标明折扣。其他方式还有代金券或折扣券等。

3. 廉价包装

有些产品用豪华包装，成本很高，导致价格居高不下。廉价包装则是在商品包装上或招贴上标注该产品比通常的包装减价若干。这种技巧对于低消费阶层非常有效。

4. 有奖销售

通常是售货时附送奖券，小额的立即兑奖，大额的集中摇号抽奖。虽然真正幸运的人很少，但侥幸中奖的心理使很多人禁不住要购买。

5. 赠品印花

消费者在购买某一商品时，商店根据商品的价格给予一定张数的交易印花，凑满若干张就可兑换某些商品。

6. 商店陈列和现场表演

商店陈列和现场表演指在橱窗或柜台里专门布置某些商品，大量陈列或当场表演。

(二)　面向中间商的销售促进

1. 交易推广

交易推广是制造商为争取批发商或零售商的合作而采取的一种行动。比如，批发商购买某种产品达到一定数量时，制造商赠送一些产品，或是制造商向中间商宣布在特定时期购买产品可以折价。另外，制造商还常常向中间商赠送各式各样的纪念品来加强关系，制造商一般还会使中间商因为自己的努力而得到一定的好处。

2. 业务会议和贸易展览

制造商可以召开专门的订货会或产品展销会，边展销边交易。

(三)　面向推销人员的销售促进

在推销人员中开展促销竞赛，对于有业绩的推销员给予奖励，目的是激励他们热情推销本企业产品，积极开拓新市场。

除上述方式以外，销售促进还包括很多其他方式。但无论哪一种方式，企业都要注意因地制宜，切忌盲目照搬。

任务实施

(1) 以学习小组为单位自选一个实习过的或者熟悉的企业，对该企业的促销策略进行分析，包括该企业采取的促销策略以及促销过程中的问题分析。

(2) 根据分析结果给出相应的建议。

【课 后 自 测】

一、单项选择题

1. 促销工作的核心是(　　)。

A. 出售商品　　　　　　　　　　B. 沟通信息

C. 建立关系　　　　　　　　　　D. 寻找顾客

2. 促销的目的是引发、刺激消费者产生(　　)。

A. 购买行为　　　　　　　　　　B. 购买欲望

C. 购买决定　　　　　　　　　　D. 购买倾向

3. 下列因素中，不属于人员推销基本要素的是(　　)。

A. 推销员　　　　　　　　　　　B. 推销品

C. 推销对象　　　　　　　　　　　　D. 推销条件

4. 一家公司推销大型的机器设备，可选择(　　)促销手段，效果最佳。

A. 人员推销　　　　　　　　　　　　B. 广告宣传

C. 公共关系　　　　　　　　　　　　D. 营业推广

5. 产品进入成熟期后，一般不采用(　　)促销手段。

A. 人员推销　　　　　　　　　　　　B. 广告宣传

C. 公共关系　　　　　　　　　　　　D. 营业推广

6. 制造商、批发商、零售商、消费者，每一个环节都积极开展促销，这属于(　　)。

A. 推的策略　　　　　　　　　　　　B. 拉的策略

C. 推拉策略　　　　　　　　　　　　D. 以上都不是

7. 儿童产品选择(　　)媒体最好。

A. 电视　　　　　　　　　　　　　　B. 网络

C. 广播　　　　　　　　　　　　　　D. 杂志

8. 辅助性、短暂性的促销措施是(　　)

A. 人员推销　　　　　　　　　　　　B. 广告宣传

C. 公共关系　　　　　　　　　　　　D. 营业推广

9. 以下(　　)是杂志媒体的优点。

A. 形象生动逼真，感染力强　　　　　B. 专业性强，针对性强

C. 简便灵活，制作方便，费用低廉　　D. 表现手法多样，艺术性强

10. 以下属于营业推广的促销方式是(　　)。

A. 订货会与展销会　　　　　　　　　B. 优惠券

C. 为残疾人举行义演　　　　　　　　D. 上门推销

11. (　　)促销方法有利于搞好企业与外界的关系，在公众中树立良好的企业形象，但其促销效果难以把握。

A. 人员推销　　　　　　　　　　　　B. 广告宣传

C. 公共关系　　　　　　　　　　　　D. 营业推广

12. 在产品市场生命周期各阶段中以营业推广为主的促销策略一般是在(　　)。

A. 投入期　　　　　　　　　　　　　B. 成长期

C. 成熟期　　　　　　　　　　　　　D. 衰退期

13. 最古老、最普遍、最直接的推销方式是(　　)。

A. 人员推销　　　　　　　　　　　　B. 广告宣传

C. 公共关系　　　　　　　　　　　　D. 营业推广

14. 着眼于刺激需求，增加购买，是短期促销的有效工具的是(　　)。

A. 人员推销　　　　　　　　　　　　B. 广告宣传

C. 公共关系　　　　　　　　　　　　D. 营业推广

15. 人员推销区别于其他促销手段的重要标志是(　　)。

A. 寻找开拓　　　　　　　　　　　　B. 双向沟通

C. 方式灵活　　　　　　　　　　　　D. 提供服务

二、多项选择题

1. 下列因素属于促销组合的有(　　)。

A. 人员推销　　　　　　　　　　B. 营业推广

C. 广告　　　　　　　　　　　　D. 公共关系

2. 广告设计的原则包括(　　)。

A. 真实性　　　　　　　　　　　B. 社会性

C. 针对性　　　　　　　　　　　D. 艺术性

3. 人员推销策略有(　　)策略。

A. 沟通式　　　　　　　　　　　B. 试探式

C. 针对式　　　　　　　　　　　D. 诱导式

4. 人员推销的基本形式包括(　　)。

A. 上门推销　　　　　　　　　　B. 柜台推销

C. 会议推销　　　　　　　　　　D. 洽谈推销

5. 制定促销组合策略要考虑的因素主要有(　　)。

A. 促销目标　　　　　　　　　　B. 产品因素

C. 市场范围　　　　　　　　　　D. 促销预算

三、判断题

1. 促销的实质是一种信息沟通活动。(　　)

2. 人员推销是一种"拉"式策略。(　　)

3. 公共关系的目标是塑造组织形象。(　　)

4. 由于推销人员是一个推进商品交换的过程,所以买卖双方建立友谊、密切关系是公共关系而不是人员推销活动要考虑的内容。(　　)

5. "推"式促销策略要求制造商以中间商为主要的促销对象。(　　)

6. 广告要借助一定的媒体来发布信息,要靠人员来操作,所以广告最大特点是人员性。(　　)

7. 可口可乐一直热心赞助体育赛事及其他公益事业,这种促销策略即为公共关系。(　　)

8. 网络广告的优点是点击率高,宣传范围广。(　　)

9. 广告对商品的宣传可以艺术化,但必须以真实性为基础。(　　)

10. 广告是现代企业宣传、推广产品的主要形式。(　　)

项目四　市场营销管理

项目介绍

本项目主要包括三个任务，分别是制订市场营销计划、构建市场营销组织和控制市场营销活动，三个任务环环相扣。本项目以真实企业为例，通过对该企业进行市场营销管理分析，让学生在实操的过程中掌握市场分析的要点和关键。

任务一　制订市场营销计划

任务描述

以学习小组为单位自选一个实习过的或者熟悉的企业，在学习相关内容的基础上，为该企业制定市场营销计划，要求计划结构完整、内容全面，并能够诊断营销实施中出现的问题和原因。

学习目标

(1) 了解市场营销计划的含义及其发展阶段；
(2) 熟悉市场营销计划的内容，掌握营销计划方法及实施；
(3) 能够熟练制订合理的市场营销计划；
(4) 能够诊断营销实施中出现的问题及其原因；
(5) 培养学生在工作中的计划思维和意识。

案例分析

案例：营销计划书

一、计划概要

(1) 年度销售目标 600 万元；
(2) 经销商网点 50 个；
(3) 公司在自控产品市场有一定知名度。

二、营销状况

空调自控产品属于中央空调等行业配套产品，受上游产品消费市场牵制，但需求总量还是比较可观的。随着城市建设和人民生活水平的不断提高以及产品更新换代时期的到来，带动了市场的持续增长，从而带动了整体市场容量的扩张。湖南地处中国的中部，空调自控产品需求量比较大：① 夏秋炎热，春冬寒冷；② 近两年湖南房地产业发展迅速，特别是中高档商居楼、别墅群的兴建；③ 湖南纳入西部开发，将增加各种基础工程的建设；④ 长株潭三市一体化融城；⑤ 郴州、岳阳、常德等大量兴建工业园和开发区；⑥ 人们对自身生活要求的提高。

总体来说，空调自控产品销售的方式不外三种：工程招标、房产团购和私人项目。工程招标渠道占据的份额很大，但是房产团购和私人项目两种渠道发展迅速，已经呈现出多元发展局面。

从各企业的销售渠道来看，大部分公司采用办事处加经销商的模式，国内空调自控产品企业2007年都加大力度进行全国营销网络的部署和传统渠道的巩固，加强与设计院以及管理部门的公关合作。对于进入时间相对较晚的空调自控产品企业来说，由于市场积累时间相对较短，而又急于快速打开市场，因此基本上都采用了办事处加经销制的渠道模式。为了快速对市场进行反应，凡进入湖南市场的自控产品在湖南都有库存。湖南空调自控产品市场容量比较大，而且还有很大的潜力，发展趋势普遍看好，因此对还未进入湖南市场的品牌存在很大的市场机会，只要采用比较得当的市场策略，就可以挤进湖南市场。目前上海正一在湖南空调自控产品市场上基础比较薄弱，团队还比较年轻，品牌影响力还需要巩固与拓展。在销售过程中必须要非常清楚公司的优势，并加以发挥使之达到极致；要找出公司的弱项并加以克服，实现最大的价值；提高服务水平和质量，将服务意识渗透到与客户交流的每个环节中，注重售前售中售后回访等各项服务。

三、营销目标

(1) 空调自控产品应以长远发展为目的，力求扎根湖南。2009 年以建立完善的销售网络和样板工程为主，销售目标为 600 万元。

(2) 跻身一流的空调自控产品供应商；成为快速成长的成功品牌。

(3) 以空调自控产品带动整个空调产品的销售和发展。

(4) 市场销售近期目标：在很短的时间内使营销业绩快速成长，到年底使自身产品成为行业内知名品牌，取代省内同水平产品的一部分市场。

(5) 致力于发展分销市场，到 2009 年年底发展到 50 家分销业务合作伙伴。

(6) 要全力投入工作，使工作向高效率、高收益、高薪资发展。

四、营销策略

如果空调自控产品要快速增长，且还要取得竞争优势，最佳的选择必然是——"目标集中"的总体竞争战略。随着湖南经济的不断快速发展、城市化规模的不断扩大，空调自控产品市场的消费潜力很大，目标集中战略对我们来说是明智的竞争策略选择。围绕"目标集中"总体竞争战略可以采取的具体策略包括：市场集中策略、产品带集中策略、经销商集中策略以及其他为目标集中而配套的策略。为此，我们需要将湖南市场划分为以下四种：

(1) 战略核心型市场——长沙、株洲、湘潭、岳阳；

(2) 重点发展型市场——彬州、常德、张家界、怀化；

(3) 培育型市场——娄底、衡阳、邵阳；

(4) 等待开发型市场——吉首、永州、益阳。

总的营销策略：全员营销与采用直销和渠道营销相结合的营销策略。

1. 目标市场

遍地开花，中心城市和中小城市同时突破，重点发展行业样板工程，大力发展重点区域和重点代理商，迅速促进产品的销量及销售额的提高。

2. 产品策略

用整体的解决方案带动整体的销售：要求能形或完整的解决方案并有成功的案例，由此带动全线产品的销售。大小互动：以空调自控产品的销售带动阀门及其他产品的销售，以阀门及其他产品的项目促进空调自控产品的销售。

3. 价格策略

以高品质、高价格、高利润空间为原则；制定较现实的价格表(价格表分为两层：媒体公开报价，市场销售的最低价)；制定较高的月返点和季返点政策，以控制营销体系。严格控制价格体系，确保一级分销商、二级分销商、项目工程商、最终用户之间的价格距离及利润空间。为了适应市场，价格政策还要有一定的灵活性。

4. 渠道策略

(1) 分销合作伙伴分为两类：一是分销客户，是重点合作伙伴；二是工程商客户，是基础客户。

(2) 渠道的建立模式：① 采取逐步深入的方式，先草签协议，再做销售预测表，然后正式签订协议，订购第一批货，如不进货则不能签订代理协议；② 采取寻找重要客户的办法，通过谈判将货压到分销商手中，然后销售和市场支持跟上；③ 在代理之间挑起竞争心态，在谈判中因有当地的一个潜在客户而使我们掌握主动和高姿态，不能以低姿态进入市场；④ 草签协议后，在广告中就可以出现草签代理商的名字，挑起了分销商和原厂商的矛盾，我们乘机进入市场；⑤ 在当地的区域市场上，随时保证有一个当地的可以成为一级代理的二级代理，以对一级代理构成威胁和起到促进作用。

(3) 市场上有推、拉的力量。要快速增长，就要采用推动力量。拉需要长时间的培养。为此，我们将主要精力放在开拓渠道分销上。另外，负责大客户的人员和工程商的人员主攻行业市场和工程市场，力争在 3 个月内完成 4~5 项样板工程，给内部人员和分销商树立信心。到年底为止，完成自己的营销定额。

5. 人员策略

营销团队的基本理念：开放心胸、战胜自我、专业精神。

(1) 业务团队的垂直联系，保持高效沟通，才能做出快速反应。团队建设扁平。

(2) 内部人员的报告制度和销售奖励制度。

(3) 以专业的精神来销售产品。价值＝价格＋技术支持＋服务＋品牌。实际销售的是一个解决方案。

(4) 编制销售手册，其中包括代理的游戏规则、技术支持、市场部的工作范围和职能、所能解决的问题和提供的支持等说明。

五、营销方案

(1) 公司应好好利用上海品牌，走品牌发展战略。

(2) 整合湖南本地各种资源，建立完善的销售网络。

(3) 培养一批好客户，建立良好的社会关系网。

(4) 建设一支好的营销团队。

(5) 选择一套适合公司的市场运作模式。

(6) 抓住公司产品的特点，寻找公司的卖点。

(7) 公司在湖南宜采用直销和经销相结合的市场运作模式；直销做样板工程并带动经销网络的发展，经销做销量并作为公司利润增长点。

(8) 直销采用人员推广和部分媒体宣传相结合的方式拓展市场，针对空调自控产品，可以采用小区推广法和重点工程项目样板工程说服法。

(9) 为了尽快进入市场和有利于公司的长期发展，应以长沙为中心，向省内各大城市进军，其中以长沙为核心，以地市为利润增长点。

(10) 湖南的渠道宜采用扁平化模式并做好渠道建设和管理，在渠道建设方面可以不设省级总经销商，而是以地市为基本单位划分，每个地级市设两个一级经销商，并把营销触角一直延伸到具有市场价值的县级市场，改变目前湖南其他空调自控产品品牌在地级市场长期以来的游击战方式，采用阵地战，建立与经销商长期利益关系的品牌化运作模式，对每个地区市场都精耕细作，稳扎稳打。

思考：请评价此营销计划书。

⌗ 知识链接

一、企业市场营销计划的发展阶段

营销计划是企业营销工作的重要内容，但并不是每一个企业在初创时都能建立科学、先进的计划体系，计划体系是随着企业规模和管理水平的发展而不断提高、完善的。任何企业，都经历过或正在经历以下的四个基本阶段中的一个阶段。

(一) 无计划阶段

企业在营销管理中没有正式的计划。有的企业因为是新创办，管理者忙于资金的筹集、客户的开发、设备和原材料的购置、人员的配置等，所以难以有完整的时间考虑计划的制订，管理者全神贯注于日常的经营业务，以维持企业的生存与发展。有的企业的管理者没有认识到计划的重要作用，认为市场变化太快，计划往往落后于实际，没有用，因此一直没有建立正式的计划系统。还有的企业虽然建立了预算制度，对企业下个年度的销售情况进行预测，以加强对销售成本和现金流量的控制，但这些计划仅属于财务预算计划，不是真正的、全面的销售计划。

(二) 年度计划阶段

管理者认识到制订计划的重要性之后，开始制订年度计划，方法主要有三种。

1. 自上而下的计划

由企业最高管理层为较低的管理部门建立目标和计划，由下属各部门、各单位贯彻执行。这种计划常用于类军事化管理的组织中。

2. 自下而上的计划

由企业各基层单位先制订可实现的最佳目标和计划，交给高层管理者审批，然后由各部门贯彻执行。这种计划让基层单位参与企业计划的制订，增强了他们的积极性和创造意识。

3. 上下结合的计划

高层管理者根据企业的整体发展要求确定企业年度目标，下达给下属各单位，各单位据此进行可行性论证和修正，或制订具体的计划，将其上交高层管理者批准后，就成为正式的年度计划。大多数企业都采取这种计划方法。

制订年度计划的好处在于能较好地协调企业各业务部门，企业职员能获得系统化的思考方法，并成为业绩考核的依据，并使各级部门充满活力。但年度计划制度往往需数年的时间才能建立起来，原因是作为部门管理者不愿在多变的市场环境中对业务目标和战略做出承诺，从而改善工作业绩。因此高层管理者必须考虑如何将计划的意识引入到企业中，并使计划更加有效。

（三）　长期计划阶段

企业不仅要制订年度计划，更要高瞻远瞩，制订长期计划(如 5 年计划、10 年计划)。年度计划是长期计划在每一年的具体化，实现各个年度计划就能保证长期计划的逐步实现。由于企业的环境是不断变化的，所以企业每年都要对长期计划进行适当修正。

（四）　战略计划阶段

由于企业外部营销环境变幻莫测，企业需要发展能够抵抗各种环境冲击的业务组合，使各部门的计划工作相互配合，共同迎接冲击。战略计划就是研究在不断变化的环境面前，怎样努力提高企业的适应能力，把握营销的良机。

近几年来，由于经营风险的增加，战略计划越来越成为产品和市场初创时乃至创立前的纲领性文件，投资者要求企业经营者在一个项目进行之前提供的商业计划书，也是战略计划的一种形式。

战略计划阶段是企业组织管理规模化、复杂化的一种必然的发展结果，战略计划是创新和理智行为的综合表现。也就是说，制订战略计划要求企业重视市场环境和目标顾客的变化，将企业资源集中于目标市场，寻求企业特有的竞争优势以满足目标市场的需求；同时要求企业正确制定营销组合策略，将战略目标细化为一系列子目标和行动指南，从这个意义上讲，战略计划是否能够成功取决于能否将战略和战术成功地结合。

二、市场营销计划的内容

（一）　公司中哪些计划涉及市场营销计划的内容

作为公司计划工作过程的一部分，人们常常听到"营销计划""企业计划""财务计划"等。不同的公司经常毫无区别地使用这些术语。有的时候，营销计划意味着企业计划(如战略规划)；有的时候，它仅仅是企业计划的一个部分。事实上，公司需要制订大量的计划，它们中间的每一个计划又都包含着分量很重的营销内容。一般至少有八种需要有营销内容的不同计划：

1. 公司计划

公司计划是企业业务的整体计划。它可以是年度的，或是中、长期的计划。公司计划内容包括公司任务、成长战略、业务组合决策、投资决策和现行目标。公司计划不包括各个业务单位的活动细节。

2. 事业部计划

事业部计划类似于公司计划，它描述事业部计划的成长和盈利率。其内容包括营销、财务、制造和人事战略，时间的范围有短期、中期或长期计划。在某些场合，事业部计划是事业部制订的所有个别计划的总和。

3. 产品线计划

产品线计划描述一条特定产品线的目标、战略和战术。每一条产品线的经理准备这个计划。

4. 产品计划

产品计划描述一个特定产品或产品种类的目标、战略和战术。每一位产品经理负责拟定这个计划。

5. 品牌计划

品牌计划描述在一个产品种类中某特定品牌的目标、战略和战术。每一位品牌经理负责这项计划的制订工作。

6. 市场计划

市场计划是发展一个特定的行业市场或地区市场并为它服务的计划。每一位市场经理都应拟定这个计划。与此密切相关的是为重要客户准备的顾客计划。

7. 产品(市场)计划

产品(市场)计划是在一个特定行业或地区市场，公司营销一种特定产品或产品线的计划。例如，一个对美国东部房地产业推销贷款服务的银行计划。

8. 功能计划

功能计划是关于一项主要功能的计划，如营销、制造、人力资源、财务或研究开发计划。它还描述在一个主要功能下的子功能计划，例如，在营销计划下的广告计划、销售促进计划、销售人员计划和营销调研计划。

如上所述，这些计划都需要营销内容。事实上，营销内容不仅是必要的，而且在计划的制订过程中经常处于优先的位置。计划工作常常从"我们希望有多大的销售量才能获得利润"这个问题开始。这个问题只有通过营销分析和制订一个营销计划才能解决。当营销计划被批准后，非营销经理们才能开始制订他们的制造、财务和人事计划，以支持营销计划的顺利开展。因此，营销计划是公司其他行动计划工作的起点。

(二) 营销计划包含的内容

营销计划包含的内容将随着高层管理当局想从它的经理处得到多少详细细节的不同而

不同。大多数的营销计划，特别是产品和品牌计划，包含经营摘要、当前市场营销状况、机会与问题分析、目标、市场营销战略、战术行动方案、预算和控制手段。

1. 经营摘要

经营摘要是一份计划书的开端，是对主要的市场营销目标和有关建议的极为简短的概述。实际上，这也是整个市场营销计划的精华所在。市场营销计划通常要提交给上级主管人员审核，而这些管理人员又不一定有充分的时间详细阅读全文内容，因此经营摘要应将整个计划的中心描述出来，使他们能够迅速掌握计划的要点。如果上级主管人员仍需要仔细推敲计划，则可查阅计划书中的有关部分。所以，最好在经营摘要后面附列整个计划的目录，或在提要里的有关内容中标注出其在计划书中的页码。

2. 当前市场营销现状

计划书中的这一部分提供与市场优势、产品情况、竞争形势、分销情况及宏观环境有关的背景资料。

(1) 市场形势，描述市场的基本情况，包括市场规模与成长(以单位或金额计算)，分析过去几年的总额，不同地区或分市场的销售情况；提供顾客需求、观念和购买行为方面的动态和趋势资料。

(2) 产品情况，列出过去几年中有关产品的销售、价格、利润及差额方面的资料。

(3) 竞争形势，指出主要的竞争者，并分析他们的规模、目标、市场占有率、产品质量、市场营销策略以及任何有助于了解其意图、行为的其他资料。

(4) 分销情况，介绍在各条销售渠道上的销售情况，以及各条渠道的相对重要性的变化。不仅要说明各个经销商以及他们的经销能力的变化；还要包括激励他们时所需的投入、费用和交易条件。

(5) 宏观环境，阐述影响该产品市场营销的宏观环境因素，它们的现状及未来的变化趋势。

3. 机会与问题分析

市场营销部门要在市场营销现状的基础上，围绕产品找出主要的机会和威胁，优势与劣势，以及面临的问题。

(1) 通过机会与威胁分析，阐述外部可以左右企业未来的因素，以便考虑采取的行动。对所有机会和威胁，要有时间顺序，并分出轻重缓急，使更重要、更紧迫的能受到应有的关注。

(2) 通过优势与劣势的分析，说明企业内部条件。优势是企业成功利用机会和对付威胁所具备的内部因素，劣势则是必须改进、提高的某些方面。

(3) 通过问题分析，企业将机会与威胁、优势与劣势分析的结果，用来确定计划中必须强调、突出的主要方面。对这些问题的决策产生出市场营销的目标、战略和战术。

4. 目标

明确问题之后，市场营销部门要做出与目标有关的基本决策，以指导战略和行动方案的制定。

目标包括两大方面。一是财务目标，二是市场营销目标。

(1) 财务目标。

每一个公司都在寻求一定的财务目标。例如，某公司可以制定如下的财务目标：在下一个五年内获得平均 20%的税后投资报酬率；在 2003 年净利润达到 180 万美元；在 2003 年现金流量达到 200 万美元。

(2) 营销目标。

财务目标必须转化为营销目标。例如，如果公司想赚到 180 万美元利润，并且它的目标利润率是销售的 10%，那么，它在销售收入上的目标必须是 1800 万美元。如果公司产品的平均单价是 260 美元，那么，它必须销售出 69 230 单位的产品，如果它对整个行业的销售预计是达到 230 万单位，那么，它就占有 3%的市场份额。为了保持这个市场份额，公司必须建立一定的目标。因此，其营销目标可以是：在 2003 年获得总销售收入 1800 万美元，比去年提高 9%；因此，销售量为 69 230 单位，它占预期的市场份额 3%；经过该计划工作后，该品牌的消费者知名度从 15%上升到 30%。

5. 市场营销战略

每个目标都可以通过多种途径去实现。比如，要完成一定的利润目标，可以薄利多销，也可以厚利限销。通过深入分析，权衡利弊，要为有关产品找出主要的市场营销战略，并做出基本选择。市场营销部门还要对战略详细加以说明。

市场营销战略主要由三部分组成：目标市场战略、市场营销组合战略和市场营销费用预算。

(1) 目标市场战略。

目标市场战略要阐明企业及其产品准备投入的细分市场。由于不同细分市场在顾客偏好、对企业市场营销的反应、盈利潜力及企业能够或愿意满足需求的程度等方面各有特点，市场营销部门要在精心选择的目标市场上慎重地分配力量。

(2) 市场营销组合战略。

市场营销组合战略要对选定的各个细分市场分别制定包括产品、价格、分销和促销因素在内的组合战略。通常，在针对目标市场发展市场营销组合时，市场营销部门会有多种不同的方案可供选择。对此，要辨明主次，选出最优方案。

(3) 市场营销费用预算。

在市场营销费用预算中要提出执行各种市场营销战略所需的最适量的费用预算。

上述内容，可以文字说明，也可列表说明。

例如，国外某家公司曾为其产品——立体声组合音响系统，制定了以下的一套市场营销战略。

目标市场：高层次的家庭，着重女性的购买者。

定位：有最好音响和最大可靠性的模块化立体声系统。

产品线：增添一个低价式样和两个高价式样。

价格：价格与竞争品牌相近。

分销网点：重点在无线电(电视机)商店和器具商店；努力加强对百货商店的渗透。

销售队伍：扩大 10%和导入全国记账管理系统。

服务：可广泛得到和迅速服务。

广告：开展一个新广告活动，直接指向支撑着定位战略的目标市场；在广告中注重高价产品；增加 20%的广告预算。

促销：增加 15%的促销预算，以发展购(售)点陈列和在更大的程度上参与经销商的商品展销。

研究开发：增加 25%的费用，以发展该产品线上更好的式样。

市场调研：增加 10%的费用，以改进对消费者选择过程的了解和掌握部分对手的动向。

市场营销部门在制定战略的过程中，要与有关部门、有关人员协商，争取他们的合作与支持。比如向采购部门、生产部门了解情况，确认他们能否买到足够的原材料，制造足够的产品，以满足计划所需；向财务部门了解情况，确认有无足够的资金做保证。

6. 战术行动方案

有了战略，市场营销部门必须将其具体化为一整套的战术行动。要进一步从要做什么、何时去做、何人去做、花费多少代价去做及达到什么要求等方面，仔细考虑市场营销战略的各项内容。常有一些企业把各种具体的战术行动，用图表形式表达，标明日期、活动费用和负责人员。这样，使企业的整个战术行动方案做到一目了然，便于计划的实施和控制。

7. 预算

市场营销部门在决定目标、战略、战术行动方案之后，便可编制一个类似损益报告的辅助预算，并在预算书的收入栏中列出预计的单位销售数量，以及平均净价；在支出栏中列出划分成细目的生产成本、储运成本及市场营销费用。收入与支出的差额，就是预计的盈利。它经上级主管部门审查同意之后，成为有关部门、有关环节安排采购、生产、人力及市场营销工作的依据。

8. 控制手段

这是市场营销计划的最后部分。说明企业如何对计划的执行过程及进度进行管理。典型的做法是把目标、预算按月或季度分开，帮助上级主管部门及时了解各个时期的销售实绩，找出未完成任务的部门、环节，并限期做出解释和提出改进措施。

有些计划的控制部分，还包括意外事件的应急计划。它扼要地列举可能发生的某些不利情况以及管理部门因此应采取的措施。应急计划的目的是事先考虑到可能出现的各种困难。

三、营销计划方法

市场营销计划方法可以帮助营销管理者认清营销形式，方便地得到各种不同的营销方案，并可从中挑选最佳计划，以改进计划工作。一般而言，营销计划方法主要有目标利润计划法和最大利润计划法两种。

(一) 目标利润计划法

目标利润计划法(Target Profit Planning)分为三步。第一步，首先预测产品下一年度市场规模总量，根据本企业当年的市场份额及市场增长计划，计算出企业下一年度的总销售量；按今年的单位产品价格以及劳动力和原材料可能上涨的幅度，计算出下一年度的总销售收入。

第二步，估计下一年度的单位产品变动成本，计算出包括固定成本、利润和营销费用在内的贡献毛收益，用贡献毛收益减去固定成本及目标利润，余下的即为营销活动费用，即营销费用。

第三步，将营销预算分配在各项营销活动中。方法是：在当年分配比例的基础上，根据实际情况的变化进行调整，制定出下一年的分配方案。

(二) 最大利润计划法

最大利润计划法(Profit Optimization Planning)要求管理人员确定销售量与营销组合各因素之间的关系，可利用销售—反应函数(Sales-Response Function)来表示这种关系。所谓销售—反应函数，是指在一定时间内营销组合中一种或多种因素的变化与销售量变化之间的关系。企业管理者可用统计法、实验法或判断法来预测销售—反应函数，然后将营销支出以外所有的费用从销售—反应函数中扣除，得出毛利函数曲线，再计算出营销支出函数曲线，将营销支出函数曲线从毛利曲线中扣除，可得到净利函数曲线，净利函数曲线最大值即利润最大点，函数值为正值时，其营销支出为合理值。

案例分析

微软与京东共推二合一品类

营销计划、组织、执行、控制对营销绩效的提升至关重要。制订周密的营销计划是营销管理工作的起始，良好的开端是成功的一半。微软看中了京东，决定与京东合作，共推二合一品类 Surface Pro。这种选择是富有远见的。

将京东作为渠道合作商，借助京东已有的营销组织、营销机构、营销系统独家销售二合一品类。微软选择的这一合作伙伴，可谓棋高一着。京东全方位升级服务，2016 年京东 Surface 销量同比增长 60%，有效推动了微软 Surface 在中国市场的全面开拓，同时也将二合一办公生活方式推广至更多的中国用户，效果非常明显。

微软选择京东，还因为京东的营销执行力表现卓越。一方面，京东在线上 3C 领域享有毋庸置疑的领导地位。另一方面，京东在全新品类的市场培育方面卓尔不群。作为国内最大的 B2C 自营电商平台，京东拥有 2 亿高品质用户群和品牌需要的渠道、促销、推销等综合能力与整合优势，可以帮助微软打开市场、提升线上销量、积累用户口碑，提供新品类市场培育的一体化服务网络。

值得注意的是，京东还凝聚了微软 Surface 系列瞄准的中高端商务人群，并且通过历代 Surface 系列的操盘实践，成功培育了用户黏性，积累了二合一品类的粉丝基础。所有这些都表明，微软选择与京东合作具有极其重要而深远的战略意义。

思考：微软在营销管理创新方面选择与京东合作，这一举措具有哪些战略意义？

任务实施

以学习小组为单位自选一个实习过的或者熟悉的企业，在学习课程内容的基础上，为该企业制订市场营销计划，要求计划结构完整、内容全面、并能够诊断营销计划实施中出现的问题和原因。

【课后自测】

一、单项选择题

1. 通常市场营销计划需要提交( )或有关人员审定。

A. 营销机构　　　B. 企业领导　　　　　C. 上级主管　　　D. 营销组织

2. 市场营销计划的提要部分是整个市场营销计划的( )所在。

A. 任务　　　　　B. 精神　　　　　　　C. 标题　　　　　D. 目录

3. 面向特定细分市场、顾客群的市场营销计划，称之为( )。

A. 客户计划　　　B. 区域市场计划　　　C. 品牌计划　　　D. 细分市场计划

二、多项选择题

1. 市场营销计划的内容包括( )。

A. 背景现状　　　B. 目标设定　　　　　C. 战略选择　　　D. 战术方案

2. 市场营销计划对背景或现状的分析中，应涵盖( )。

A. 市场　　　　　B. 消费者　　　　　　C. 产品　　　　　D. 竞争者

3. 市场营销计划设施中，会出现( )。

A. 计划脱离实际　　　　　　　　　　B. 长期目标与短期目标相矛盾

C. 试试新计划有一定阻力　　　　　　D. 没有具体而明确的行动方案

三、名词解释

市场营销计划

任务二　构建市场营销组织

🔗 任务描述

以学习小组为单位自选一个实习过的或者熟悉的企业，在学习相关内容的基础上，对该企业的营销组织进行分析，分析该企业现有的营销组织框架并绘制组织架构图，同时对现有的营销组织提出改进建议并形成文稿。

•••• 学习目标

(1) 了解营销部门的组织形式和市场营销组织结构的演变；
(2) 熟悉营销部门与其他职能部门的关系；
(3) 熟悉企业营销组织的特征，掌握企业市场营销组织的职能；
(4) 能够根据实际情况选择合适的营销组织；
(5) 培养组织管理思维。

案例分析

科诺公司追求极限发展的营销组织结构与运作思想

在中国农药企业已有7000多家，且外国竞争对手已占领中国农药市场20%的情况下，科诺公司确立了闯新路的营销办法，即改变农药企业只针对经销商进行推销，只抓住主要代理商和主要批发商的做法，确定了建立较大的营销队伍，以各级经销商会议推动经销商进货和直接对农民消费者宣传促销，从终端培育市场的"推拉结合"的低重心营销策略，以及在全国全面推开和抓重点、以点带面的营销模式。

贯彻上述营销思想的营销组织结构由4个层次组成：公司总部营销中心—战区指挥部—省级办事处—区域市场部。营销中心由市场综合部、储运部、企划部、销售管理部、技术服务部、督办部等部门组成。战区指挥部配备财务、企划、人事督办人员，另外各配备分管副总两人，作为传帮带培养对象。成立战区指挥部的目的是对各省级办事处进行管理。公司在1年以内成立了28个省级办事处，分别归属于5个战区指挥部。省级办事处设财务主管(兼办公室、仓储等)、企划主管、技术主管、人事主管(兼督办、法务等)。区域市场部由市场经理主持工作，区域市场部所辖市场负责人为业务主办。

在营销运作思路的实施上，公司通过在革命圣地(长沙、井冈山、遵义等)召开营销工作会议，来引导公司员工接受和贯彻"敢闯新路，敢为人先"的创新思想和科诺公司不同于其他公司的营销策略。这给众多被分配到各地市县从事市场推广和市场开拓的业务人员以精神动力和支柱。

思考：科诺公司的营销组织结构是怎样的？有何特点？

知识链接

企业的市场营销部门是执行市场营销计划、服务于市场的职能部门，是随着市场营销管理哲学的不断发展演变而来的。

一、市场营销组织结构的演变

企业的组织形式并不是自然形成的，它受三方面因素的制约：一是宏观经济环境和经济体制；二是企业经营思想；三是企业自身的发展阶段、经营范围和业务特点等内在因素。

本节以西方企业为例说明营销部门组织结构的演变过程。在上述所说的三个方面主要因素的影响下，西方营销部门组织结构大体经历了五个阶段，前四个阶段如图 4-1 所示：

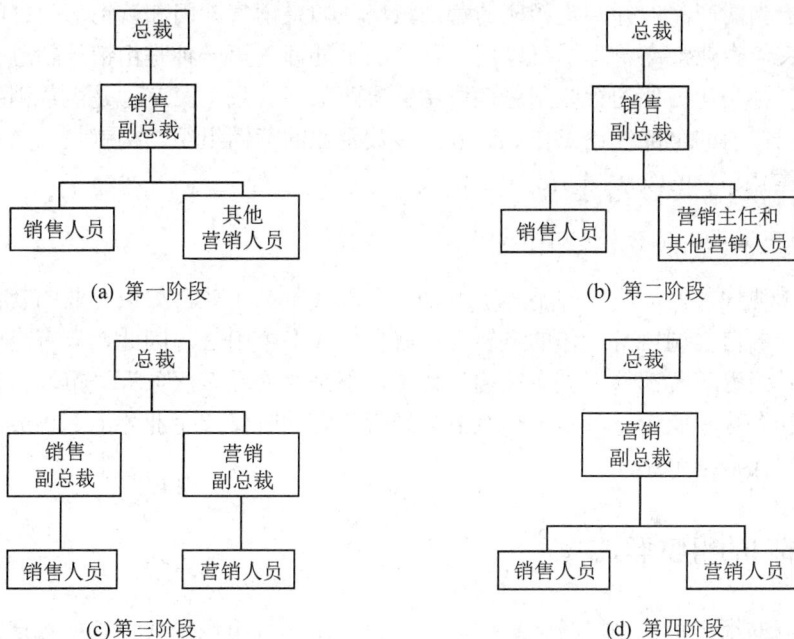

(a) 第一阶段　　　　　　　　　　　　　(b) 第二阶段

(c) 第三阶段　　　　　　　　　　　　　(d) 第四阶段

图 4-1　营销组织结构的演变

(一)　第一阶段——简单销售部门

20 世纪 30 年代以前，西方企业以生产观念作为经营指导思想，企业大多仅具备简单的四个基本功能：财务功能、销售功能、运作功能和会计功能。销售部门只负责销售生产部门生产出来的产品，通常由一位副总裁负责管理销售人员，并兼管市场调研和广告宣传工作(如图 4-1(a)所示)。

(二)　第二阶段——具有辅助功能的销售部门

20 世纪 30 年代经济大萧条后，市场竞争日趋激烈，企业需要经常进行营销调研、广告宣传以及其他促销活动，这些工作逐渐演变成为专门的职能，当工作量达到一定程度时，会外聘一位专家或内部任命一名销售主任负责这方面的工作(如图 4-1(b)所示)。

(三) 第三阶段——独立的营销部门

随着企业规模和业务范围的进一步扩大，营销调研、新产品开发、广告促销和客户服务等营销职能的重要性日益增强，营销部门发展成为一个相对独立的职能部门，使企业最高管理层能够通过营销部门了解到企业的发展机会和战略上存在的问题。作为营销部门负责人的营销副总裁同销售副总裁一样，直接接受总裁的领导，两个部门相互配合、相互独立，地位平行(如图 4-1(c)所示)。

(四) 第四阶段——现代营销部门

尽管销售部门和营销部门的目标是一致的，但平行和独立又常使它们之间的关系处于彼此对立、相互猜疑和互不信任的状态。销售部门常倾向于追求短期目标，并注重完成眼前的销售任务；而营销部门常常倾向于长远目标，致力于从满足消费者长远需求出发来规划和开发最恰当的产品，并制定相应的营销策略。如果销售部门和营销部门之间存在太多的矛盾和冲突，企业最高管理层可以用三种方法来处理：第一种是由销售副总裁来负责营销活动，第二种是让另外的行政副总裁协调解决两部门关系，第三种是由营销副总裁管理包括销售部门在内的全部营销工作。西方大多数企业的营销组织结构就是在第三种解决方法的基础上建立起来的(如图 4-1(d)所示)。

(五) 第五阶段——现代营销企业

企业有了现代营销部门，并不等于就是一个现代营销企业，如果企业的其他部门不重视市场营销，各自强调自身工作的重要性，就会形成多个中心。因此，只有当企业所有的部门员工和各级管理者都认识到企业的一切工作都是"为顾客服务"，"市场营销"不仅仅是一个部门的名称和职责，而是一个企业的经营哲学的时候，企业才能真正成为"以顾客为中心"的现代营销企业。

二、营销部门的组织形式

营销部门的组织形式是多种多样的，但不论采用哪种组织形式，都要体现以顾客为中心的指导思想，都要与营销活动的四个基本方面——职能、地理区域、产品和顾客市场相适应。因此，营销组织的基本形式有四种。

(一) 职能型组织结构

职能型组织结构是最常见的组织形式。这种营销组织由各种营销职能经理组成，他们都对营销副总裁负责，如图 4-2 所示。

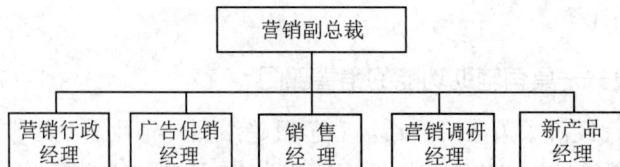

图 4-2　职能型营销组织

职能型营销组织的优点是管理层次少，管理简便。其缺点是随着产品的增多和市场规模的扩大，组织的效率越来越低，具体表现在：

(1) 由于对具体的产品和市场缺乏针对性，没有人对所有的产品或市场负全部责任，因此职能经理不喜欢的某些产品或市场很容易被忽略。

(2) 各个职能部门为了获得更多的预算和更多的权力而相互竞争，使营销副总裁经常面临解决纠纷的难题。

(二) 地区型组织结构

较大规模的企业有广泛的地域性市场，往往按地理区域安排和组织其市场销售力量。这类企业除了设置职能部门经理外，还按地理区域范围大小，分层次地设置区域经理，层层负责，如图 4-3 所示。

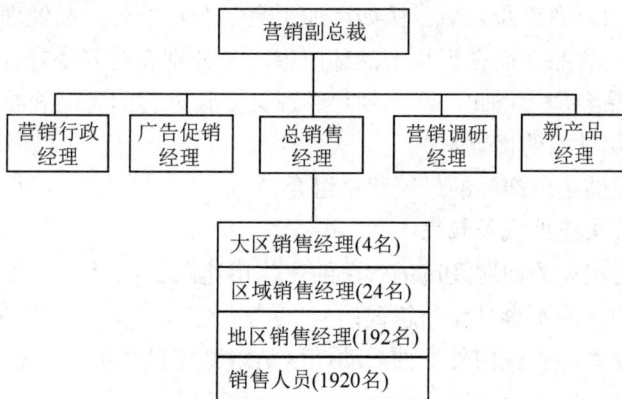

图 4-3　地区型营销组织

图 4-3 中有 1 名负责全国市场的总销售经理和 4 名大区销售经理、24 名区域销售经理、192 名地区销售经理和 1920 名销售人员，从上到下所管辖的下属人员(即管理幅度)逐步扩大。在销售工作复杂，销售人员的薪水很高，并且其业绩好坏对企业利润影响很大的情况下，这种分层的具体控制是很有必要的。

(三) 产品管理型组织结构

生产多种类多品牌产品的企业，往往按产品或品牌建立管理组织，即在职能型组织的基础上增设产品经理，负责各种产品的策略与修正等(如图 4-4 所示)。产品经理的任务有：

(1) 发展产品的长期经营和竞争战略。

(2) 编制年度营销计划，进行销售预测。

(3) 与广告代理商和经销代理商一起研究广告的文稿设计、节目方案和宣传活动。

(4) 激励销售人员和经销商经营该产品的兴趣和对该产品的支持。

(5) 不断收集有关该产品的性能、顾客及经销商对产品的看法、产品遇到的新问题和新销售机会等信息。

(6) 改进产品，以适应不断变化的市场需求。

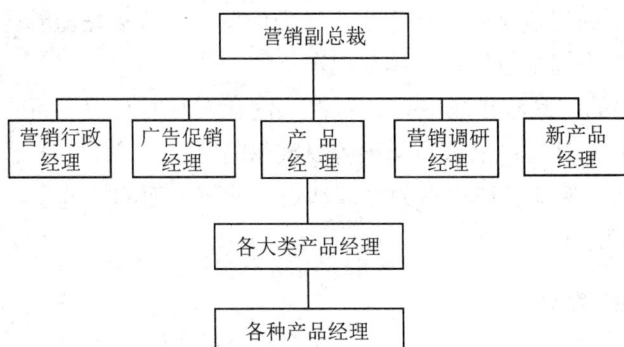

图 4-4   产品管理型营销组织

美国宝洁公司(P&G)1927 年首先采用了该组织机构，以后许多厂商尤其是食品、肥皂、化妆品和化学工业的厂商纷纷效仿。例如，通用食品公司的各产品经理分别负责麦片、宠物食品、饮料等各类食品，而在麦片产品部门中，又分别有营养麦片、含糖儿童麦片、家用麦片等单一的产品经理。依此，营养麦片经理又要管理他的各品牌经理。

产品管理型组织结构的优点是：

(1) 产品经理能够实现产品的最佳营销组合；

(2) 产品能够较快速地成长起来；

(3) 能够对市场出现的问题及市场状况的变化迅速做出反应；

(4) 较小品牌的产品不容易受到忽视；

(5) 产品经理要参与企业内外各种活动，这是培养年轻经理的较好方法。

产品管理型组织结构的缺点是：

(1) 产品经理的组织设置会产生冲突或摩擦，如产品经理没有足够、必要的权力去有效履行自己的职责，不得不靠说服的方法来取得其他部门的合作。

(2) 产品经理虽然能成为自己所经营的产品的专家，但很难成为企业其他职能部门的专家(如广告促销)。

(3) 组织经营需要的费用较高。

(4) 产品经理任期通常较短，过不了几年，往往被派去经营另一品牌或另一产品，这就使产品营销计划缺乏长期持续性，从而影响了产品长期优势的建立，

针对这些缺点，要采取一些措施加以克服，如：明确产品经理的职权范围；以产品小组代替产品经理；取消次要产品的产品经理，让其余的每一个产品经理兼管两个或更多的次要产品；按企业的主要产品设立事业部，并在各产品事业部内设立职能部门等。

(四) 市场管理型组织结构

如果企业向各种各样的市场销售其系列产品，采用市场管理型组织结构就可以把企业的所有用户，按照不同的购买行为和产品偏好划分成不同的用户组(如图 4-5 所示)。

市场管理型组织结构类似于产品管理型组织结构，由总市场经理管辖若干个细分市场经理，各市场经理负责自己所管辖市场的年度销售利润计划和长期销售利润计划。这种组织结构的主要优点是：企业可以根据特定客户的需要开展一体化的营销活动，而不是把重

点放在彼此割裂开的产品或地区上。在市场经济环境中，越来越多的企业组织是按照市场管理型组织结构建立的。一些营销专家认为，以各目标市场为中心来建立相应的营销部门和分支机构，是确保企业实现"以顾客为中心"的现代营销观念的唯一办法。其缺点与产品型组织结构类似。

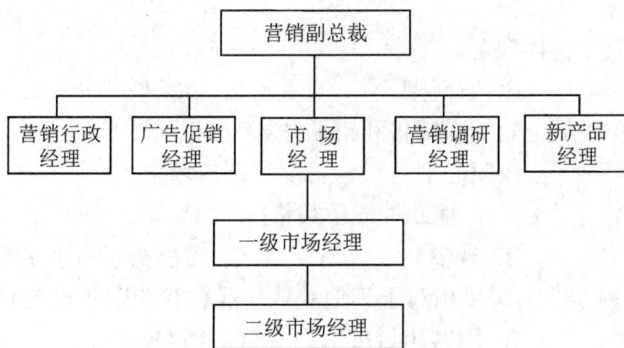

图 4-5 市场管理型营销组织

除了上述四种基本组织形式外，近些年来，随着企业规模的扩大，多元化经营的实施，企业在产品品种、品牌、销售市场呈多样化发展趋势，因而企业组织形式又出现了一些新的模式。

(1) 新组织模式一：产品/市场管理型组织结构。

生产多种产品并向多个市场销售的企业，常常会遇到如何设置营销组织的难题。如果采取产品管理型组织结构，就需要产品经理熟悉高度分散、差异性很大的不同市场；如果采用市场管理型组织结构，则需要市场经理熟悉各种式样的产品特点。为解决这个矛盾，就产生了把两者有机结合在一起的新的组织结构模式，即同时设置产品经理和市场经理，形成矩阵式组织结构。

在矩阵式组织结构中，产品经理负责产品的销售和利润计划，为产品寻找新的用途；市场经理负责开发现有的和潜在的市场。这种组织模式适用于多元化经营的企业。但其缺点是管理费用大，且产品经理和市场经理的责权不够明晰。

(2) 新组织模式二：事业部制组织结构。

事业部制组织结构是按不同产品或地区独立核算的组织形式。当企业规模很大，产品种类和市场很多时，企业常把主要产品或市场分设为独立的事业部。事业部独立经营，对公司的利润负责。各事业部内往往设有比较齐全的职能部门，包括市场营销部门。事业部制组织结构有利于发挥产品或地区事业部的主动性、积极性和创造性，有利于经营组织的稳定，使之适应激烈的市场竞争及国际市场的开拓。

任务实施

以学习小组为单位自选一个实习过的或者熟悉的企业，在学习课程内容的基础上，对该企业的营销组织进行分析，分析公司现有的营销组织框架并绘制组织架构图，同时对现有的营销组织提出改进建议并形成文稿。

【课后自测】

一、单项选择题

1. (　　)组织缺乏整体观念。

A. 产品型　　　　　　　　B. 职能型　　　　　　　　C. 市场型　　　　　　　　D. 地理型

2. (　　)组织有利于企业加强销售和市场开拓。

A. 产品型　　　　　　　　B. 职能型　　　　　　　　C. 市场型　　　　　　　　D. 地理型

3. 一般地,职位层次越高,辅助性职位数量(　　)。

A. 越少　　　　　　　　B. 越多　　　　　　　　C. 可能少了可能多　　　D. 无关

4. 本企业一般顾客的购买量相对于其他企业一般顾客的购买量的百分比称为(　　)。

A. 顾客渗透率　　　　　B. 顾客忠诚度　　　　　C. 顾客选择性　　　　　D 价格选择性

5. 从本企业购买某种产品的顾客占该产品所有顾客的百分比称为(　　)。

A. 顾客忠诚度　　　　　B. 顾客渗透率　　　　　C. 顾客选择性　　　　　D. 价格选择性

二、多项选择题

1. 组织的效率高低取决于(　　)。

A. 人员多少　　　　　　B. 分权化程度　　　　　C. 组织职位高低　　　　D. 管理宽度

2. 权责不清和多头领导是(　　)组织结构的缺点。

A. 地理型组织　　　　　B. 市场型组织　　　　　C. 产品型组织　　　　　D. 职能型组织

三、名词解释

市场营销组织

任务三　控制市场营销活动

🔗 任务描述

　　以学习小组为单位自选一个实习过的或者熟悉的企业，在学习相关内容的基础上，制定公司的市场营销活动控制方案，要求方案结构完整、内容合理，市场营销控制的步骤清晰、方法得当。

•••• 学习目标

(1) 了解市场营销控制的概念；
(2) 熟悉市场营销控制的类型；
(3) 能够针对市场营销计划进行控制；
(4) 培养学生按市场规律办事的意识，提高发现、分析和解决问题的能力。

案例分析

雪花啤酒的市场策略实施

　　市场营销策略是商品品牌价值的决定性因素。我国的啤酒行业是消费者关注度较低的领域，虽然它与人们的生活息息相关，但是不少消费者只是在需要的时候会去购买啤酒，而日常生活当中却很少去注意相关企业的新闻。因此，啤酒品牌的价值非常重要。要利用市场的营销策略，在实施与控制中进一步把握品牌价值，从而提高市场竞争力。

　　雪花啤酒的市场营销策略是紧紧围绕华润集团三年规划的总体营销战略来制定的。市场营销策略实施的效果如何直接关系到企业战略能否实现。再好的市场营销策略，如果不能很好地实施，也无法取得预想的效果。为了保证营销策略的顺利实施，在实践中必须做好几方面的工作。

　　首先，加强市场调研。要协同专业的调研机构与企业内部市场调研员、业务员开展市场调研工作，根据不同市场类型进行不同角度的需求调研。对消费者的满意度进行调研也是非常重要的，这能更清楚地反映出雪花啤酒在群众心里的地位。

　　另外，进行管理方式整合。过去一般公司的管理方式都比较粗放，各销售队伍的权利相对比较大，策略性比较弱。整合的第一步就是采用雪花啤酒的管理方式，因为雪花啤酒的管理相对来说细得多，有完整的体系。

　　而在文化上，实际上就是企业做事的风格。一般以前的区域销售队伍"人"的因素比较重，非常关注一个销售人员的权威性，某个人便可决定一个市场。而华润啤酒比较讲究制度和体系。因此，可以看出，在销售的过程中"人"的关系占据着重要的地位。

思考：雪花啤酒是如何保证营销策略的实施的？

知识链接

一、市场营销控制的概念与步骤

市场营销控制是市场营销管理的重要步骤，在营销计划的实施过程中，常常会出现许多意外情况，所以必须严格控制各项营销活动，以确保企业目标的实现。

（一）市场营销控制的概念

市场营销控制是指衡量和评估营销策略与计划的成果，以及采取纠正措施以确定营销目标的完成，即市场营销经理经常检查市场营销计划的执行情况，看看计划与实绩是否一致，如果不一致或没有完成计划，就要找出原因所在，并采取适当措施和正确行动，以保证市场营销计划的完成。市场营销控制有四种主要类型，即年度计划控制、盈利能力控制、效率控制和战略控制。

（二）市场营销控制的步骤

市场营销控制是营销管理的主要职能之一，是营销管理过程中不可缺少的一个环节，它具有动态性和系统性，包含五个具体步骤。

1. 确定应评价的营销业务范围

企业通常要评价市场营销业务的各个方面，包括人员、计划、职能等，甚至市场营销全部工作的执行效果。在界定的范围内，再根据具体需要有所侧重。

2. 确定衡量标准

评价工作要有一个总的尺度，借以衡量营销目标和计划的实施情况。衡量的标准是企业的主要战略目标，以及为此而规定的战术目标，如利润、销售量、市场占有率、顾客满意度等指标。当然这些指标不是一成不变的，同一企业不同时期标准可能会不一样，不同的企业也有不同的标准。

3. 明确控制方法

基本的检查方法是建立并积累与营销活动相关的原始资料，如各种资料报告、报表和原始账单等，它们能及时、准确、全面、系统地记载并反映企业营销的绩效。另一种方法是直接观察法。选择哪一种方法，要根据实际情况而定。

4. 按标准检查工作进度

对工作完成好的部门要给以总结，在以后的工作中推广；任务完成较差的要及时找出问题，下一步再针对问题提出解决方案。

5. 及时纠正偏差并提出改进建议

对工作绩效进行差异分析、对比分析，针对问题提出解决方案，及时纠正任务执行中的偏差。

二、市场营销控制的内容与方法

(一) 年度计划控制

年度计划控制指营销人员随时检查营业绩效与年度计划的差异，同时在必要时采取修正行动。年度控制是为了确保计划中所确定的销售、利润和其他目标的实现。年度计划控制的核心是目标管理。

1. 年度计划控制的步骤

(1) 管理者要确定年度计划中的月份目标或季度目标；

(2) 管理者要监督营销计划的实施情况；

(3) 如果营销计划在实施中有较大的偏差，则要找出发生偏差的原因；

(4) 采取必要的补救或调整措施，以缩小计划与实际之间的差距。发现问题，则应在计划实施过程中查找原因，并加以纠正。

2. 年度计划控制的内容

(1) 销售分析。销售分析主要用于衡量和评估所制定的计划销售目标与实际销售之间的关系。这种关系的衡量和评估有两种主要方法。

首先，销售差异分析。销售差异分析用于衡量各个不同的因素对销售效率的相应作用。

其次，地区销售分析。地区销售分析是从产品、销售地区等方面考察未能达到预期销售额的原因。

(2) 市场份额分析，揭示企业同竞争者之间的相对关系。

(3) 市场营销费用率分析，指对各项费用率加以分析，并控制在一定限度。

(二) 盈利能力控制

(1) 损益表中的有关营销费用转化为各营销职能费用，如广告、市场调研、包装、运输、仓储等。

(2) 将已划分的各营销职能费用按分析目标，如产品、地区、客户、销售人员等分别计算。

(3) 拟订各分析目标的损益表。

盈利能力分析的目的是找出影响获利的原因，以便采取相应措施，排除或削弱不利因素。

(三) 效率控制

1. 销售人员效率

企业的各地区的销售经理要记录本地区内销售人员效率的几项主要指标，这些指标包括：

(1) 每个销售人员每天平均的销售访问次数；

(2) 每次会晤的平均访问时间；

(3) 每次销售访问的平均收益；

(4) 每次销售访问的平均成本；

(5) 每次访问的招待成本；

(6) 每百次销售访问而订购的百分比；

(7) 每期间的新顾客数；

(8) 每期间丧失的顾客数；

(9) 销售成本对总销售额的百分比。

2. 广告效率

在广告效率方面企业应该做好如下统计：

(1) 每一媒体类型、每一媒体工具接触每千名购买者所花费的广告成本；

(2) 顾客对每一媒体工具注意、联想和阅读的百分比；

(3) 顾客对广告内容和效果的意见；

(4) 广告前后对产品态度的衡量；

(5) 受广告刺激而引起的询问次数。

企业高层管理者可以采取若干步骤来改进广告效率，包括进行更加有效的产品定位；确定广告目标；利用电脑来指导广告媒体的选择；寻找较佳的媒体以及进行广告后效果测定等。

3. 促销效率

为了改善销售促进的效率，企业管理者应该对每一促销的成本和销售影响做记录，做好如下统计：

(1) 由于优惠而销售的百分比；

(2) 每一销售额的陈列成本；

(3) 赠券收回的百分比；

(4) 因示范而引起询问的次数。同时企业应观察不同促销手段的效果，并使用最有效果的促销手段。

4. 分销效率

分销效率控制是指企业主管应该调查研究分销经济性，主要是对企业存货水准、仓库位置及运输方式进行分析和改进，以达到最佳配置并寻找最佳运输方式。

(四) 战略控制

战略控制是指对整体营销效果进行评价，以确保企业目标、政策、战略和计划与市场营销环境相适应。战略控制有两种工具可以利用，即营销效益等级评定和营销审计。

1. 营销效益等级评定

营销效益等级评定可从顾客宗旨、整体营销组织、足够的营销信息、营销战略导向和营销效率等五个方面进行衡量。上述五个方面为编制营销效益等级评定表的基础，由各营销经理或其他经理填写，最后综合评定。每一方面的分数都指出了有效营销行动的哪些因素最需要注意，这样，各营销部门便可据此制订校正计划，用以纠正其主要的营销薄弱环节。

2. 营销审计

营销审计是指对一个企业或一个业务单位的营销环境、目标、战略和营销活动所做的全面的、系统的、独立的和定期的检查，其目的在于发现问题和机会，提出行动建议和计划，以提高企业的营销业绩。

营销审计通常由企业主管和营销审计机构共同完成，包括拟定有关审计目标、资料来源、报告形式以及时间安排等方面的详细计划，这样就能使审计所花的时间和成本最小。营销审计的基本准则是：不能仅仅依靠内部管理者收集情况和意见，还必须访问顾客、经销商和其他有关外部团体。

营销审计的内容主要有：

(1) 营销环境审计，要求分析主要宏观环境因素和企业微观环境(市场、顾客、竞争者、分销商、供应商和辅助机构)中关键部分的趋势。

(2) 营销战略审计，主要检查企业的营销目标及营销战略，评价它们对企业当前的和预测的营销环境的适应程度。

(3) 营销组织审计，要求具体评价营销组织在执行对预期的营销环境所必要的战略方面应具备的能力。

(4) 营销制度审计，包括检查企业的分析、计划和控制系统的质量。

(5) 营销效率审计，主要检查各营销实体的盈利率和不同营销活动的成本效益。

(6) 营销功能审计，包括对营销组合的主要构成要素，即产品、价格、分销渠道、销售人员、广告、促销和公共宣传的评价。

营销审计不只是审查有问题的营销活动部分，而是审查整个营销活动的所有方面。营销审计不仅为陷入困境的企业带来解决问题的办法，也能为富有成效的企业增加效益。

🔗 任务描述

以学习小组为单位自选一个实习过的或者熟悉的企业，在学习课程内容的基础上，制定公司的市场营销活动控制方案，要求方案结构完整、内容合理，市场营销控制的步骤清晰和方法得当。

【 课 后 自 测 】

一、多项选择题

1. 效率控制包括(　　)。

A. 资产管理效率 　　　　　　　　　　　B. 销售人员效率

C. 广告、促销效率 　　　　　　　　　　D. 分销效率

2. 市场营销控制的内容包括(　　)。

A. 战术控制　　　　B. 盈利控制　　　　C. 效率控制　　　　D. 战略控制

3. 年度营销计划控制的内容包括(　　)。

A. 盈利率　　　　　B. 市场占有率　　　C. 费用率　　　　　D. 效率

二、判断题

1. 战略控制是为了确认在各产品、地区、顾客群和分销渠道等方面的实际获利能力。(　　)

2. 年度计划控制的目的是审计企业的战略、计划是否有效地抓住了市场机会。(　　)

三、名词解释

市场营销控制

参 考 文 献

[1] 王秀丽，熊高强，陈志雄. 市场营销学[M]. 沈阳：东北大学出版社，2020.

[2] 吴健安，钟育赣，胡其辉. 市场营销学[M]. 6 版. 北京：清华大学出版社，2018.

[3] 张亮. 市场营销学[M]. 长沙：湖南师范大学出版社，2020.

[4] 尹启华. 市场营销学[M]. 北京：中国传媒大学出版社，2014.

[5] 菲利普·科特勒，加里·阿姆斯特朗. 市场营销：原理与实践[M]. 楼尊，译. 16 版. 北京：中国人民大学出版社，2015.

[6] 赵建彬，张超凤，徐晓舟. 市场营销案例分析[M]. 长沙：湖南师范大学出版社，2020.

[7] 彭于寿. 市场营销案例分析教程[M]. 2 版. 北京：北京大学出版社，2015.